21 世纪高职高专规划教材
高等职业教育规划教材编委会专家审定

GSM-R 系统维护与应用

主　编　鄢江艳　黎雯霞
副主编　梁志媛　朱里奇
主　审　高　鋆

北京邮电大学出版社
www.buptpress.com

内 容 简 介

本书以移动通信为背景,介绍了 GSM-R 系统的工作原理、基本技术和维护方式,较充分地反映了 GSM-R 系统的功能和应用。全书共 8 章,内容包括移动通信的技术、发展、应用,GSM-R 系统的原理、结构和接口协议,GSM-R 系统的铁路业务、发展等。本书内容丰富、概念清晰、取材新颖、理论联系实际,充分反映了 GSM-R 系统的应用和维护方式。书中列举了许多例子,每章附有大量习题。

本书可作为高职院校的通信、通号等专业学生教材,也可作铁路电务技术人员和通信工程相关人员的参考用书。

图书在版编目(CIP)数据

GSM-R 系统维护与应用 / 鄢江艳,黎雯霞主编 . -- 北京:北京邮电大学出版社,2015.1(2024.1重印)
ISBN 978-7-5635-4292-5

Ⅰ. ①G… Ⅱ. ①鄢…②黎… Ⅲ. ①铁路通信-时分多址移动通信-通信系统 Ⅳ. ①U285.21

中国版本图书馆 CIP 数据核字(2015)第 021599 号

书　　　名:	GSM-R 系统维护与应用
著作责任者:	鄢江艳　黎雯霞　主编
责 任 编 辑:	何芯逸
出 版 发 行:	北京邮电大学出版社
社　　　址:	北京市海淀区西土城路 10 号(邮编:100876)
发　行　部:	电话:010-62282185　传真:010-62283578
E-mail:	publish@bupt.edu.cn
经　　　销:	各地新华书店
印　　　刷:	北京虎彩文化传播有限公司
开　　　本:	787 mm×1 092 mm　1/16
印　　　张:	12
字　　　数:	312 千字
版　　　次:	2015 年 2 月第 1 版　2024 年 1 月第 5 次印刷

ISBN 978-7-5635-4292-5　　　　　　　　　　　　　　　　　定　价:32.00 元

· 如有印装质量问题,请与北京邮电大学出版社发行部联系 ·

前 言

铁路是我国国民经济的大动脉,铁路的运输能力直接影响着我国国民经济的发展。进入21世纪,随着铁路跨越式的发展,列车运输量的日益增长,列车重量加大,列车编组加长等特点,铁路通信系统也迎来了跨时代的转变。当火车越来越多、越跑越快的时候就一定要有一个与之匹配的通信网来为其服务,GSM-R系统(GSM for Railways)就是这样一个通信网。GSM-R是基于目前世界最成熟、最通用的公共无线通信系统GSM平台上专门为满足铁路应用而开发的数字式无线通信系统。从集群通信的角度来看,GSM-R是一种数字式的集群系统,能提供无线列调、编组调车通信、应急通信、养护维修组通信等语音通信功能。本书由移动通信基本知识入手,联系实际说明GSM-R系统的结构、作用、功能,既包含移动通信的基础知识,又涵盖铁路专业领域,填补了市面上的空缺,将移动通信的原理和GSM-R系统维护相结合。本书可以作为高职学生用书、铁路职工培训用书和对GSM-R系统感兴趣的读者用书。

全书参考学时为72学时,共有8章。第1章绪论介绍移动通信的原理、分类、现状和发展,突出GSM-R系统在国内的地位;第2章介绍GSM-R数字移动通信的关键技术,使读者了解手机是如何将语音信号变成电磁波,电波在传递过程中会受到哪些因素的影响,将编码、加密、交织、调制、跳频、信道均衡等技术融合在信号变换当中;第3章是全书重点,从硬件上分析GSM-R的网络结构,介绍每种部件的作用,还分析了我国GSM-R网络的规划方案及编号计划;第4章描述GSM-R系统内部的接口和协议模型,分析用户在漫游、切换时,系统内部数据的传递方式;第5章描述GSM-R特殊的高级语音业务以及GSM-R系统服务铁路的十大应用,结合实际表示GSM-R网络的作用;第6章从GSM-R系统维护进行介绍,说明设备维护准则和故障分析处理步骤;第7章简单介绍其他网络,说明公网的应用情况,分析C网、3G网、4G网,介绍GSM-R的下一代网络原型;第8章是实验环节,通过使用仿真软件使读者了解基站数据配置的情况,可以判断出手机打不通电话与哪些方面有关。本书由浅入深,紧密结合生活,内容生动,容易理解,适于自学,每章都配有习题。

本书由武汉铁路职业技术学院鄢江艳、黎雯霞、梁志媛老师及武汉职业技术学院朱里奇老师编著。其中第1章、第2章、第3章及全书统稿工作由鄢江艳完成;第4章、第8章由黎雯霞编著;第5章由梁志媛编著;第6章、第7章由朱里奇编著。全书主审工作由武汉高速铁路职业技能训练段教研部通信工程师高鋈完成。

鉴于编者水平、经验有限,书中难免存在错误与不足,敬请读者予以指正。

编　者

目 录

第1章 概论 ·· 1
  1.1 移动通信概述 ·· 1
    1.1.1 无线通信与移动通信的关系 ·· 1
    1.1.2 移动通信发展简史 ··· 3
    1.1.3 移动通信系统的特点和分类 ·· 4
  1.2 GSM-R 系统概述 ·· 8
    1.2.1 GSM-R 与 GSM 的关系 ··· 9
    1.2.2 GSM-R 系统简介 ··· 10
    1.2.3 GSM-R 系统在我国的应用 ··· 11
  习题 ·· 12

第2章 GSM-R 数字移动通信的关键技术 ·· 13
  2.1 GSM-R 无线信道电波传播与干扰 ··· 13
    2.1.1 电波传播特性 ··· 13
    2.1.2 噪声与干扰 ··· 15
  2.2 GSM-R 语音处理的主要过程 ··· 16
    2.2.1 编码技术 ·· 17
    2.2.2 交织技术 ·· 18
    2.2.3 加密技术 ·· 19
    2.2.4 调制解调技术 ··· 20
  2.3 无线信道的空中接口技术 ··· 21
    2.3.1 多址方式 ·· 21
    2.3.2 分集接收技术 ··· 25
    2.3.3 跳频技术 ·· 28
    2.3.4 信道均衡 ·· 28
    2.3.5 不连续发射和不连续接收 ·· 29
  习题 ·· 30

第3章 GSM-R 的网络结构 ·· 32
  3.1 GSM-R 的网络组成 ·· 32
    3.1.1 移动终端设备 ··· 33
    3.1.2 BSS 基站子系统 ·· 35
    3.1.3 直放站和泄漏同轴电缆 ··· 39

  3.1.4　NSS 网络子系统 …………………………………………………………… 40
  3.1.5　OSS 操作与维护子系统 ……………………………………………………… 47
 3.2　GSM-R 网络规划 …………………………………………………………………… 48
  3.2.1　GSM-R 组网技术概述 ………………………………………………………… 48
  3.2.2　核心网规划 …………………………………………………………………… 52
  3.2.3　无线网规划 …………………………………………………………………… 56
 3.3　GSM-R 系统编号计划 ……………………………………………………………… 59
  3.3.1　GSM 系统编号 ………………………………………………………………… 59
  3.3.2　GSM-R 系统编号类型 ………………………………………………………… 62
 习题 …………………………………………………………………………………………… 65

第 4 章　GSM-R 接口与协议 …………………………………………………………… 68

 4.1　GSM-R 的主要接口与协议 ………………………………………………………… 68
 4.2　GSM-R 空中接口物理层 …………………………………………………………… 72
  4.2.1　GSM-R 的帧结构 ……………………………………………………………… 72
  4.2.2　GSM-R 信道 …………………………………………………………………… 74
  4.2.3　时隙格式 ……………………………………………………………………… 77
 4.3　GSM-R 空中接口 Um 无线接口层 ………………………………………………… 78
  4.3.1　无线资源管理 ………………………………………………………………… 79
  4.3.2　移动性管理 …………………………………………………………………… 82
  4.3.3　连接管理 ……………………………………………………………………… 85
 4.4　呼叫处理流程 ……………………………………………………………………… 86
 4.5　GSM-R 的用户数据管理 …………………………………………………………… 89
 习题 …………………………………………………………………………………………… 91

第 5 章　GSM-R 的功能 …………………………………………………………………… 94

 5.1　GSM-R 的业务模型 ………………………………………………………………… 94
  5.1.1　GSM-R 电信业务 ……………………………………………………………… 95
  5.1.2　GSM-R 补充业务 ……………………………………………………………… 97
 5.2　GSM-R 铁路中的应用 ……………………………………………………………… 100
  5.2.1　调度通信 ……………………………………………………………………… 100
  5.2.2　车次号传输与列车停稳信息的传送 ………………………………………… 103
  5.2.3　调度命令传送 ………………………………………………………………… 104
  5.2.4　列尾装置信息传送 …………………………………………………………… 106
  5.2.5　调车机车信号和监控信息系统传输 ………………………………………… 107
  5.2.6　机车同步控制传输 …………………………………………………………… 107
  5.2.7　CTCS 3 级/ CTCS 4 级 ……………………………………………………… 108
  5.2.8　区间移动公(工)务通信 ……………………………………………………… 109
  5.2.9　应急指挥通信话音和数据业务 ……………………………………………… 109
  5.2.10　旅客列车移动信息服务通道 ………………………………………………… 109

习题 110

第6章 GSM-R 设备维护 111

6.1 GSM-R 系统维护规则 111
   6.1.1 技术管理机构 111
   6.1.2 设备维护篇 116
6.2 GSM-R 设备常见的故障分析与处理 119
   6.2.1 故障处理过程和方法 119
   6.2.2 故障分析与定位的常用方法 120
   6.2.3 无线网络常见问题 121
   6.2.4 无线网络常见问题的原因 121
   6.2.5 故障处理案例 122
   6.2.6 直放站故障现象 123
习题 124

第7章 公网移动通信系统 125

7.1 CDMA 系统 125
   7.1.1 扩频技术 126
   7.1.2 CDMA 系统的发展与结构 126
   7.1.3 CDMA 系统的逻辑信道 130
   7.1.4 CDMA 系统的功率控制 132
   7.1.5 CDMA 系统的切换方式 133
7.2 3G 系统 133
   7.2.1 IMT-2000 系统 134
   7.2.2 三种技术的发展 135
   7.2.3 第三代移动通信系统的关键技术 136
7.3 4G 系统 136
   7.3.1 4G 系统的关键技术 137
   7.3.2 4G 系统的标准 138
习题 139

第8章 实训指导 140

8.1 认识 BSC 设备 140
   8.1.1 任务导入及教学要求 140
   8.1.2 教学内容 BSC 设备认知 140
   8.1.3 技能训练 151
8.2 认识 BTS 设备 152
   8.2.1 任务导入及教学要求 152
   8.2.2 教学内容1 认识 ZXGG10 B8018 153
   8.2.3 教学内容2 认识 ZXGG10-B8112 158

8.2.4　教学内容3　认识ZXGG10-M8202 …………………………………… 159
　　8.2.5　技能训练 ………………………………………………………………… 160
8.3　BSS数据配置基本操作 ……………………………………………………………… 161
　　8.3.1　任务导入及教学要求 …………………………………………………… 161
　　8.3.2　教学内容　数据配置基本操作 ………………………………………… 162
　　8.3.3　技能训练 ………………………………………………………………… 168
8.4　BSS数据配置 ………………………………………………………………………… 170
　　8.4.1　任务导入及教学要求 …………………………………………………… 170
　　8.4.2　教学内容1　公共资源数据配置 ………………………………………… 171
　　8.4.3　教学内容2　BSC物理设备配置 ………………………………………… 172
　　8.4.4　教学内容3　A接口配置 ………………………………………………… 176
　　8.4.5　教学内容4　基站及无线配置 …………………………………………… 178
　　8.4.6　教学内容5　软件装载 …………………………………………………… 180
　　8.4.7　技能训练 ………………………………………………………………… 183

第1章 概 论

现代移动通信技术的发展始于20世纪20年代,是20世纪的重大成就之一。在不到100年的时间中,移动通信得到了巨大的发展,发展速度令人惊叹。移动通信已成为人们生活的一部分。移动通信系统是一个不断演进的系统,各种新技术的发展和应用将推动下一代移动通信系统不断向前迈进。

过去人们常常利用电报和简单的脉冲来传递一些短消息,由此开始了远距离的电通信。此后,大量的先进技术使得信息能够更加可靠、简便、快捷地传输。目前我们使用的移动网络,是一个能完成全球范围内的语音传输以及实现多种业务功能于一体的网络。硬件连接和电子交换使得数字数据信号可靠地传输,互联网的使用使有线通信获得了新的发展空间。在互联网中,声音和数据是主要的处理对象。在有线通信发展的同时,无线传输也在不断地进步。无线传输的实际应用给人们的生活和通信方式带来了巨大的变化。

无线通信的主要目的是实现任何时间、任何地点和任何通信对象之间的通信。从通信网的角度看,移动网可以看成是有线通信网的延伸,它由无线和有线两部分组成。无线部分提供用户终端的接入,利用有限的频率资源在空中可靠地传送话音和数据;有线部分完成网络功能,包括交换、用户管理、漫游、鉴权等,构成公众陆地移动通信网PLMN。移动通信是指通信双方至少有一方在移动状态中进行信息传输和交换,这包括移动体(车辆、船舶、飞机或行人)和移动体之间的通信,移动体与固定点(固定无线台或有线用户)之间的通信。

1.1 移动通信概述

1.1.1 无线通信与移动通信的关系

无线通信(Wireless Communication)是利用电磁波信号能够在自由空间中传播的特性进行信息交换的一种通信方式。电磁波是一系列不同频率辐射的总称,不同频率(波长)的电磁波,表现差异,因此常将电磁波谱划分成若干波段。按照频率从低到高的顺序可分为γ射线、X射线、紫外线、可见光、红外线与无线电波等。

1. 无线电波的特点

无线电波是在自然空间传播的电磁波,是无线通信信息传输的载体。无线电波主要具有以下特点。

(1) 无线电波是正弦波,具有波的一切特性。它和水波一样能向四周传播,在传播的过程中能够发生折射、反射,它也具有一定的频率、波长和波速。无线电波的传播过程如图1.1所示。

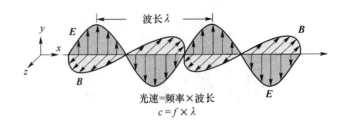

图 1.1　无线电波的传播过程

(2) 无线电波不像其他波那样容易被人们的感官所接收。如光波能被人的眼睛看到，声波能被人的耳朵听到，地震波能被人的身体感觉到，而无线电波则是一种无形的波，谁也看不见、摸不着，只能用仪器接收到。例如，半导体收音机就是一种可以接收无线电波的仪器。

(3) 无线电波具有惊人的运动速度，是世界上跑得最快的物质。每秒钟能跑 30 万公里，而其他物质，如声波，在空气中每秒只能传播 340 米。光波在本质上和无线电波一样，也是一种电磁波，传播的速度也是每秒 30 万公里，但光波是沿直线传播的，而且不能穿过不透明的物体，高山、楼房等障碍物都会把它挡住。而无线电波则可以沿着崎岖不平的地面，翻山越岭，绕过种种障碍向前跑，甚至能够直奔浩瀚无际的太空，在宇宙中飞行。

(4) 无线电波可以在真空中传播。声波、水波只能在一定的介质中传播。如声波需在水中或空气中传播，在真空中就没有声音。无线电波却无处不在，不需要任何介质就能传播。

(5) 无线电波的频率往往比其他波的频率高得多。平时人们听到的汽笛声，频率达几千赫兹，听起来有点刺耳。人类噪音的频率在几百到几千赫兹之间。女同志讲话，声音尖一些，频率较高，男同志声音显得粗一些，频率较低。无线电波的频率可以达到几万赫兹、几十兆赫兹。无线电波的波长、频率和振幅还可以按照人们的需要用机器来调节。

正因为无线电波具有如上主要特点，所以语言、音乐、图像等种种信息都可以通过它来传播。为了完成通信的任务，满足人类生活的需要，人类制造出了能够发射各种频率的无线电波的机器，这样，不同频率的无线电波就组成了无线电波谱。根据不同频率的无线电波的波长不同，给无线电波起了不同的名字，如超长波（又称甚低频）、长波（又称低频）、中波（又称中频）、短波（又称高频）、超短波（又称甚高频）、微波（又称特高频）等。无线电波谱的频率、波段、传播特性及主要用途如表 1.1 所示。

表 1.1　无线电波谱的频率、波段、传播特性及主要用途

名称	甚低频	低频	中频	高频	甚高频	超高频	特高频	极高频
符号	VLF	LF	MF	HF	VHF	UHF	SHF	EHF
频率	3～30 kHz	30～300 kHz	0.3～3 MHz	3～30 MHz	30～300 MHz	0.3～3 GHz	3～30 GHz	30～300 GHz
波段	超长波	长波	中波	短波	米波	分米波	厘米波	毫米波
波长	10～100 km	1～10 km	100～1 000 m	10～100 m	1～10 m	0.1～1 m	1～10 cm	1～10 mm
传播特性	空间波为主	地波为主	地波与天波	天波与地波	空间波	空间波	空间波	空间波

续表

名称	甚低频	低频	中频	高频	甚高频	超高频	特高频	极高频
主要用途	海岸潜艇通信；远距离通信；超远距离导航	越洋通信；中距离通信；地下岩层通信；远距离导航	船用通信；业务无线电通信；移动通信；中距离导航	远距离短波通信；国际定点通信	电离层散射(30~60 MHz)；流星余迹通信；人造电离层通信(30~144 MHz)；对空间飞行体通信；移动通信	小容量微波中继通信(352~420 MHz)；对流层散射通信(700~10 000 MHz)；中容量微波通信(1 700~2 400 MHz)	大容量微波中继通信(3 600~4 200 MHz)、(5 850~8 500 MHz)；数字通信；卫星通信；国际海事卫星通信(1 500~1 600 MHz)	再入大气层时的通信；波导通信

无线频率是电磁谱的一部分，是宝贵的自然资源，是无线通信的首要条件。无线频率资源由国家统一管理、分配。使用部门需向国家提出使用申请，获批准后方可使用。移动通信使用的是超高频频段，如无线列调 450 MHz，GSM 使用 900 MHz 和 1 800 MHz。

2. 无线通信与移动通信的相互关系

移动通信就是要保持物体在移动状态中的通信，因而它必须是无线通信。短距离无线通信我们通常称为无线通信；长距离无线通信我们通常称为移动通信，移动通信可以算作无线通信的一个大的分支。

1.1.2 移动通信发展简史

与其他现代技术的发展一样，移动通信技术的发展也呈现加快趋势，目前，当数字蜂窝网正方兴未艾时，关于未来移动通信的讨论已如火如荼地展开。各种方案纷纷出台，其中最热门的是所谓个人移动通信。关于这种系统的概念和结构，各家解释并未一致。但有一点是肯定的，即未来移动通信系统将提供全球性优质服务，真正实现任何时候、任何地点、向任何人提供通信服务这一移动通信的最高目标。

在过去的几十年中，世界电信发生了巨大的变化，移动通信特别是蜂窝小区的迅速发展，使用户彻底摆脱终端设备的束缚，实现完整的个人移动、可靠的传输手段和接续方式。进入21 世纪，移动通信将逐渐演变成社会发展和进步的必不可少的工具。

第一代移动通信系统(1G)是在 20 世纪 80 年代初提出的，它完成于 20 世纪 90 年代初，如 NMT 和 AMPS，NMT 于 1981 年投入运营。第一代移动通信系统是基于模拟信号传输的，其特点是业务量小、质量差、交全性差、没有加密和速度低。1G 主要基于蜂窝结构组网，直接使用模拟语音调制技术，传输速率约 2.4 kbit/s。不同国家采用不同的工作系统。

第二代移动通信系统(2G)起源于 20 世纪 90 年代初期。欧洲电信标准协会在 1996 年提出了 GSM Phase 2+，目的在于扩展和改进 GSM Phase 1 及 Phase 2 中原定的业务和性能。它主要包括 CMAEL(客户化应用移动网络增强逻辑)、S0(支持最佳路由)、立即计费、GSM 900/1800 双频段工作等内容，也包含了与全速率完全兼容的增强型话音编解码技术，使得话音质量得到了质的改进；半速率编解码器可使 GSM 系统的容量提高一倍。在GSM Phase 2+阶段中，采用更密集的频率复用、多复用、多重复用结构技术，引入智能天线技术、双频段等技术，有效地克服了随着业务量剧增所引发的 GSM 系统容量不足的缺陷；自适应语音编码

(AMR)技术的应用,极大提高了系统通话质量;GPRS/EDGE 技术的引入,使 GSM 与计算机通信/Internet 有机结合,数据传送速率可达 115/384 kbit/s,从而使 GSM 功能得到不断增强,初步具备了支持多媒体业务的能力。尽管 2G 技术在发展中不断得到完善,但随着用户规模和网络规模的不断扩大,频率资源已接近枯竭,语音质量不能达到用户满意的标准,数据通信速率太低,无法在真正意义上满足移动多媒体业务的需求。

第三代移动通信系统(3G),也称 IMT 2000,是正在全力开发的系统,其最基本的特征是智能信号处理技术,智能信号处理单元将成为基本功能模块,支持话音和多媒体数据通信,它可以提供前两代产品不能提供的各种宽带信息业务,例如高速数据、慢速图像与电视图像等。WCDMA 的传输速率在用户静止时最大为 2 Mbit/s,在用户高速移动是最大支持 144 kbit/s,所占频带宽度 5 MHz 左右。

但是,第三代移动通信系统的通信标准共有 WCDMA,CDMA2000 和 TD-SCDMA 三大分支,共同组成一个 IMT 2000 家庭,成员间存在相互兼容的问题,因此已有的移动通信系统不是真正意义上的个人通信和全球通信;再者,3G 的频谱利用率还比较低,不能充分地利用宝贵的频谱资源;第三,3G 支持的速率还不够高,如单载波只支持最大 2 Mbit/s 的业务。

这些不足点远远不能适应未来移动通信发展的需要,因此寻求一种既能解决现有问题,又能适应未来移动通信需求的新技术(即新一代移动通信:next generation mobile communication)是必要的。4G 是第四代移动通信及其技术的简称,是集 3G 与 WLAN 于一体并能够传输高质量视频图像以及图像传输质量与高清晰度电视不相上下的技术产品。4G 系统能够以 100 Mbit/s 的速度下载,比拨号上网快 2 000 倍,上传的速度也能达到 20 Mbit/s,并能够满足几乎所有用户对无线服务的要求。而在用户最为关注的价格方面,4G 与固定宽带网络在价格方面不相上下,而且计费方式更加灵活机动,用户完全可以根据自身的需求确定所需的服务。此外,4G 可以在 DSL 和有线电视调制解调器没有覆盖的地方部署,然后再扩展到整个地区。很明显,4G 有着不可比拟的优越性。

1.1.3 移动通信系统的特点和分类

1. 移动通信系统的特点

(1) 移动通信必须利用无线电波进行信息传输

通信中的用户可以在一定范围内自由活动,其位置不受束缚,但传输特性差,有各种损耗且大,会产生多径效应、阴影效应、多普勒效应等。

(2) 通信是在复杂的干扰环境中运行的

除了有一些常见的外部干扰(如天电干扰、工业干扰和信道噪声)外,系统本身和不同系统之间还会产生这样和那样的干扰。例如:(各种)多用户之间、基站与用户之间、各种收发信机之间等产生的干扰,主要包括邻道干扰、互调干扰、共道干扰、多址干扰、远近效应(近地无用强信号压制远地有用弱信号的现象)等。

(3) 移动通信业务量的需求与日俱增

如何提高系统的容量,始终是移动通信发展中的重点。解决的方法是:一方面开辟和启用新的频段;另一方面研究各种新技术和新措施,以压缩信号所占的频带宽度和提高频谱利用率,如:信号处理技术,新的调制解调技术,多址技术,等等。

(4) 移动通信系统的网络结构多种多样,网络管理和控制必须有效

根据通信地区、地形的不同,移动通信网络可以组成带状(如铁路沿线、隧道等)、面状(覆盖一整个城市和地区)、立体状(地面通信设施与中低轨道卫星通信系统一起组网,或由微微蜂窝、微蜂窝和宏蜂窝组成),等等。

(5) 移动通信设备(主要是移动台)必须适于在移动环境中使用

移动终端需要体积小,重量轻,省电,操作简单,携带方便,抗震动、冲击。

2. 移动通信系统的分类

移动通信系统主要有以下分类:
(1) 按使用对象可分为民用设备和军用设备。
(2) 按使用环境可分为陆地通信、海上通信和空中通信。
(3) 按多址方式可分为频分多址(FDMA)、时分多址(TDMA)和码分多址(CDMA)等。
(4) 按接入方式可分为频分双工(FDD)和时分双工(TDD)。
(5) 按覆盖范围可分为宽域网和局域网。
(6) 按业务类型可分为电话网、数据网和综合业务网。
(7) 按工作方式可分为同频单工、异频单工、异频双工和半双工。
(8) 按服务范围可分为专用网和公用网。
(9) 按信号形式可分为模拟网和数字网。

3. 常见的移动通信系统

常见的移动通信系统包括蜂窝移动通信息系统、无绳电话系统、集群移动通信系统和卫星移动通信系统等。

(1) 蜂窝移动通信系统

蜂窝移动通信网的概念实质上是一种系统级的概念,利用蜂窝小区结构实现了频率的空间复用。它采用许多小功率的发射机形成的小覆盖区来代替采用大功率发射机形成的大覆盖区,并将大覆盖区内较多的用户分配给不同蜂窝小区的小覆盖区以减少用户间和基站间的干扰,同时再通过区群间空间复用的概念满足用户数量不断增长的需求,从而大大提高了系统的容量,真正解决了公用移动通信系统要求容量大与有限的无线频率资源之间的矛盾。

蜂窝移动通信系统一般由移动台(MS)、基站(BS)、移动交换中心(MSC)及与公用交换电话网(PSTN)相连的中继线等组成,如图1.2所示。移动通信系统中各组成部分的定义如表1.2所示。

表1.2 蜂窝移动通信系统各部分的定义

术 语	定 义
移动台	在移动服务网中,在不确定的地点且在移动使用的终端。移动台可以是手持设备,或是安装在移动车辆上的设备。具有收、发信机和天馈线等设备
基站	移动无线系统中的固定站,用来和移动台进行无线通信。基站建在蜂窝小区内,设有收、发信机和架在塔上的发射、接收天线等设备
移动交换中心	在大范围服务区域中协调通信的中心,能将基站和移动台连到公用电话网上
无线小区	每个基站发射机覆盖的小块地理区域。无线小区的大小取决于基站的发射机功率和天线的高度
用户	使用移动通信服务并付费的使用者
操作维护中心(OMS)	负责管理维护移动交换网络

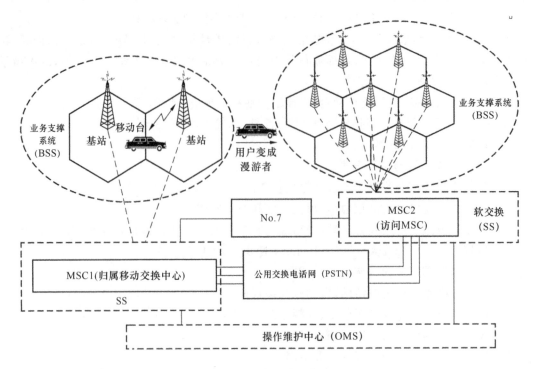

图1.2 蜂窝移动通信网

(2) 无绳电话系统

无绳电话是指用无线信道代替普通电话线,在限定的业务区内给无线用户提供移动或固定公共交换电话网(PSTN)业务的电话系统,也是一种无线接入系统。它由一个或若干个基站和多部手机组成,允许手机在一组信道内任选一个空闲信道进行通信。一个基站形成一个微蜂窝,多个微蜂窝构成一个服务区,区内的手机都可通过基站得到服务。图1.3为无绳电话系统示意图。

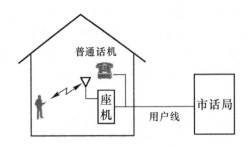

图1.3 无绳电话系统

(3) 集群移动通信系统

集群移动通信系统(简称集群系统)是一种共用无线频道的专用调度移动通信系统,它采用多信道共用和动态分配信道技术。集群是指无线信道不是仅给某一用户群所专用,而是若干个用户群共同使用。集群移动通信系统所采用的基本技术是频率共用技术。它的一个最重要的目的是尽可能地提高系统的频率利用率,以便在有限的频率空间内为更多用户服务。

① 泛欧数字集群(TETRA)系统的系统构成

图1.4为泛欧数字集群系统的系统示意图。

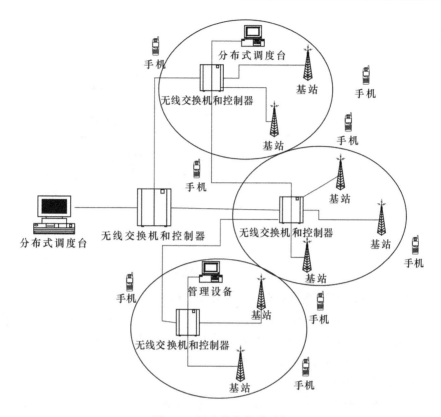

图 1.4 泛欧数字集群系统

② 泛欧数字集群系统的主要功能

泛欧数字集群系统的主要功能如表 1.3 所示。

表 1.3 泛欧数字集群系统的主要功能

常规集群通话功能	单呼功能：TETRA 具有无线单个呼叫无线用户的功能； 组呼功能：无线用户可同时呼叫同一组内的多个用户，单网呼叫建立时间小于 300 ms； 广播呼叫：网内有权无线用户可以呼叫系统中所有用户
特殊功能	组呼确认功能、区域选择功能、接入优先功能、迟入网功能、监听功能、动态重组呼叫功能、显示主叫号码和信道功能、转告第三者功能、用户识别功能、组呼控制功能、计费提示功能、查询呼叫功能和呼叫转移功能
数据传输功能	TETRA 系统最高可传输 28.8 kbit/s 的数据，可使用电路交换、X.25 分组交换、IP 分组交换方式传输数据
移动台的直通功能	普通直通功能：移动台可相互间直接对通。 双监视直通功能：当移动台在系统覆盖范围内时，既可以和移动台直通，又可以监视系统发来的信息。 网关直通功能：移动台既可以作为转信台对两个脱网移动台起到中继作用，同时可以将脱网的移动台转信入网，起到直通网关的作用

(4) 移动卫星通信系统

移动卫星通信系统是利用通信卫星作为中继站，为移动用户之间或移动用户与固定用户之间提供电信业务的系统。系统一般由通信卫星、关口站、控制中心、基站以及移动终端组成，如图 1.5 所示。

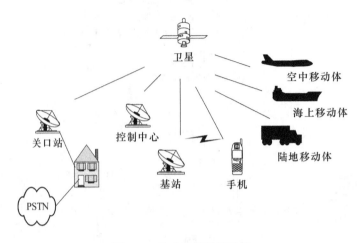

图 1.5　移动卫星通信系统

移动卫星通信系统的主要特点是不受地理环境、气候条件和时间的限制,在卫星覆盖区域内无通信盲区。移动卫星通信可提供移动用户间、移动用户与陆地用户间的语音、数据、寻呼和定位等业务,适用于多种通信终端。利用移动卫星通信业务可以建立范围广大的服务区,成为覆盖地域、空域、海域的超越国境的全球系统。

4. 移动通信系统的业务

移动通信的传统业务是语音通信,随着计算机和通信技术的迅速发展,人们对数据传输的需求不断增加,把语音、图像和数据传输融为一体的移动通信系统,既是技术发展的动力,也是市场需求的驱动,是今后移动通信发展的方向。图 1.6 是移动通信业务种类示意图。

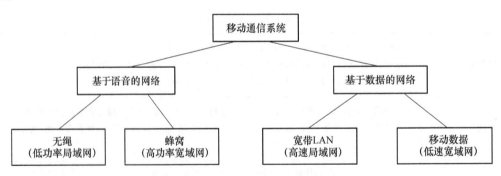

图 1.6　移动通信业务种类

1.2　GSM-R 系统概述

传统的铁路无线通信系统使用单信道模拟制式,无线通信设备主要是为满足话音通信设计的,主要使用 450 MHz 频段,共 58 对频点,固定分配给了无线列调、站调、公安等无线系统使用,各个部门间不能相互共享,造成频率资源的极大浪费。无线通信系统采用频点(信道)固定分配的方式,信道长期指配给某一系统(通常按专业划分)用户使用,当一个信道遇忙时,其他用户只能等待,往往造成该信道上的用户争抢或者阻塞,通信质量得不到保证。而信道空闲时,别的系统用户也并不能利用该信道进行通信。这无疑是对频率资源的一种浪费,也制约了用户数量的进一步发展。铁路无线通信系统枢纽地区干扰严重不具备网络能力,移动终端对讲距离受限,邻站交界区易发生业务中断,各个无线通信系统分散,不能联合组网,使得各系统之间用户无法进行联络,无线、有线调度网基本独立,无法形成有机融合的整体。无线列调系统是开放系统,并未做任何鉴权加密处理,对用户无须进行身份识别,只要无线终端用户频点和调制方式与无线列调相同,便可以加入到无线列调系统内进行通信。因此话音业务可以被接收或窃听,给行车安全带来极大的隐患。

2006年7月1日,随着青藏铁路的全线通车,我国铁路所使用的一种世界上领先的铁路数字移动通信系统也在青藏线上正式投入使用。这种通信系统就是GSM-R铁路全球移动通信系统。GSM-R(Global System For Mobile Communications For Railway)系统是铁路综合调度移动通信系统的简称,专门针对铁路对移动通信的需求而推出的专用系统,它基于GSM并在功能上有所超越,是成熟的技术,是通过无线通信方式实现移动话音和数据传输的一种技术体制。

1.2.1 GSM-R与GSM的关系

GSM全名为Global System for Mobile Communications,中文为全球移动通信系统,俗称"全球通",是一种起源于欧洲的移动通信技术标准,是世界上应用最广泛的第二代数字移动通信标准(简称2G),其开发目的是让全球各地可以共同使用一个移动电话网络标准,让用户使用一部手机就能行遍全球。我国于20世纪90年代初引进采用此项技术标准。现在正逐步被3G技术所取代。

1. GSM与GSM-R的关系

GSM-R技术是基于成熟、通用的公共移动无线通信系统GSM平台,专门为满足铁路应用而开发的数字式移动无线通信技术。GSM-R技术延续了GSM的TDMA工作方式,通过不同时隙和基站联系,确保调度通信的正常传输,在结构上增加了组呼寄存器(GCR),能够实现组呼的功能。在列车专用调度通信中,组呼功能是十分重要的,这能让调度员第一时间通知相关区域的用户,及时调度是高速铁路运行的前提要求。除了组呼功能以外,GSM-R系统还能实现多功能抢占通道能力,在紧急事故发生时,能够强行中断优先级比较弱的通道,建立高优先级通道的链接。这些都是GSM系统不具备而GSM-R系统为了适应列车通信的要求所增加的特殊功能。GSM与GSM-R的关系如图1.7所示,可以说GSM-R = GSM + 集群 + 铁路特色功能。

2. 铁路相对GSM公网的特殊需求

① 用户级别不同(高级语音呼叫,包括:组呼、小区广播、增强多优先级与强拆)。
② 功能寻址(调度)。
③ 基于位置的寻址(机车呼叫前方车站、后方车站)。
④ 高速情况下的移动通信。
⑤ 大量特殊的数据业务需求(列控、列尾、车次号等)。

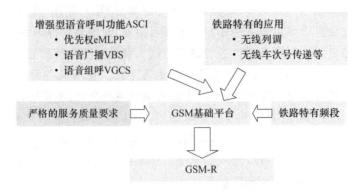

图1.7 GSM-R与GSM的关系

1.2.2 GSM-R系统简介

2002年以来铁道部经过几年的论证、研究,决定借鉴欧洲先进国家铁路通信在GSM-R系统上的成功经验,决定在国内选择GSM-R作为铁路专用移动通信系统,替代原有的模拟通信系统,支持铁路跨越式发展,首批试点线路为青藏线、大秦线和胶济线,并在实验成功的基础上逐步在全国各条铁路干线和新建城际客运专线上推广使用。

1. GSM-R系统组成

GSM-R通信系统包括:交换机、基站、机车综合通信设备、手机等设备组成。交换机是GSM-R系统的核心,它的主CPU处理器及各个功能模块的CPU处理器、交换矩阵、内部总线等都是双备份配置。这种双备份的硬件结构和完备的软件体系具有极高的可靠性。为铁路通信系统专门研制的基站,适应了沿铁路线型覆盖的要求,特别是适应恶劣的自然环境和无人值守的环境要求。专门用于GSM-R网络的手机外观上与普通手机大同小异,这种手机除了能像普通GSM手机那样进行语音通话外,还增加了铁路运输专用的调度通信功能,甚至能够无线传输图像和数据信息。GSM-R与GPS卫星定位技术相结合,实现了通信和信号技术的深度融合。利用电子地图、卫星定位等技术相结合的方式来实现对列车的控制,使远在千里之外的工作人员也能够对列车的运行位置和状态一目了然。

2. GSM-R系统结构与覆盖

GSM-R可以构成既含有面状覆盖又含有链状覆盖的网络,既可用于地区性的覆盖也可用于全国性的覆盖。例如,沿铁路线采用链状覆盖,车站及枢纽地区采用面状覆盖。为了满足铁路对传输的高可靠性,链状覆盖一般采用双重冗余的重叠小区结构,每2个基站(BTS)重叠覆盖一个小区(cell);面状覆盖采用多小区(或多扇区)蜂窝结构,每个基站覆盖一个小区,当然也可以采用重叠覆盖小区结构。

3. GSM-R功能特点

GSM-R以GSM平台为基础,因此除了GSM所具有的越区切换、漫游等特性外,GSM-R还具有如下专有的特性:功能寻址(Functional Addressing,FA)、基于位置的寻址(Location Dependent Addressing,LDA)、语音广播服务(Voice Broadcast Service,VBS)、语音组呼服务(Voice Group Call Service,VGCS)、增强的多级优先与强占权(Enhanced Multi-Level Precedence and Pre-emption,eMLPP)等。

4. GSM-R 关键技术

GSM-R 的关键技术包括：工作频段的分配、时分多址（TDMA）技术、时分多址帧结构、空间分集、时间色散和均衡、基站与移动台间的时间调整、话音编码、信道编码、交织技术、跳频技术、保密措施等。

我国 GSM-R 除了具备 GSM-R 现有的功能特性，还有无线列调功能、接近连续式机车信号传输、区间移动人员通信，以及根据我国铁路的地理位置进行合理的 GSM-R 系统区间的场强覆盖。

5. GSM-R 主要系统性能评估

① 网络布局的评估、覆盖评估、语音质量评估：主观和客观 MOS 评估、干扰评估。

② 语音业务评估，如接入失败率、掉话率、切换成功率、位置更新成功率、语音断续率、回声及背景噪声率、串话率等。

③ 铁路通信专用功能实现评估，如无线列调功能、群呼、组呼、插呼、优先级保证等。

6. GSM-R 网络优化策略

GSM 网络优化解决的主要问题有：信道拥塞率高、呼叫成功率低；越区切换失败率高，掉话严重；通话质量低、有串音；移动台占用话音信道后呼叫释放、出现振铃后无通话、移动台接通后单边通话；设备完好率较低；中继电路的配置与实际话务不相符、电路群的每线话务量差别较大等。

1.2.3 GSM-R 系统在我国的应用

GSM-R 系统进入我国已有多年，经过对理论、技术、实施等各方面重难点的突破，已经在我国建成了多条 GSM-R 线路，且目前各方面运行良好。根据《中长期铁路网规划》的安排，扩大建设规模，完善路网结构，快速扩充运输能力和提高铁路装备水平，至 2020 年，全国铁路营业里程要求达到 10 万公里，其中客运专线 1.2 万公里，复线铁路 5 万公里，电气化铁路 5 万公里。铁路建设和发展的核心是"铁路网络"，铁路装备应保证铁路网安全、可靠、高效地发挥作用。GSM-R 技术顺应时代的发展，其固有的"网络"特性，是铁路信息化和自动化发展的基础。目前我国使用 GSM-R 系统的铁路有多条线路，主要代表性的有"世界屋脊"之称的青藏铁路；以运输煤矿业务为主的大秦线；具有中国特定城镇环境的胶济线；2009 年 4 月开通的时速达到 250 km/h 的合武线；同年 9 月开通的时速达到 350 km/h 的武广客运专线；2012 年 12 月底开通京沪高速铁路和哈大高速客运专线等。在我国所使用的 GSM-R 频段为上行 885～889 MHz，下行 930～934 MHz，工作频带为 4 MHz，双工间隔为 45 MHz，载波间隔为 200 kHz，共有 19 个可用频点。由于是在 GSM 网络的基础上进行专用通信的设计，所以工作方式均采用 TDMA，内部结构也是由网络子系统（NSS）、基站子系统（BSS）、运行和业务支撑子系统（OSS）、终端设备等四个部分组成。其中，网络子系统包括移动交换子系统（SSS）、移动智能网（IN）子系统和通用分组无线业务（GPRS）子系统。GSM-R 系统采用主从同步方式，MSC、HLR、SCP 等设备应就近从 BTS 设备中获取定时信号，MSC 至 BSS 间的 G 数字链路应兼作同步链路使用，BSS 从 MSC 获取同步时钟信号，也可从就近的 BTS 设备或 SDH 设备提取同步时钟信号。GSM-R 传输系统指的是为 GSM-R 系统各子系统之间的连接提供通道的数字传输系统，包括 GSM-R 系统为提供基本服务所必需的传输配套单元，如传输光缆、电缆和传输设备，但不包括直放站远端机和近端机之间的连接通道，也不包括天馈线等连接。

GSM-R 网络设备商有西门子、北电和华为等,三个厂商在 GSM 都有着丰富的工程经验。西门子在运输、车辆、通信信号等交通领域综合实力很强,其 GSM-R 设备已经应用在瑞典、荷兰、英国等国家和我国胶济铁路。北电网络公司的 GSM-R 设备已应用到德国、法国、英国等国家和我国青藏铁路。华为公司是国内能够提供 GSM-R 成套设备的厂商,其设备已应用于大秦铁路。

GSM-R 固定用户接入交换机(FAS)供应商有北京佳讯飞鸿公司、北京中软公司、济南天龙公司等,他们完成了与 GSM-R 交换子系统之间的互联互通。

GSM-R 终端设备供应商有法国萨基姆(Sagem)、奥地利电信公司卡普施(Kapsch)、英国马可尼公司和北京中电华大公司等。萨基姆和马可尼提供 GSM-R 手机和模块。Kapsch 公司提供 GSM-R 模块。北京中电华大公司提供 GSM-R SIM 卡和 SIM 卡管理维护系统。另外,国内已有 11 家机车综合通信设备供应商,实现了与 GSM-R 网络之间的互联互通。

GSM-R 科研单位有铁道部 GSM-R 实验室,北京交通大学和铁道科学研究院等单位,承担了铁道部一系列科研项目,取得了很多研究成果。

GSM-R 设计单位有第一、第二、第三、第四铁路勘测设计院,北京全路通号设计院和电化局设计院。

参与 GSM-R 施工的单位有二十多个工程局,GSM-R 验收单位有电化局测试中心、中国铁道通信信号上海电信测试中心、铁道部 GSM-R 实验室。

铁路局通信段可以为 GSM-R 的建设和发展提供可靠的传输网、同步网,在无线列调和有线调度通信方面有着丰富的运营维护经验,对铁路运输行业、现代铁路对通信的要求有着深刻的认识,经过 GSM-R 人才队伍的培养,能够承担 GSM-R 运营和维护工作。

从长远眼光来看,中国的铁路必定朝着高速化的方向发展,普通的集群调度系统已无法满足发展的要求。GSM-R 系统所采取的综合移动功能,能实现各种业务的要求,能取代分离的各类无线通信系统,能适应越来越快的铁路运输系统。

习 题

1. 填空题

(1) 蜂窝移动通信系统一般由_____、_____、_____和_____构成。

(2) 移动通信的概念是_____。

(3) 移动业务信道主要传输_____和_____。

(4) 我国 GSM-R 系统的工作频段是上行_____和下行_____。

(5) GSM 的全称是_____,GSM-R 的全称是_____。

2. 简述题

(1) 常见的移动通信系统有哪些?

(2) 移动通信的特点有哪些?

(3) 简述 GSM-R 与 GSM 的关系。

第2章　GSM-R 数字移动通信的关键技术

无线通信系统的性能主要受到移动无线信道的制约。发射机与接收机之间的传播路径非常复杂，从简单的视距传播，到遭遇各种复杂的地物，如建筑物、山脉和树木等。无线信道具有随机性，甚至移动台的移动速度都会对信号电平的衰落产生影响。本章主要讨论移动通信所涉及的电波传播特性及噪声干扰问题和分集接收技术。还讨论了移动台是如何把语音信号变成电磁波发射到空中，再被对方接收还原的过程。

2.1　GSM-R 无线信道电波传播与干扰

2.1.1　电波传播特性

移动通信的传播环境是影响通信质量的重要因素，无线信道的复杂和多变给移动通信系统的设计带来极大的挑战。影响移动通信环境的因素是多方面的，如物理地形、建筑物、植被、天气情况和人为干扰等，这使得传输信号的精度是无法预知的。

电磁波在空间中传播时，信号的强度会受到各种因素的影响而产生衰减，通常用传播损耗的概念来衡量衰减的大小。传播损耗的类型根据电磁波的传播机制不同也有很多种，如自由空间的损耗、反射损耗、绕射损耗等。

对于无线信道而言，影响最大的特性莫过于衰落现象：由于多径效应引起的小尺度效应，以及由距离衰减引起的路径损耗或者障碍物造成的阴影等大尺度效应。

1. 路径传播损耗

光波也是电磁波，只不过是频率不同的电磁波而已，电磁波的电场会因为距离而衰减是显然易见的，光波也是如此，束手电筒的光照向夜空，要不了多远就基本看不到了。一方面是因为电磁波在空中四散传播，发散了，另一方面是因为路径造成了能量的损耗，在无线通信中也有类似的效果，这是因为路径造成的场强损耗遵循自由空间传播模型。

假设无线电波是在完全无阻挡的视距内传播，没有反射、绕射和散射，这种理想的情形叫作自由空间的传播。自由空间的传播是电波传播最基本也是最简单的一种理想情况，电磁波在自由空间中信号的强度将以距离平方的倒数衰减，这种损耗称为自由空间的传播损耗。假设收发天线之间的距离 d，发射频率为 f，自由空间的损耗可由以下公式计算：

$$\text{PL(dB)} = 32.4 + 20\log d + 20\log f \tag{2-1}$$

其中，d 的单位为 km，f 的单位为 MHz。自由空间的损耗为路径传播损耗。

2. 衰落

电磁波有三种基本的传播机制：反射、绕射和散射。当电磁波遇到比波长大得多的物体时发生反射，反射发生于地面、建筑物表面、水面。当接收机和发射机之间的无线路径被尖利的边缘阻挡时发生绕射。由阻挡产生的二次波散布于空间，甚至阻挡体的背面。当电磁波穿行的介质中存在小于波长的物体并且单位体积内阻挡体的个数非常巨大时，发生散射。散射产生于粗糙表面、小物体或其他不规则物体，如树叶。电磁波在传播的过程中会经历两种类型的衰落：大尺度衰落（也称慢衰落）和小尺度衰落（也称快衰落）。大尺度和小尺度是按照波长来进行划分的。

（1）大尺度衰落

大尺度衰落主要是指电磁波在传播路径上受到建筑物阻挡而产生的损耗，它反映了在中等范围内（数百波长级）的接收信号电平平均值起伏变化的趋势，其变化率比传送信息率慢，故称为慢衰落。

阴影效应是产生慢衰落的主要原因。移动台在运动中，由于大型建筑物和其他物体对电波的传输路径的阻挡而在传播接收区域上形成半盲区，从而形成电磁场阴影，这种随移动台位置的不断变化而引起的接收点场强中值的起伏变化叫作阴影效应。阴影效应在光波里也有，如拿一张纸遮住日光灯的灯光，那么从背面透过来的灯光就明显弱了很多。

（2）小尺度衰落

小尺度效应又称小尺度衰落，它反映了移动台的移动距离只有几个波长时，移动时接收电平平均值的起伏变化趋势。

小尺度效应一般是由多径传播引起的。由于到达移动台天线的信号不是单一路径来的，而是不同路径来的众多反射波的合成。由于电波通过各个路径的距离不同，因而各个路径的反射波到达时间不同，相位也就不同。不同相位的多个信号在接收端叠加，有时叠加而加强（方向相同），有时叠加而减弱（方向相反）。这样，接收信号的幅度将急剧变化，即产生了衰落。这种衰落是由多径引起的，所以称为多径衰落。

（3）多普勒效应

另一种类型的衰落是由于移动台相对于发射机的运动产生的。这种相对运动导致了无线信道的快慢变化，从而引起了对信号的随机频率调制，即多普勒频移。多普勒频移是多普勒效应在无线电领域的一种体现。多普勒效应定义：由于发射机和接收机间的相对运动，接收机接收到的信号频率将与发射机发出的信号频率之间产生一个差值，该差值就是多普勒频移。

在多普勒频移现象中，不同路径信号频谱的中心频率会左右偏移标称的中心频率，这导致信号频谱的扩展。由多普勒频移也会产生两种类型的衰落：快衰落和慢衰落。在快衰落中，信道的特性在信号的一个符号周期内变化很快；在慢衰落中，信道的变化速率比信号的变化速率低得多，这两种现象都会导致信号的失真。当移动台快速远离基站时为 $f=f_0-f_d$；当移动台快速靠近基站时为 $f=f_0+f_d$，f_0 为标称的中心频率。如果说一定要减小多普勒频移，关键点是降低相对移动速度，注意，是指相对基站小区的移动速度，而不是移动台的绝对移动速度，那么有办法降低吗？显然有办法的，例如对一条道路覆盖来说，尽量让基站的设置离道路远一些，使得基站到移动台的连线与道路有一个比较大的夹角，这样，即使移动台跑得再快，相对移动速度也不算快了。

（4）远近效应

由于手机用户在一个小区内是随机分布的，而且是经常变化的，同一手机用户可能有时处在小区的边缘,有时靠近基站。如果手机的发射功率按照最大通信距离设计,则当手机靠近基站时,功率必定有过剩,而且形成有害的电磁辐射。解决这个问题的方法是根据通信距离的不同,实时地调整手机的发射功率,即功率控制。

2.1.2 噪声与干扰

无线通信信道中的噪声干扰,是指无意或有意产生的,随机性很强,影响无线通信接收机信号接收准确性的信道中产生的信号。噪声主要可按以下两种进行分类:一是按噪声来源分类,可分为人为噪声和自然噪声;二是按噪声性质分类,可分为脉冲噪声(突发性地产生,幅度很大,持续时间短,频谱宽)、窄带噪声(频谱或频率位置通常确知或可测)和起伏噪声(包括热噪声、电子管内产生的散弹噪声和宇宙噪声等)。

干扰是制约蜂窝系统容量的一个重要因素。话音信道上的干扰会造成串话,或使用户听到很大的背景噪声;信令信道上的干扰则会导致误码率的升高,使呼叫遗漏或阻塞。蜂窝系统中的干扰主要有两种类型:同频干扰和邻道干扰。针对这两种类型的干扰,在蜂窝系统中采取了调节天线覆盖方式、发射功率、合理分配频率的方法来对干扰进行防护。

1. 同频干扰

同频干扰是由于采用了频率复用,在同频小区之间产生的干扰。同频干扰不能简单地通过增大发射机的功率来克服,因为这样会导致相邻小区之间的干扰。同频干扰又有两种形式,前向链路的干扰和反向链路的干扰。我们用同频干扰信噪比 C/I 来衡量接收机的接收质量。

解决同频干扰可以采取以下几种措施:

- 定向天线覆盖。使用定向天线可以减少同频干扰的小区数 i_0,从而提高接收信噪比,减小同频干扰。
- 优化同频复用距离和频率分配方案。根据传播环境和业务量的变化情况,调整同频复用距离和频率分配方案,以适应不同的 C/I。
- 天线高度和倾角的调整。调整天线高度和倾角可以改变小区的覆盖范围和小区形状,减小同频干扰。

2. 邻道干扰

由与所使用频率相邻的频率产生的信号干扰称为邻道干扰。邻道干扰的产生主要是因为接收滤波器的阻带衰减不够陡峭引起了相邻频带信号的泄漏。只有当两个相邻频率的接收机距离很近,干扰信号的强度超过了接收机灵敏度时,邻道干扰才会对接收机的正常工作造成影响。

邻道干扰可以通过提高滤波器的精度和合理的信道分配而降到最低。通常用接收机的邻道选择性来表示抗邻道干扰的能力,它主要由接收中频滤波器的阻带衰减特性决定。因为每个小区只是分配可用信道中的一部分频道,因此可以通过避免在相邻小区之间分配连续的频率,同时使相邻小区之间的频率间隔最大来减小邻道干扰。

3. 互调干扰

当两个或多个干扰信号同时加到接收机时,由于非线性的作用,这两个干扰的组合频率有时会恰好等于或接近有用信号频率而顺利通过接收机,其中三阶互调最严重。

三阶互调是指当两个信号在一个线性系统中,由于非线性因素存在使一个信号的二次谐波与另一个信号的基波产生差拍(混频)后所产生的寄生信号。比如 f_1 的二次谐波是 $2f_1$,他与 f_2 产生了寄生信号 $2f_1-f_2$。由于一个信号是二次谐波(二阶信号),另一个信号是基波信号(一阶信号),他们合成为三阶信号,其中 $2f_1-f_2$ 被称为三阶互调信号,它是在调制过程中产生的。又因为是这两个信号的相互调制而产生差拍信号,所以这个新产生的信号称为三阶互调失真信号。产生这个信号的过程称为三阶互调失真。由于 f_2、f_1 信号比较接近,也造成 $2f_1-f_2$、$2f_2-f_1$ 会干扰到原来的基带信号 f_1、f_2。这就是三阶互调干扰。

既然会出现三阶,当然也有更高阶的互调,这些信号也会干扰原来的基带信号吗?其实因为产生的互调阶数越高信号强度就越弱,所以三阶互调是主要的干扰,考虑的比较多。不管是有源还是无源器件,如放大器、混频器和滤波器等都会产生三次互调产物。这些互调产物会降低许多通信系统的性能。图2.1 是就典型的三阶互调的模型。

合理地分配频率资源,发射机与发射机之间拉开距离,是解决互调干扰最有力的方

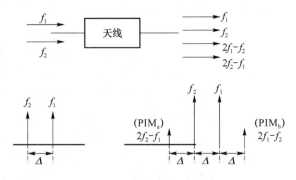

图 2.1 三阶互调的示意图

法。但是,由于频率资源紧张,可安放基站的有利制高点也有限,从而使许多发射机拥挤在一起,势必产生空间污染。为此,国家无委[1998]101号文件规定了寻呼发射机应加装单向器或单向器与滤波器的组合器件,以及一系列相关的技术标准。

2.2 GSM-R 语音处理的主要过程

GSM-R 系统为了将源数据转换为最终信号,无线电发射包括几个连续的过程。相反地,在接收端要近似重现原始数据需要执行一系列相反的过程。任何信号,只要是打算用通系统将其发送出去并在接收端有效还原为原来的电信号,那么遇到的第一问题是"如何将其转化为电信号"。信源与输入变换器:将模拟信号转换为电信号(话筒)。输出变换器和与输出信号:电磁信号转变为声波信号(听筒)。语音信号处理原理图如图2.2所示。

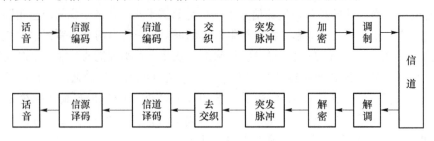

图 2.2 语音信号处理原理图

语音编码和信道编码是通信数字化的两个重要技术领域。在移动通信数字化中,模拟语音信号的数字化,可提高频带利用率和信道容量。信道编码技术可提高系统的抗干扰能力,从而保证良好的通话质量。语音编码和信道编码技术对减少信道误码率、提高通话质量、提高频道利用率和系统通信容量具有重大的影响。

2.2.1 编码技术

1. 信源编码

信源编码也叫语音编码,是将模拟语音信号转换为数字信号以便在信道中传输。语音编码的目的是在保持一定的算法复杂程度和通信时延的前提下,占用尽可能少的信道容量,传送尽可能高质量的语音。信源编码要求尽可能简洁,尽量减少冗余信息。语音编码技术又可分为波形编码、参量编码和混合编码三大类。

波形编码是对模拟语音波形信号经过取样、量化、编码而形成的数字语音信号。它的优点是适用于很宽范围的语音特性,且在噪声环境下都能保持稳定。波形编码的比特率一般为 16~64 kbit/s,它有较好的话音质量与成熟的技术实现方法。参量编码是基于人类语言的发声机理,找出表征语音的特征参量,对特征参量进行编码的一种方法。在接收端,根据接收到的语音特征参量信息,恢复出原来的语音。这种编码的特点是语音编码速率较低,基本上在 2~4.8 kbit/s 之间,语音的可懂度较好,但话音的失真性很大,很难分辨是谁在讲话。

混合编码是基于参量编码和波形编码发展的一类新的编码技术。混合编码是近年来提出的一类新的语音编码技术,它将波形编码和参量编码结合起来,力图保持波形编码话音的高质量与参量编码话音的低速率。GSM 系统话音编码器是采用声码器和波形编码器的混合物——混合编码器。这种编码的编码速率为 13 kbit/s。

2. 信道编码

我们发出去的编码一路上会受到噪声的干扰,也许会丢失不少信息,到了目的地后,我们期望接收端可以根据编码所包含的一些内容,对信息的完整性做出一个判断,尽量恢复还原原来的信息,对这一块内容的探讨,我们称之为信道编码。

信道编码是以提高信息传输的可靠性为目的的编码。通常通过在有用信号后面添加监督码元从而达到检错纠错的能力。图 2.3 描述了数字信号传输的过程,其中信源可以是语音、数据或图像的电信号"s",经信源编码构成一个具有确定长度的数字信号序列"m",人为地在按一定规则加进非信息数字序列,以构成一个一个码子"C"(信道编码),然后再经调制器变换为适合信道传输的信号。经信道传输后,在接收端经解调器判决输出的数字序列称为接收序列"R",再经信道译码器译码后输出信息序列"m'",而信源译码器则将"m'"变换成客户需要的信息形式"s'"。

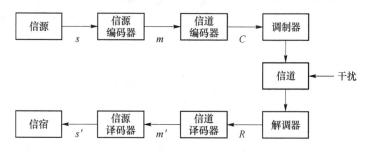

图 2.3 数字信息传输方框图

接收端根据什么来识别有无错码呢?由发送端的信道编码器在信息码元序列中增加一些监督码元。这些监督码和信号之间有确定的关系,使接收端可以利用这种关系由信道译码器来发现或纠正可能存在的错码。在信息码元序列中加入监督码元就称为差错控制编码,有时也称纠错编码。差错控制编码原则上是以降低信息量为代价来换取传输可靠性的提高。

在数字通信中,要利用信道编码对整个通信系统进行差错控制。差错控制编码可以分为分组编码和卷积编码两类。分组编码的原理框图见图2.4。分组编码是把信息序列以 k 个码元分组,通过分组编码器将每组的 k 元信息按一定规

图 2.4 分组编码原理图

律产生 r 个多余码元(称为检验元或监督元),输出长 $n=k+r$ 的一个码组。分组码的实现是将编码信息分组单独进行编码,因此无论是在编码还是译码的过程中不同码组之间的码元无关。而卷积码和分组码的根本区别在于,它不是把信息序列分组后再进行单独编码,而是由连续输入的信息序列得到连续输出的已编码序列。即进行分组编码时,本组中的 $n-k$ 个校验元仅与本组的 k 个信息元有关,而与其他各组信息无关;但在卷积码中,其编码器将 k 个信息码元编为 n 个码元时,这 n 个码元不仅与当前段的 k 个信息有关,而且与前面的 $(m-1)$ 段信息有关(m 为编码的约束长度)。

GSM-R 系统采用信道编码分为两个步骤,先进行分组编码,再进行卷积编码。

- 分组编码:将 20 ms 的语音信息进过信源编码后的信息量是 260 bit,把这 20 ms 分为三组,最重要的 50 bit;一般重要的 132 bit;不重要的占 78bit。然后根据重要性依次添加监督码元,在最重要的后面加上 3 bit;一般重要的后面加上 4 bit;不重要的不用添加。
- 卷积编码:将分组编码后的信号进行卷积编码,把最重要的 $(50+3)$ bit 和一般重要的 $(132+4)$ bit 进行 1∶2 的卷积,使信息序列变成 $(53+136)\times 2+78=456$ bit。

2.2.2 交织技术

在陆地移动通信这种变参信道上,比特差错经常是成串发生的。这是由于持续较长的深衰落谷点会影响到相继一串的比特。然而,信道编码仅在检测和校正单个差错和不太长的差错串时才有效。为了解决这一问题,希望能找到把一条消息中的相继比特分散开的方法,即一条消息中的相继比特以非相继方式被发送。这样,在传输过程中即使发生了成串差错,恢复成一条相继比特串的消息时,差错也就变成单个(或长度很短),这时再用信道编码纠错功能纠正差错,恢复原消息,这种方法就是交织技术。交织编码的思想:将欲传数据的顺序按一定规律打散,重放时再按原来顺序重排(此方法可将连续误码分散成单个误码处理)。

在 GSM-R 系统中,信道编码后进行交织,交织分为两次,第一次交织为内部交织,第二次交织为块间交织。话音编码器和信道编码器将每 20 ms 话音数字化并编码,提供 456 个比特。首先对它进行内部交织,即将 456 个比特分成 8 帧,每帧 57 个比特,如果将同一 20 ms 话音的 2 组 57 bit 插入到同一普通突发脉冲序列中,那么该突发脉冲串丢失则会导致该 20 ms 的话音损失 25% 的比特,显然信道编码难以恢复这么多丢失的比特。因此必须在两个话音帧之间再进行一次交织,即块间交织。交织原理如图 2.5 所示,二次交织经得起丧失一整个突发脉冲串的打击,但增加了系统时延。因此,在 GSM-R 系统中,移动台和中继电路中增加了回波抵消器,以改善由于时延而引起的通话回音。

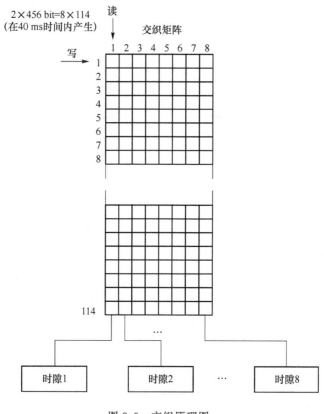

图 2.5 交织原理图

2.2.3 加密技术

GSM-R 系统在安全性方面有了显著的改进,GSM-R 与保密相关的功能有两个目标:第一,包含网络以防止未授权的接入,同时保护用户不受欺骗;第二,保护用户的隐私权。

防止未授权的接入是通过鉴权(即插入的 SIM 卡与移动台提供的用户标识码是否一致的安全性检查)实现的。从运营者方面看,该功能是头等重要的,尤其在国际漫游的情况下,被访问网络并不能控制用户的记录,也不能控制它的付费能力。

保护用户的隐私是通过不同手段实现时,对传输加密可以防止在无线信道上窃听通信。大多数的信令也可以用同样方法保护,以防止第三方了解被叫方是谁。另外,以一个临时代号替代用户标识是使第三方无法在无线信道上跟踪 GSM 用户的又一机制。

在无线通信中,电磁波在空间中传输采用的是公共介质,不仅要接收的对象可以收到,其他的人也可以收到,因此对于用户的个人通信和网络专用的一些重要信息必须采用一定的加密/解密技术。加密/解密的本质是对信号进行特殊的编码变换,只有知道变换方法的对方才能正确地接收信息并获得信息的真实内容。在移动通信中加密/解密为用户提供了一个附加的安全保障。

在信息处理的过程中有两种加密的类型,一种是将加密与信道编码分开,在信道编码和交织之后再进行加密。在 GSM-R 中,将信息比特序列与加密序列(密钥)进行异或运算,得到加密后的信息序列。"密钥"是由 A5 算法产生的一个伪随机序列。在接收端密钥是已知的,接收时再将加密后的序列与密钥做异或运算,就可得到原始的信息序列。这种方法的优点是简单易行,可以产生多个互不相关的伪随机序列。

另一种方法是将加密与信道编码、交织结合在一起,在使用的信道编码方案中,采用只有收发方才知道的编码规则或码字,在接收端再采用相应的译码方法来解密。这种方法的优点是减少了处理步骤,加密的码字可以具有一定的抗干扰能力。

2.2.4 调制解调技术

1. 调制的目的

低频信号不利于传输,需要将其调制到高频信号。所谓调制,简单地说就是频谱的搬移,以 GSM-R 为例,就是将频率 300~3 400 Hz,搬迁到 900 MHz 上去,这个频谱搬移的过程就称之为调制,频率搬迁到 900 MHz 上去的好处是:

- 调制技术是为了和信道匹配。比如说无线通信,走的信道就是大气层,对大气层而言,低频信号传输将急剧衰减,而较高频率范围的信号可以传输到很远的距离。
- 采用调制方式以后,由于传送的是高频振荡信号,所需天线尺寸便可大大下降。由天线理论可知,要将无线电信号有效发射,一般天线尺寸为电磁信号波长的 1/4 为佳,调制可以将频带变换为更高的频率,以减小天线的尺寸,以 4 kHz 的原始语音为例,$\lambda = c/f$,天线的尺寸是多少呢?$3 \times 10^8 (\text{m/s}) \div 4\,000 (\text{次/s}) \times 1/4 = 1\,875 (\text{m})$,波长很长。要制造出相应的巨大天线是不现实的。
- 同时,不同的发射台可以采用不同频率的高频振荡信号作为载波,这样在频谱上就可以互相区分开了。若各发射台发射的均为同一频段的低频信号,信道中会互相重叠、干扰,接收设备也无法接收信号。

2. 调制的原理

前面经过抽样、量化、信源编码、信道源码得到了一条长串的"0101110100"比特流,该怎么把这串比特流的信息嵌入一个电磁波中,从而在空中发送出去呢?这个信息嵌入的过程称为调制。一个电磁信号可以用一个正弦波来表达,而正弦波无非就是 3 个参数:振幅、频率和相位,想把比特流信息嵌进去,也只能从这 3 个参数上打主意。所以将数字数据转换为电磁信号的基本编码或者调制技术有三种,分别为幅移键控(ASK)、频移键控(FSK)和相移键控(PSK),调制的原理如图 2.6 所示。故经信道编码后得到的一串信息嵌入到一个电磁波的过程称之为调制。调制就是按调制信号(基带信号)的变化规律去改变载波某些参数的过程。按调制信号控制载波参数的形式可分为以下 3 种。

- 幅度调制:调制信号改变载波信号的幅度参数,即幅移键控(ASK)。
- 频率调制:调制信号改变载波信号的频率参数,即频移键控(FSK)。
- 相位调制:调制信号改变载波信号的相位参数,即相移键控(PSK)。

从高频已调波信号中"取出"调制信号的过程称为解调。在移动通信中主要是对所传输的数字信号进行调制。对调制方式的选择主要有三条:首先是可靠性,即抗干扰性能,选择具有低误比特率的调制方式,其功率谱密度集中于主瓣内;其次是有效性,它主要体现在选取频谱有效的调制方式上,特别是多进制调制;第三是工程上易于实现,它主要体现在恒包络与峰平比的性能上。

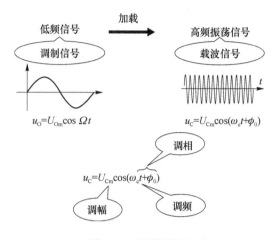

图 2.6 调制的原理

在这里主要介绍一下 GSM-R 的调制方式:高斯最小频移键控(GMSK)调制。GMSK 是由 MSK 演变来的一种简单的二进制调制方法,是连续相位的恒包络调制。将输入端接有高斯低通滤波器的 MSK 调制器,称为高斯最小频移键控(GMSK)。由于 GMSK 具有极好的功率效率(恒包络特性)和极好的频谱效率而备受青睐。GMSK 成形后的高斯脉冲包络无陡峭边沿,亦无拐点,因此频谱特性优于 MSK 信号的频谱特性。在移动通信中,对信号带外辐射功率的限制十分严格,一般要求必须衰减 70dB 以上。因为 MSK 信号不能满足上述的要求,所以,针对上述要求,提出了 GMSK。GMSK 是将调制的不归零(NRZ)数据通过预调制高斯低通滤波器来降低频谱上的旁瓣。因为调制信号在跨越零点时不但相位连续,而且过滤也很平滑,所以 GMSK 调制的信号就拥有了频谱紧凑、误码特性好、带外辐射低等特点。图 2.7 为 GMSK 调制器的原理图。图中 B_b 为高斯低通滤波器的 3 dB 带宽。

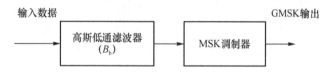

图 2.7 GMSK 调制器的原理图

2.3 无线信道的空中接口技术

2.3.1 多址方式

我们可以问一句:"对于无线通信而言什么最贵?"答:"空中接口的频率!"用任何语言来形容空中接口频率的重要性都不为过:不可或缺、无与伦比、至关重要……这样形容一点都不夸张。空中接口的频率对于运营商而言无疑是最重要的战略资源,或许很多人不相信这一点。因为在中国,无线频谱资源是由政府直接分配给运营商的,所以很多人对无线频谱资源蕴含的巨大价值并不敏感。而在欧洲的很多国家,运营商的频谱资源是通过拍卖获得的,从频频拍出天价就会发现:这东西的确很贵,很值钱!以德国电信为例,为了获得3G的10 MHz频段竟然花了77亿美元,每1 MHz频段价值7.7亿美元。无线通信最头疼的问题是空中接口的频率竟然是如此稀缺,以至于不得不设计无数复杂的技术来有效地利用它。多址技术就是为了尽最大可能有效利用效率资源而设计的。

移动通信与固定式有线通信的最大差异在于固定通信是静态的,而移动通信是动态的。为了满足多个移动用户同时进行通信,必须解决两个问题,一个是动态寻址,另一个是对多个地址的动态划分与识别。这就是所谓多址技术,无线通信覆盖范围内建立用户之间的无线信道的连接方式。无线通信服务区内,一个用户发射的信号其他用户均可接收,因此,网内用户如何能从播发的信号中识别发送给本用户地址的信号,成为建立连接的关键问题。建立连接的不同方式组成多址接入方式。

1. 频分多址(FDMA)

在频分多址系统中,把可以使用的总频段划分为若干占用较小带宽的频道,这些频道在频域上互不重叠,每个频道就是一个通信信道,分配给一个用户。一个典型的FDMA频道划分如图2.8所示。在接收设备中使用带通滤波器允许指定频道里的能量通过,并滤除其他频率的信号,从而限制临近信道之间的相互干扰。FDMA通信系统工作示意图如图2.9所示。由图可见,FDMA通信系统的基站必须同时发射和接收多个不同频率的信号;任意两个移动用户之间进行通信都必须经过基站的中转,因而必须占用4个频道才能实现双工通信。

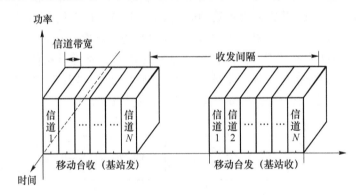

图2.8 FDMA频道划分方法

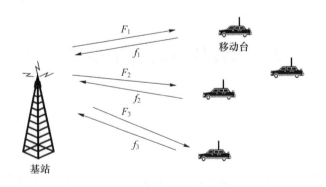

图2.9 FDMA通信系统工作原理图

争抢频道的现象使大家开始考虑如何合理使用频率资源,提高它的利用率。为此,人们采取了许多措施。分苹果的启示:有一个苹果,要分给2个人吃,你可以毫不犹豫将其一分两半,若分给4个人,可以再切一刀。照此办理,你能分出更多的份数,给更多的人吃,不过每个人吃到的就更少了。无线电通信也要占用一定的频率宽度,例如,一个广播电台,它的工作频率是640 kHz,实际上它发射的无线电波频率,并不总是正好640 kHz,有时候比这个数值大,有时候比这个数值小。也就是说,电台占用的频率实际上是一个频带,或者说频段。为了在一定的频率范围内多容纳几个电台,发射时可以采取技术措施把频带宽度压缩,但这是以增大失真为代价的,也就是说,收到的声音和原来的声音不一样了。如果压缩得太厉害,失真就会大到使人听不懂对方说的话了。分苹果的时候,如果分的份数太多,每份就太小,没法吃了;一个频率范围如果容纳的电台太多,每个电台分到的频道就太窄,就不能保证通信质量,这个道理和分苹果是一样的。中国GSM-R工作频段:上行链路885～889 MHz,下行链路930～934 MHz上,以上行为例共4 MHz,每个用户占用200 kHz,则有19个频道。

频分多址系统中,将可使用的总频段划分为若干占用较小带宽的频道,这些频道在频域上互不重叠,每个频道就是一个通信信道,分配给一个用户。接收设备允许指定频道信号通过,滤除其他频率信号,实现两方通信。

特点:技术成熟,对信号功率控制要求不高;基站需要多部不同载波频率发射机同时工作,造成同频干扰。

2. 时分多址(TDMA)

在时分多址系统中,把时间分成周期性的帧,每一帧再分割成若干时隙(无论帧或时隙都是互不重叠的),每一个时隙就是一个通信信道,分配给一个用户。一个典型的TDMA频道划分如图2.10所示。TDMA通信系统是根据一定的时隙分配原则,使各个移动台在每帧内只能按指定的时隙向基站发射信号,满足定时和同步的条件下,基站可以在各时隙中接收到各移动台的信号而互不干扰。同时,基站发向各个移动台的信号都按顺序安排在预定的时隙中传输,各移动台只要在指定的时隙内接收,就能在合路的信号中把发给它的信号区分出来。其系统工作示意图,如图2.11所示。

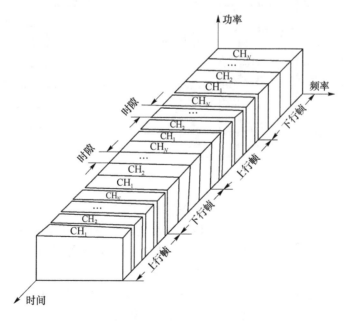

图2.10 TDMA频道划分方法

TDMA 通信系统和 FDMA 通信系统相比具有以下主要特点。

• TDMA 通信系统中一个频率能够被多个用户使用，频率利用率比 FDMA 高，用户容量大。

• 用户根据不同时隙区分，TDMA 系统对时间要求高，需要严格的同步保证。

3. 码分多址（CDMA）

在码分多址（CDMA）通信系统中，不同用户传输信息所用的信号不是靠频率不同或时隙不同来区分，而是用各自不同的编码序列来区分，或者说，靠信号的不

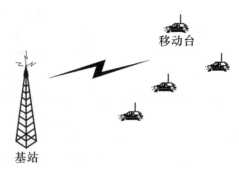

图 2.11 TDMA 通信系统工作示意图

同波形来区分。如果从频域或时域来观察，多个 CDMA 信号是互相重叠的。接收机的相关器可以在多个 CDMA 信号中选出使用的预定码型信号。其他使用不同码型的信号因为和接收机本地产生的码型不同而不能被解调。它们的存在类似于在信道中引入了噪声或干扰，通常称之为多址干扰。这一特点与 CDMA 的机理有关。CDMA 是一个背景噪声受限的系统，所有移动用户都占用相同带宽和频率。打个比方，将带宽想象成一个大房子，所有的人将进入这个大房子，如果他们使用完全不同的语言，他们就可以清楚地听到同伴的声音而只受到一些来自别人谈话的干扰。在这里，屋里的空气可以被想象成宽带的载波，而不同的语言即被当作编码，我们可以不断地增加用户直到整个背景噪音限制住了我们。如果能控制住用户的信号强度，在保持高质量通话的同时，就可以容纳更多的用户。一个典型的 CDMA 频道划分如图 2.12 所示。

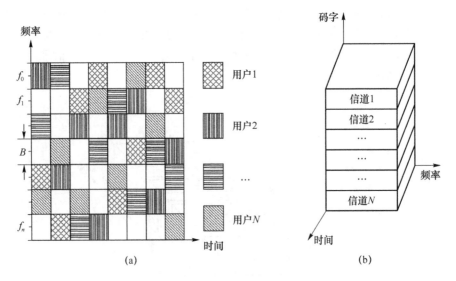

图 2.12 CDMA 频道划分方法

CDMA 蜂窝移动通信系统与 FDMA 模拟蜂窝通信系统或 TDMA 数字蜂窝移动通信系统相比具有更大的系统容量、更高的语音质量以及抗干扰、保密等优点，因而近年来得到各个国家的普遍重视和关注。三种多址方式可按以下方式类比。

FDMA：我们可以想象一个很大的房间被分成很多的隔断，每一隔段里有一对人正在交谈。这样由于隔断的分隔，谈话者不会听到其他人的交谈。

TDMA：TDMA 可以在 FDMA 的基础上进一步类比，我们可以把隔断做得大些，这样一

个隔段可容纳几对交谈者。但在每一个隔段中大家交谈有一个原则,只能同时有一对人讲话。如果再把交谈的时间按交谈者的数目分成若干等分,就成为一个 TDMA 系统。

CDMA:我们可以想象一个宽敞的房间,在这里正进行着一个聚会,其中的宾客正两两一对进行着交谈。假设每一对人使用一种语言,有说英语的、中文的、日语的,等等,所有交谈的人都只懂一种语言。于是,对于正在交谈中的任何一对来说,别人的交谈声无疑是一种背景噪声。通过这个场景,我们可以使用以下几个类比,每一对宾客交谈使用的语言相当于区分用户信道的码;交谈中的人就如同 CDMA 系统中正在通话的用户。这就是一个 CDMA 系统。

2.3.2 分集接收技术

分集接收技术是一项主要的抗信号衰落技术,它可以大大提高多径衰落信道下的传输可靠性,其本质就是采用两种或两种以上的不同方法接收同一信号以克服衰落,其作用是在不增加发射机功率或信道带宽的情况下充分利用传输中的多径信号能量,以提高系统的接收性能。

移动通信网中如何保证信号传输链路的可靠性,是一项重要指标。为了达到这一目的,可以通过多种技术来实现,从影响接收端信号功率的三个主要因素来分析:第一,自由空间的传播损耗和弥散,这可通过加大发射机功率来改善;第二,地形起伏、建筑物及障碍物的遮挡引起的阴影衰落,这可通过"宏分集"技术来改善;第三,在传输路径中各种物体产生的直射波、反射波和散射波的相互影响,即多径衰落,以及多普勒频移产生的损耗,这可通过"微分集"技术来改善。从以上的分析可以看出,分集技术对改善无线传输链路的性能可以起到很大的作用。分集技术是移动通信的一种抗衰落技术,是一种用相对较低廉的投资就可以大幅度改进无线链路性能的强有力的接收技术。

分集接收就是利用多条相互独立路径传输同一信息源信号,按照一定的方法再集合起来变害为利,将接收到的多径信号分离成互不相关(独立的)的多径信号,然后将这些信号的能量按一定规则合并起来,使接收的有用信号能量最大,从而达到抗衰落的目的。分集有两重含义:一是分散传输,使接收端能获得多个统计独立的、携带同一信息的衰落信号;二是集中处理,即接收机把收到的多个统计独立的衰落信号进行合并(包括选择与组合)以降低衰落的影响。

1. 分集接收技术的分类

在移动通信系统中可能用到两类分集方式:一类称为"宏分集";另一类称为"微分集"。

"宏分集"主要用于蜂窝通信系统中,也称为"多基站"分集。这是一种减小慢衰落影响的分集按需技术,其做法是把多个基站设置在不同的物理位置上(如蜂窝小区的对角线上),同时发射相同的信号,小区内的移动台选择其中最好的基站与之通信,以减小地形、地物及大气等对信号造成的慢衰落,这种办法就能保持通信不会中断。"微分集"是一种减小快衰落影响的分集技术。在各种无线通信系统中都经常使用。理论和实践都表明,在空间、极化、场分量、角度时间等方面分离的无线信号,都呈现互相独立的衰落特性,据此按路径分离的不同,微分集又可分为下列几种。

(1) 空间分集

空间分集也称天线分集,是移动通信中使用较多的分集形式,简单地说,就是采用多副接收天线来接收信号,然后进行合并。为保证接收信号的不相关性,这就要求天线之间的距离足够大,在理想情况下,接收天线之间的距离只要波长 λ 的一半就可以了。空间分集是最常见的形式,所谓空间分集就是采用多个天线进行接收,使每个天线之间相隔半波长的整数倍,这样可以将天线置于非相关衰落模式,如果一个天线接收到的信号处于深衰落,另一个天线接收的信号极有可能衰落很小。空间分集既可以用于基站也可以用于移动台。

空间分集的依据在于快衰落的空间独立性,即在任意两个不同的位置上接收同一信号。只要两个位置的距离大到一定程度,则两处所收信呈的衰落是不相关的,为此,空间分集的接收机至少需要两副相隔距离为 d 的天线,间隔距离 d 与工作波长、地物及天线高度有关。

在设计时可以选择最佳天线分支,天线分支越多,平均信号越好。通过采用空间分集可能将瑞利快衰落效应减低至慢衰落的阴影大小,但是多天线系统对慢衰落没有多大作用。空间分集的另一大优点是可以减小同频干扰。空间分集的缺点是,多个天线的接收使得设备的成本大大提高了。

极化分集是空间分集的一个特殊有效的模型。在移动环境下,空中的水平路径和垂直路径是不相关的,因而信号也呈现不相关的衰落特性。这就可在发射和接收端各装两副天线,一副水平极化天线,一副垂直极化天线,这就可以得到两个不相关的信号。这一技术在蜂窝移动用户激增时,在改进链路的传输效率和提高容量方面有很明显的效果。

由于两个不同极化的电磁波具有独立的衰落特性,所以发端和收端可以用两个位置很近但为不同极化方向的天线发送和接收信号,以获得分集效果。

极化分集可以看作空间分集的一种特殊情况,其优点是设备的结构紧凑,节省空间,缺点是由于射频功率要分配到两副天线上,因此有发射功率要损失 3dB。

(2) 频率分集

频率分集是指承载相同信息的信号用多个载波传送,这些载波不能使用连续的频率,他们之间的频率间隔应该大于等于信道的相干带宽。频率分集常用于宽带、微波、点对点系统。然而,频率分集带来了频谱资源的浪费。在实际应用中,采用 1∶N 备用保护方式。在这种方式中,有一个频道是空闲的,作为备用频道。当链路上的 N 个载频中的一个需要分集时,就利用备用频道,把相应的业务切换到备用频率上。

由于频率间隔大于相关带宽的两个信号所遭受的衰落可以认为是不相关的,因此可以用两个以上不同的频率传输同一信息,以实现频率分集。频率分集需要两部以上的发射机同时发送同一信号,并用两部以上的接收机来接收信号。

(3) 时间分集

时间分集与频率分集类似,它是用不同的时隙来传送承载相同信息的信号。同样,连续时隙的间隔要大于信道的相干时间。在频率分集和时间分集中,信号的处理过程常采用块交织来减少突发错误。快衰落除了具有空间和频率独立性之外,还具有时间独立性。即同一信号在不同的时间区间多次重发,只要各次发送的时间间隔足够大,那么各次发送信号所出现的衰落将是彼此独立的,接收机将重复的同一信号进行合并,就能减少衰落的影响。

图 2.13 为分集接收的示意图。

2. 合并方式

接收端收到 $M(M \geqslant 2)$ 个分集信号后,如何利用这些信号以减小衰落的影响,这就是合并问题,一般均使用线性合并器,把输入的 M 个独立衰落信号相加后合并输出。

假设 M 个输入信号电压为 $r_1(t), r_2(t), \cdots, r_m(t)$,则合并器输出电压 $r_r(t)$ 为

$$r_r(t) = a_1 r_1(t) + a_2 r_2(t) + \cdots + a_m r_m(t) = a_k r_k(t) \tag{2-2}$$

选择不同加权系数,就可构成不同的合并方式,常用的有以下三种。

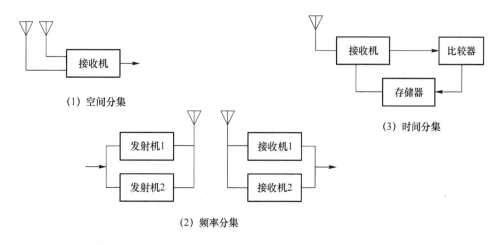

图 2.13 分集接收示意图

(1) 选择式合并

选择式合并是检测所有分集支路的信号,以选择其中信噪比最高的那一支路的信号作为合并器的输出。在选择式合并器中,加权系数只有一项为 1,其余均为 0。两个支路的中频信号分别经过解调,然后作信噪比比较,选择其中有较高信噪比的支路接到接收机的共用部分。选择式合并又称开关式相加。这种方式方法简单,容易实现。但由于未被选择的支路被弃之不用,因此抗衰落不如后述两种方式。图 2.14 为选择式合并的原理图。

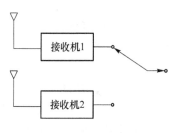

图 2.14 选择式合并原理图

需要指出的是,如果在中频或高频实现合并,就必须保证各支路的信号同相,这常常会导致电路的复杂度增加。

(2) 最大比值合并

最大比值合并是一种最佳合并方式,每一支路信号包络 $r_k(t)$ 用 r_k 表示,每一支路的加权系统数 a_k 与信号包络 r_k 成正比而与噪声功率 N_k 成反比。分集的每一路都有一个加权,加权的权重依各支路信噪比来分配,信噪比大的支路权重大,信噪比小的支路权重小。各支路信号变为同相位,与电平成比例的权值相乘后相加。图 2.15 为最大比值合并原理图。

(3) 等增益合并

等增益合并无需对信号加权,各支路的信号是等增益相加的,各支路信号变为同相后相加。等增益合并方式实现比较简单,其性能接近于最大的比值合并。图 2.16 为等增益合并原理图。

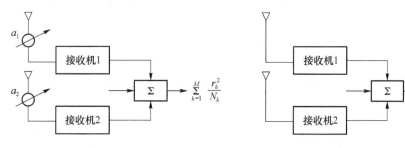

图 2.15 最大比值合并原理图　　图 2.16 等增益合并原理图

比较三种合并方式可知:最大比值合并效果最好;等增益合并较实用,容易实现;选择式合并最简单可行。

2.3.3 跳频技术

跳频简单地说就是在传送时不断地改变频率。跳频技术最初用于军事传输系统,目的是保证安全性和防止拥塞,有效地提高系统质量,提高频率利用率,用在 GSM-R 上,主要是用来解决容量以及通话质量问题。

跳频的载频受一个伪随机(PN)码的控制,在其工作带宽范围内,其频率合成器按 PN 码的随机规律不断改变频率。在接收端,接收机的频率合成器受伪随机码的控制,并保持与发射端的变化规律一致。

跳频是指某次通话所使用载波频率在一定范围内,按某种规律跳变。在 GSM-R 标准中采用慢跳频技术。每秒 217 跳,每跳周期为 1 200 bit。GSM-R 系统中的跳频分为基带跳频和射频跳频两种。没有经过调制的信号就叫基带信号。经过了调制的信号就叫频带信号。所谓基带跳频与射频跳频,其本质上都是一样的,都是把 1 s 的信号分成 217 份,每一份都通过不断变化的频率发送出去。

2.3.4 信道均衡

数字传输的引入带来了另一个问题是时间色散。这一问题也起源于反射,但与多径衰落不同,其反射信号来自远离接收天线的物体,约在几千米远处。由基站发送"1"、"0"序列,如果反射信号的达到时间刚好滞后直射信号一个比特的时间,那么接收机将从直射信号中检出"0"的同时,还从反射信号中检出"1",于是导致符号"1"对符号"0"的干扰。由于多径传播和时延导致的误码如图 2.17 所示。

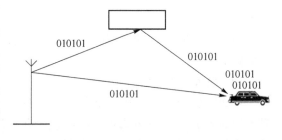

图 2.17 由于多径传播和时延导致的误码

在带宽受限的数字信道中,多径效应会造成码间干扰产生误码,均衡就是一项用来克服码间干扰的技术。在移动通信系统中,信道的特性对接收端来说总是未知的,许多情况下,信道还可能是时变的。这时就可以用均衡器来调节信道的响应,适应信道的时变性。

均衡器通常采用训练模式来估计信道的特性,在传输之前先获得信道畸变以及衰减特性,然后利用这些信息去纠正接收到的信号。训练模式是在传输用户信息之前先发送一个训练序列,这个训练序列对于接收端是已知的或者是一个伪随机序列。当接收端的解调器收到训练序列后与原始的已知信号做比较,以此获得信道特性信息,再根据这些信息通过一定的算法对后面接收到的信息进行解调。为了保证有效消除码间干扰,均衡器需要做周期性的重复训练。均衡器常被放在接收机的基带或中频部分实现。

能够实时地跟踪移动信道时变特性的均衡器叫作自适应均衡器。自适应均衡器的实质是一个时变的滤波器,滤波器的系数要根据信道的变化不断地调整。自适应均衡器的基本结构如图 2.18 所示,其中 y_k 是输入信号,w_{ik} 是随时间变化的加权系数,e_k 是误差信号,x_k 是发送信号的某种已知特性,通常由训练序列得到,由一个检测器输出,d_k 是加权平均后得到的输出信号。一般,在通信开始时在信道上先发送已知的伪随机序列 $\{a_m\}$ 来训练自适应均衡器。在解调端,均衡器使用了已知的序列来调整加权系数。在最初的调整后,自适应均衡器从训练模式切换到判决模式。在判决模式中,检测器的输出判决是足够可靠的,这样检测器输出和均衡器输出的差值可以用来计算误差信号。自适应算法可以采用最小均方(LMS)算法,迫零算法或者均方差(MSE)算法。

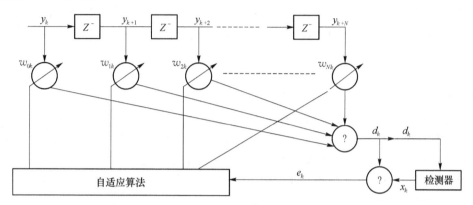

图 2.18　自适应均衡器结构图

自适应均衡的原则是根据传输失真的时变特性,自适应地进行补偿,使其接近不失真传输要求。

2.3.5　不连续发射和不连续接收

1. 不连续发射(DTX)

DTX 简单地说是指移动台在有语音或数据传送时才打开发射机。在一个正常的交谈中,参与者参与谈话和沉默听对方讲话的时间大约各占一半。如果没有话音进入麦克风,也就没有信息在无线信道上发送。不连续发射功能(DTX)是仅在探测到连接中有话音时才发射。这将减少移动台和 BTS 的功率损耗,同时也能减少无线信道上的总的功率。这个功能由 BTS 发射,BSC 控制在 BSC 中执行。

如何实现不连续发射功能:DTX 允许无线发射机在通话期间根据话音的有无进行开关操作。这个正常的交谈将会减少 50% 的发射时间。

采用 DTX 方式有两个目的,一是降低空中总的干扰电平(约降低网络干扰功率 40%),提高系统效率;二是节省无线发信机电源的耗电,尤其是移动台。

(1) 话音激活检测

为实现间断传输方式,首先必须表明什么时候需要或不需要传输。对于讲话情况,就必须检测是否有话音激活,这就是通常所称的话音激活检测(VAD)。其功能是指明话音编码器产生的每 20 ms 帧是否含有或不含有话音。发射机(BTS 和 MS 中)的 VAD 是用于检测业务帧中是否包含话音、非透明数据或背景噪声。如果业务帧中只包含噪声,发射机发送一个 SID(静默指示符)帧,然后停止发射信号。

VAD 需对存在话音时的噪声和不存在话音时的噪声加以区别。在移动环境下,检测话音的最大困难在于话音/噪声之比经常很低。为提高 VAD 的精度,在进行判决之前采用了滤波器以提高话音/噪声比值。

最差的话音/噪声比值发生在车台移动的情况,同时还发现移动环境下的噪声,在相当长时间是相对不变的,因此有可能采用一个自适应滤波器(带有噪声期所得的参数),以去掉大量汽车噪声。判决的主要依据是滤波的信号能量与阈值之间的比较。

移动环境中所遇到的噪声可能在一个等级上不断变化。噪声的频谱也在变化,并且随汽车的不同差别也很大。由于这些变化,VAD阈值和自适应滤波器的系数也必须根据非激活期估计的背景噪声特性而不断地进行调整。为了达到可检测性,阈值必须足以高出噪声电平,以避免把噪声识别为话音;同时又必须保障话音的低电平部分不要被误认为噪声,仅在话音不存在的时候,可更改阈值和滤波器参数。还应指出,为了确保低电平噪声不被检测为话音,还使用一个附加的固定阈值。

(2) 舒适噪声

经验表明,在话音突然起始或中止时,随着发信机的开启或关闭会产生噪声调制,使听者受到严重的干扰。干扰随间断传输而有规则地发生,十分令人讨厌。另外,在发信机关闭期间,收方采用完全静噪措施,噪声突然消失,会给听者造成一个联系中断的错觉。因此,在GSM系统中的DTX方式并不意味着在话音间隙期简单地关闭发信机,它要求在发信机关闭之前,把发端背景噪声的参数传给收端,并且在话音间隙期间,也要每隔一定时间开启发信机,将发端新的参数传给收端。收端利用这些参数,人为地再生与发端类似的噪声,这就是通常所称的"舒适噪声"。

背景噪声的特性由特殊的帧(SID)传送。在每个非激活期的开始送出一个SID帧,而更多的SID帧将随之规则地送出,至少每秒两次,一直持续到非激活期结束。

2. 不连续收 DRX

基站是通过基站寻呼找到手机的。所谓非连续接收是指移动台在空闲模式下,并不是时时解读所有的系统消息及寻呼块内容,而是根据其所属的寻呼组周期性地打开接收机来解读系统广播消息及寻呼块内容。换句话说:手机大部分时间处于关闭状态,仅定时接收传呼信息。

习　题

1. 选择题

(1) GSM 系统采用的语音编码技术是(　　)。

A. 参量编码　　　　B. 波形编码　　　　C. 混合编码　　　　D. 间隔编码

(2) (　　)是通过给原数据添加冗余信息,从而获得纠错能力。

A. 调制技术　　　　B. 信道编码技术　　C. 扩频技术　　　　D. 交织技术

(3) 交织技术的主要作用是(　　)。

A. 可以消除引起连续多个比特误码的干扰

B. 将连续多个比特误码分散,以减小干扰的影响

C. 是在原始数据上增加冗余比特,降低信息量为代价的

D. 是一种线性纠错编码技术

(4) GSM-R 系统采用的调制技术是（　　）。
A. BPSK　　　　　　B. QPSK　　　　　　C. GMSK　　　　　　D. QAM
(5) 分集技术的特点是为了克服（　　）。
A. 同频干扰　　　　B. 多径传播　　　　C. 远近效应　　　　D. 邻道干扰
(6) 信道均衡是一项克服（　　）的技术。
A. 码间干扰　　　　B. 多径衰落　　　　C. 远近效应　　　　D. 邻道干扰

2. 简答题

(1) 简述信道编码和信源编码的区别。
(2) 论述移动通信信道都有哪些干扰和衰落，对无线信号传输会产生哪些影响。
(3) GSM-R 的频率是怎么分配的？
(4) 列举至少 3 种类型的分集接收。
(5) 采用话音不连续传输（DTX）的目的是什么？

第 3 章　GSM-R 的网络结构

GSM-R 系统在 GSM 规范协议的基础上,增加了优先级、组呼、广播呼叫等铁路运输专用调度通信功能,满足铁路通信的需要。GSM-R 系统除了具有语音传送功能外,更重要的是具有数据传送功能,它与 GPS 卫星定位系统、机车车载计算机结合后能够实现机车和地面之间列车控制信息的实时传送,达到控制列车运行、确保列车安全的目的。GSM-R 网络属于铁路运输指挥专用调度通信系统,因此其网络和业务具有调度通信所要求的封闭性、安全性和实时性的特征,要求与外部通信网络只能进行有限的互联互通,即为实现铁路运输指挥业务需要,与铁路专用电话网、铁路各种 MIS 信息网络互联互通,一定程度上与公众通信网络互联互通。同时在铁路运输各工种业务之间也要从技术和管理两方面保证一定的封闭性。

3.1　GSM-R 的网络组成

GSM-R 系统主要包括网络子系统(NSS)、基站子系统(BSS)、运行与支持子系统(OSS)和终端设备等四个部分。其中,网络子系统包括移动交换子系统(SSS)、移动智能网(IN)子系统和通用分组无线业务(GPRS)子系统。GSM-R 系统组成及主要接口如图 3.1 所示。

终端设备是供 GSM-R 系统用户直接操作和使用,用来接入 GSM-R 网的设备,包括移动台和无线固定台。移动台包括(机车、汽车)车载台、手持台、列控数据传输设备、列尾信息传输设备等。移动台由移动设备和 SIM 卡组成,移动台除了具有通过无线接口(U_m)接入到 GSM-R 系统的一般处理功能外,还为移动用户提供了人机接口。无线固定台为非移动状态下使用的无线终端,具备与移动台相同的业务功能。

基站子系统(BSS)由一个基站控制器(BSC)和若干个基站收发信机(BTS)组成,BTS 主要负责与一定覆盖区域内的移动台(MS)进行通信,并对空中接口进行管理。BSC 用来管理 BTS 与 MSC 之间的信息流。BTS 与 BSC 之间通过 Abis 接口通信。BSS 中还可能存在编码速率适配单元(TRAU),它实现了 GSM-R 编码速率向标准的 PSTN 或 ISDN 速率的转换。TRAU 与 BSC 通过 Ater 接口连接。

为提高通信质量,解决掉话等问题,在难于覆盖的盲区和弱区,如码头、车站、地铁、隧道、高速公路、海岛等各种场所,可根据实际情况使用直放站和泄漏同轴电缆。

网络子系统(NSS)建立在移动交换中心(MSC)上,负责端到端的呼叫、用户数据管理、移动性管理和与固定网络的连接。NSS 通过 A 接口连接 BSS,与固定网络的接口决定于互联网络的类型。

操作和维护子系统(OSS)是相对独立的子系统,为 GSM-R 网络提供管理和维护功能。它的具体功能由操作维护中心(OMC)来完成,其中 OMC-R 负责管理 BSS,OMC-S 负责管理

NSS。OSS 主要提供移动用户管理、移动设备管理、网络操作和控制三类功能。

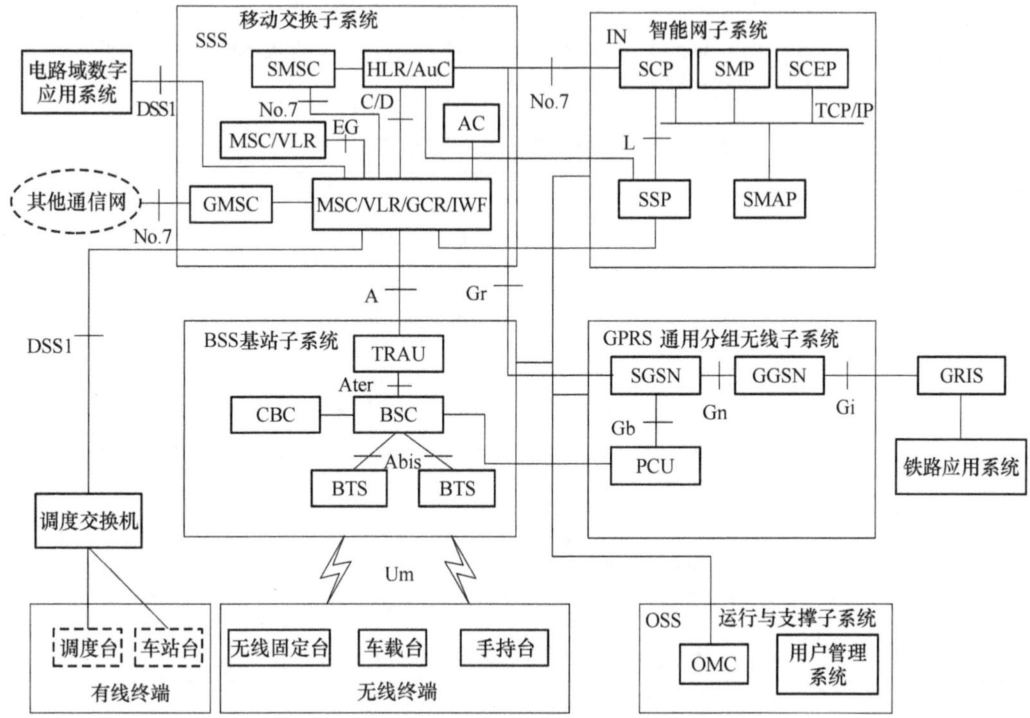

图 3.1　GSM-R 系统组成示意图

任何 GSM-R 陆地移动通信网络都必须与固定网络连接,一同完成移动用户与移动用户之间、移动用户与固定用户之间的通信。

组成 GSM-R 网络的各个子系统之间、BSS 与移动台之间、BSS 与固定网络之间的互联都提供了标准的接口。网络中的不同设备可以通过标准的接口来实现移动业务的本地和国际互联。GSM-R 网络的信令系统采用 NO.7 信令网传送呼叫控制信息和其他信令信息。

GSM-R 的通信网与普通的 GSM PLMN 并无大的区别,在其网络的网元、标准接口和连接的扩展上也无大的区别。在公网的基础上引入一系列的新技术,即可用于铁路部门。铁路网与公网的主要区别在于由铁路网特殊需求引起的网络结构和规划。

3.1.1　移动终端设备

GSM-R 系统终端设备包括移动台和无线固定台,GSM-R 系统终端设备类型及使用范围如表 3.1 所示,除了调度终端、车站终端、有线电话外,其他的终端设备均属于移动终端,在这里主要介绍移动台(MS)的构成、终端类型及功能。

移动终端是指用户端把所需传送的信号转换成无线电波的设备。移动台的类型可分为车载台、便携台和手机。专门用于 GSM-R 网络的手机外观与普通手机大同小异,这种手机除了能像普通 GSM 手机那样进行语音通话外,还增加了铁路运输专用的调度通信功能,甚至能够无线传输图像和数据信息。

移动台就是移动客户设备部分,它由两部分组成,移动终端(又称手机)和客户识别卡(SIM)。移动终端就是"机",它可完成话音编码、信道编码、信息加密、信息的调制和解调、信息发射和接收。SIM 卡就是"身份卡",它类似于我们现在所用的 IC 卡,因此也称为智能卡,存有认证客户身份所需的所有信息,并能执行一些与安全保密有关的重要信息,以防止非法客户进入网络。SIM 卡还存储与网络和客户有关的管理数据,只有插入 SIM 后移动终端才能接入进网。移动台的构成如图 3.2 所示。

表 3.1　GSM-R 终端设备类型及使用范围

终端设备类型	用户类型及范围
作业手持台(OPH)	用于列车上以及车站、编组站、沿线区间及其他铁路作业区的各工种工作人员话音和数据通信
通用手持台(GPH)	用于铁路工务人员、与铁路业务相关的人员话音和数据通信
调车手持台(OPS)	用于编场组调车作业话音和数据通信
固定无线台	用于区间、站场各类信息点、业务点通用数据传输或话音通信
机车综合通信设备	用于运营机车(动车组)、救援机车、维修检测机车、编组场调车机车、轨道车等机车司机话音通信和通用数据传输
列控机车台	用于运营机车(动车组)、救援机车、维修检测机车、编组场调车机车、轨道车等机车与地面控制中心之间的安全信息传输
机车同步操作机车台	用于分布动力重载列车本务机车和补机车之间的同步操作数据传输
汽车车载台	用于各工种维护维修用车辆的话音和数据通信
列尾通信设备	用于列车尾部风压及控制信息传输
调度终端	用于各工种调度所调度员、值班室值班员的话音和数据通信
车站终端	用于车站(场)值班员、其他工种值班员的话音和数据通信
有线电话	需要纳入 GSM-R 网络的固定电话用户

图 3.2　移动台的组成

3.1.2 BSS 基站子系统

BSS 是 GSM-R 系统网络中最基本的组成部分。它有两种基本组成设备,分别是基站收发信机(BTS)和基站控制器(BSC)。一台 BSC 可以管理多达几十个 BTS。BSS 的总体结构如图 3.3 所示。由图可见,BSS 通过无线接口直接与移动台相连,负责无线发送接收和无线资源管理;通过 A 接口与 NSS 相连,实现移动用户之间或移动用户与固定网用户之间的通信连接,并且传送系统信令和用户信息等。

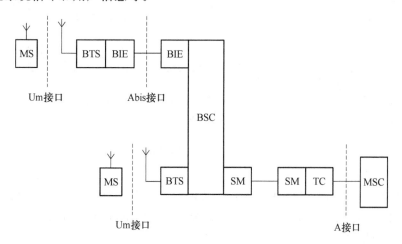

BTS:基站收发信台 BIE:基站接口设备 BSC:基站控制器
MSC:移动业务交换中心 SM:子复用设备 TC:码交换器

图 3.3 BSS 的总体结构

在 BSS 中,BSC 具有对一个或多个 BTS 进行控制的功能,实际上它是一台具有很强处理能力的小型交换机,它主要负责无线网络资源的管理、小区配置数据管理、功率控制、定位和切换等,是个很强的业务控制点;无线接口设备完全由 BSC 控制,主要负责无线传输,完成无线与有线的转换、无线分集、无线信道加密、跳频等功能。基站接口设备(BIE)、基站子复用设备(SM)和码交换器(TC)都属于基站附属设备。

1. BTS 结构和功能

BTS 全名为 Base Transceiver Station,中文为基站收发台。BTS 受控于基站控制器,服务于某小区的无线收发信设备,实现 BTS 与移动台的空中接口功能。BTS 也可以说是网络中固定部分与无线部分之间的中继,移动用户通过空中接口与 BTS 连接。BTS 的通用结构如图 3.4 所示,BTS 由天线、耦合系统、收发信机(TRX)及基站公共功能(BCF)组成。可以把它看成一个复杂的无线调制解调器。下面分别绍他们的功能。

(1) 天线

在整个基站系统造价中,天线虽然占了很少的份额,但是却起着非常重要的作用,基站的辐射能量都要从天线发射出去,终端的信号也要通过天线进行接收;随着种类不断增加,天线引起了更多的关注。

① 什么是天线?

把从导线上传下来的电信号作为无线电波发射到空间,收集无线电波并产生电信号。

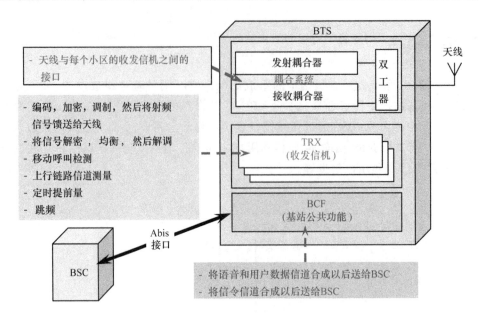

图 3.4　BTS 的通用结构

② 天线参数解析

在天线的包装盒里都有一份技术参数的说明书,上面详细描述了这副天线的性能指标,如,频带:1 895～1 920 MHz;增益:15dBi;驻波比:＜1.35;下倾角:6°;极化方式:垂直极化;电缆长度:1.5 m;阻抗:50 Ω。

其中,频带是指天线可以传输电磁波的频率范围。

增益是定量地描述一个天线把输入功率集中辐射的程度。

驻波比是表示天馈线与基站匹配程度的指标。假设基站发射功率是 10 W,反射回 0.5 W,由此可算出回波损耗:RL=10lg(10/0.5)=13 dB,计算反射系数:RL=−20lg $\varGamma$,$\varGamma$=0.223 8。驻波比 VSWR=(1+$\varGamma$)/(1−$\varGamma$)=1.57,如图 3.5 所示。驻波比太大会报警,一般要求天线的驻波比小于 1.5,驻波比越小越好,GSM-R 要求天线驻波比小于 1.2。

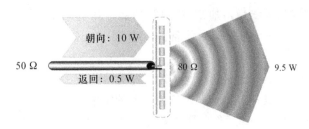

图 3.5　天线驻波比计算示例

下倾角是指天线和竖直面之间的夹角。

天线极化是描述天线辐射电磁波矢量空间指向的参数。以地面为参数有水平极化和垂直极化。

天线的阻抗是因为天线是一个谐振回路。我们对阻抗的要求就是匹配,和天线相连的电路必须有与天线一样的阻抗。和天线相连的是馈线,天线的阻抗和馈线阻抗必须一样,才能达到最佳效果。无线通信系统目前使用的天线阻抗全部是 50 Ω。

(2) 双工器

双工器的主要工作是保障接收器和发射机能够共用同一个天线,双工器使收发信道分开并完成滤波和放大的作用。

(3) 耦合系统

耦合系统是天线与每个小区的收发信机之间的接口。耦合器用于接收端,合路器用于发射端。耦合器将接收到的无线信号分为几路给不同的接收机,合路器则将几路从不同发射机过来的射频信号合为一路到天线发射。

(4) 收发信机又可称为载频单元

TRX 是 BTS 中最主要的设备。一台 TRX 管理着一个 TDMA 帧,也就是说管理 8 个物理信道。TRX 的功能有:进行编码、加密、调制,然后将射频信号馈送给天线;将信号解密、均衡、然后解调;移动呼叫检测;上行链路信道测量;定时提前量的测量;跳频。

(5) 基站公共功能(BCF)

BCF 通过 Abis 接口与 BSC 相连,它的功能是将语音和用户数据信道合成以后发送给 BSC 和将信令信道合成以后发送给 BSC。此外,BCF 还具有以下功能:Abis 接口管理、时隙分配、外部警报等。BCF 主要包括以下设备。

① 主控板:完成与 BSC 的沟通,内部设备时钟的统一,完成 Abis 接口处理、交换处理、基站操作维护、时钟同步及发生、内外告警采集和处理、载频模块的开关电路。

② 接口:完成 E1 线的阻抗匹配,线路接口的线路保护,提供 E1 链路旁路功能。

③ 电源模块:将输入到机柜的 -48 V 电源分配到各个模块,提供载断路保护,并实现电源滤波功能。

(6) 接口与协议

Abis 接口定义为 BSC 与 BTS 之间的接口。在 Abis 接口上,Um 接口是 BTS 和 MS 之间的接口,这两个接口电路业务的协议均由三层组成。

2. BSC 结构和功能

BSC 的结构主要包括:一个处理单元,一个交换矩阵单元和中继控制单元(PCM 和 X.25)。BSC 一面与移动交换中心(MSC)连接,另一面与 BTS 连接。BSC 与 OMC-R 的连接有两种途径。一种是通过 X.25 数据网络与 OMC-R 相连。另一种是 BSC 先与 TRAU 相连,然后通过 MSC 再与 OMC-R 连接。BSC 通过处理单元和 X.25 控制器从运营管理与维护(O&M)中心下载新的软件并释放。反过来,在周期性询问或传送时,BSC 将所有关于 O&M 的数据缓冲并转送到 O&M 中心。BSC 的结构如图 3.6 所示。

BSC 的基本功能包括:

- 无线呼叫处理:建立与释放无线链路和进行 MSC 和 BTS 之间的信道交换;
- 无线资源管理:无线接入处理,无线信道分配(业务和信令),无线信道监控;
- 业务集中管理:可以减少传送费用;
- 短消息业务(小区广播管理):向 OMC-R 所规定的目标小区广播短消息。

BSC 的主要 O&M 功能包括:OSS 接口管理 BTS 和 TCU 管理。其中 OSS 接口管理包括与 OMC-R 的链路管理,提供 OMC-R 所需求的业务,存储 BSS 配置数据(软件存储和在 BSS 各种实体中的分配)。

3. TRAU 结构及功能

TRAU 由编译码器、控制器和外部 PCM 接口组成。它通过 Ater 接口与 BSC 相连,通过

A 接口与 MSC 相连。TRAU 的结构如图 3.7 所示。

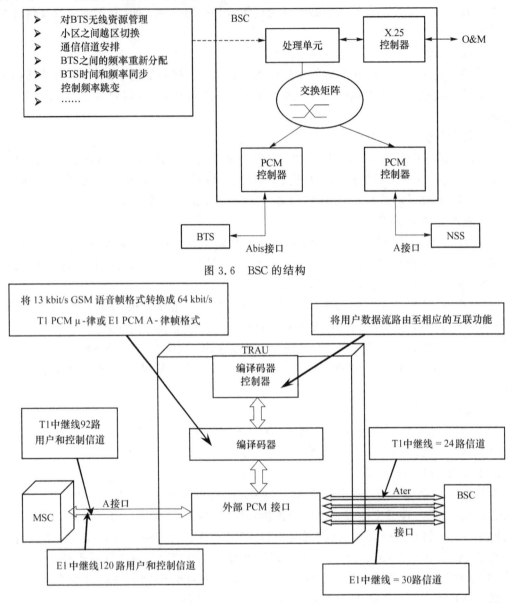

图 3.6　BSC 的结构

图 3.7　TRAU 的结构

TRAU 能够将 13 kbit/s 话音(或数据)复用成两路传输,即转换成标准的 64 kbit/s 数据。在 BTS 中,13 kbit/s 话音(或数据)通过插入附加 3 kbit/s 的同步数据,插入数据后的速率变为 16 kbit/s。TRAU 将 16 kbit/s 语音转化成 64 kbit/s 的 T1 μ 律 PCM 时隙或者 E1 A 律 PCM 时隙。接下来,TRAU 将用户数据流路由到一种适合的设备上,这种设备是指具有互联互通功能的接收方调制解调器。

4. CBC 小区广播中心

在 GSM-R 系统中 BSS 子系统还增加了 CBC(小区广播中心)是为了实现小区广播的功能,由 CBC 控制 BSC 在某一个或者某一些小区发送小区广播,使这些区域的移动台都能收到小区广播。

3.1.3 直放站和泄漏同轴电缆

基站子系统中还会引入一些附属设备来保证无线信号的有效覆盖,现在就来介绍一下常用的直放站和漏缆。

1. 直放站

直放站是基站与移动台之间的中继转发器,属于同频放大设备,是指在无线通信传输过程中起到信号增强的一种无线电发射中转设备。直放站的基本功能就是一个射频信号功率增强器。也可以说直放站实际上就是一个双工放大器,通过放大基站的上下行链路信号来提高链路余量。

直放站与基站本质区别:基站具有载波资源能够独立产生信号,而直放站只能通过双向中转放大基站信号。

朝向基站的天线称为施主天线,用于基站和直放站之间的链路,一般采用方向性很强的定向天线,行业中比较常见的是八木天线。朝向用户的天线称为覆盖天线,用于直放站和移动用户之间,应有一定的覆盖面,室内常用的是吸顶天线,有一定的传输距离,一般为 6~10 MHz 的半径施主天线。

使用直放站是实现"小容量、大覆盖"目标的必要手段之一,主要是由于使用直放站一是在不增加基站数量的前提下保证网络覆盖,二是其造价远远低于有同样效果的微蜂窝系统。直放站是解决通信网络延伸覆盖能力的一种优选方案。它与基站相比有结构简单、投资较少和安装方便等优点,可广泛用于难于覆盖的盲区和弱区,如商场、宾馆、机场、码头、车站、体育馆、娱乐厅、地铁、隧道、高速公路、海岛等各种场所,提高通信质量,解决掉话问题,优化无线通信网络。直放站系统的两种耦合方式如图 3.8 所示。

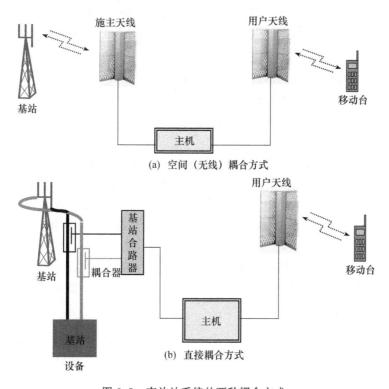

图 3.8 直放站系统的两种耦合方式

(1) 信号传输方式

直放站在下行链路中,由施主天线在基站现有的覆盖区域中拾取信号,通过带通滤波器对带通外的信号进行极好的隔离,将滤波的信号经功放放大后再次发射到待覆盖区域。在上行链接路径中,覆盖区域内的移动台手机信号以同样的工作方式由上行放大链路处理后发射到相应基站,从而达到基站与手机的信号传递。

(2) 直放站类型

直放站的种类根据实际的应用情况,常用的可分为宽带直放站、选频直放站、光纤直放站、移频直放站、干线放大器。对于其他一些特殊应用场合,也有一些其他种类的直放站。

2. 泄漏电缆

泄漏电缆是一种具有特殊结构的同轴电缆,与普通的同轴电缆不同的是,泄漏电缆在其外导体上沿长度方向周期性地开有一定形状的槽孔,所以又称为开槽电缆。电缆内部传输的一部分高频电磁能可以由这些槽孔以电磁波的形式向外部辐射,同时又可以通过槽孔接收外部的电磁波,加上同轴电缆原有的传输性能,可以说,泄漏同轴电缆兼有传输线和收、发天线的功能。

辐射型电缆和天线的差别就像是长日光灯管和传统电灯泡的差别。

(1) 泄漏同轴电缆天线系统的优点

① 信号覆盖均匀,尤其适合隧道等狭小空间;

② 泄漏同轴电缆本质上是宽频带系统,某些型号的漏缆可同时用于 CDMA800、GSM900、GSM1800、WCDMA、WLAN 等系统;

③ 泄漏同轴电缆价格虽然较贵,但当多系统同时引入隧道时可大大降低总体造价。泄漏同轴电缆可用于一般通信天线难以发挥作用的区域,特别是在移动通信系统分立天线无法提供足够的覆盖场强的区域,如山区、丘陵、隧道、地下铁路、矿井、地下建筑物、商场或其他电磁场传播的盲区。在这些区域,由于周围环境的狭小和阻挡,天线覆盖受到很大限制,而由于非常接近覆盖对象且信号辐射方向垂直于辐射环境可以提供均匀的场强,所以在这些环境下对于无线信号接收装置来说泄漏同轴电缆是最佳的无线覆盖手段。

(2) 泄漏同轴电缆电性能的主要指标

泄漏同轴电缆电性能的主要指标有纵向衰减常数和耦合损耗。

① 纵向衰减

衰减常数是考核电磁波在电缆内部所传输能量损失的最重要特性。

普通同轴电缆内部的信号在一定频率下,随传输距离而变弱。衰减性能主要取决于绝缘层的类型及电缆的大小。而对于漏缆来说,周边环境也会影响衰减性能,因为电缆内部少部分能量在外导体附近的外界环境中传播。因此衰减性能也受制于外导体槽孔的排列方式。

② 耦合损耗

耦合损耗描述的是电缆外部因耦合产生且被外界天线接收能量大小的指标,它定义为:特定距离下,被外界天线接收的能量与电缆中传输的能量之比。由于影响是相互的,也可用类似的方法分析信号从外界天线向电缆的传输。

3.1.4 NSS 网络子系统

基本的 NSS 由六个功能实体组成,分别是移动交换中心(MSC)、归属位置存储器

(HLR)、拜访位置存储器(VLR)、鉴权中心(AUC)、设备识别寄存器(EIR)和互联功能单元(IWF)。GSM-R 网络由于铁路特殊功能的需要,增加了组呼寄存器(GCR)。另外,为实现铁路特殊的语音调度功能和高速率的数据传送,还增加了智能网(IN)和通用分组无线业务(GPRS)。

GSM-R 系统的网络交换子系统提供了建立、维持和清除呼叫的所有信令协议的功能以及为移动环境下的通信提供的特定功能。NSS 提供的主要功能如下:
- 为用户移动特征提供的特定功能,如寻呼;
- 呼叫过程中对无线资源的管理;
- 管理与 BSS 之间的信令协议;
- 位置登记,即 VLR 之间的互联;
- 切换过程;
- 查询 HLR 获得 MS 的漫游号码;
- 与其他的移动功能实体交换信令信息;
- 管理语音组呼、语音广播、增强多优先级与强拆的呼叫建立;
- 用户的鉴权。

GSM-R 网络子系统(NSS)包括移动交换子系统(SSS)、移动智能网(IN)子系统和通用分组无线业务(GPRS)子系统三大部分。

1. 移动交换子系统(SSS)

SSS 主要完成用户的业务交换功能,完成用户数据与移动性管理、安全性管理、安全性管理所需的数据库功能。SSS 由一系列功能实体构成,包括 MSC、VLR 和 HLR 等,各功能实体如下所示。

(1) 移动交换中心(MSC)

MSC 是 NSS 的核心,它包含了 MSC 区的所有交换功能。MSC 能使移动用户之间,移动用户与固定用户之间互相连接。它提供了与其他的 MSC 互连接口,与固定网(如 PSTN、ISDN 等)的接口。MSC 考虑了用户的移动性,管理一些特殊的过程,如位置登记和更新,越区切换,它还负责对无线资源进行管理,这些是它与固定网络交换机的主要差别。MSC 用于建立业务信道和在 MSC 之间或与其他网络之间交换信令信息。

MSC 从三种数据库:归属位置寄存器(HLR)、拜访位置寄存器(VLR)、鉴权中心(AUC),取得处理用户呼叫请求所需的全部数据,MSC 也根据最新数据更新数据库。

通常把移动用户进行初始注册的 MSC 称为归属 MSC(HMSC),其他的 MSC 称为拜访MSC(VMSC)。如果 GSM-R 网络收到的一个呼叫不能查询 HLR,这时将此呼叫路由到一个特定的 MSC,由此 MSC 在相应的 HLR 中进行查询,找到被叫移动台所在的位置。这种具有路由功能的 MSC 就称作网关 MSC(GMSC),它通常还作为固定网络和移动网络之间的一个接入单元,提供业务和功能的接入。网络可以在全部 MSC 中选出一些 MSC 作为 GMSC。如果一个 GMSC 与短消息服务中心连接,负责向移动台传送短消息,那么这个 MSC 就成为短消息网关 MSC。可见,MSC 根据在网络中的不同位置实现不同性质的交换功能。

(2) 归属位置寄存器或称原籍位置寄存器(HLR)

HLR 是一个用户的数据库,包含了所有移动用户的信息(如:用户手机号码,开通了什么业务,用户有无业务限制,是否开通了漫游、本地、来显等,还包括用户在哪个 MSC 中,在哪个小区等),类似于我们的居住地的个人档案一样。当一个用户进入某个 MSC 管内时,VLR 中

没有这个用户的信息,那么他将向 HLR 索要这个用户的一切相关信息,HLR 中存储的信息通常有以下几类:

- 用户信息;
- 位置信息,在移动台登记的区域内,这些位置信息可以提供统计数字和寻找 MSC 的路由(如 MS 的漫游号,VLR 号,MSC 号和 MS 位置识别号);
- 移动用户的 IMSI 号和 MSISDN 号,常作为移动用户接入数据库的信息;
- 承载业务和终端业务的定制信息;
- 业务限制信息,如漫游限制;
- 语音组呼(VGCS)和语音广播(VBS)用户的组 ID;
- 补充业务信息;
- 与 AuC 之间的信息交换。

(3) 拜访位置寄存器(VLR)

VLR 管理在一个 MSC 区(非归属 MSC 区)漫游移动用户的动态数据信息。当一个用户进入一个 MSC 内的小区时,需要进行位置登记,临时性的,当用户脱离此 MSC 管辖范围后,HLR 就将其信息删除。类似于临时的暂住证一样,在某个地方,临时取得暂住证,将自己的各种信息登记,当离开某地后,就地取消。一般 VLR 与 MSC 在一个机框内,属于 MSC 的一部分使用。

(4) 鉴权中心(AuC)

AuC 有两个功能:一是对用户的 IMSI 号进行鉴权;二是为移动台和网络之间在无线路径上的通信进行加密。鉴权中心(AUC)存储着鉴权信息和加密密钥,用来防止无权用户接入系统和保证通过无线接口的移动用户通信的安全。鉴权和加密的信息还会存储在用户移动台的 SIM 卡里。

(5) 移动设备识别寄存器(EIR)

EIR 是 NSS 中的一个逻辑实体,它包含一个或几个数据库,用来存储移动设备识别号(IMEI)。EIR 实现对移动设备的识别、监视、闭锁等功能。这些 IMEI 号被分为三类:白名单、黑名单和灰名单。有效的 IMEI 号在"白名单"上,异常的 IMEI 号在"灰名单"上,被禁止使用的 IMEI 号在"黑名单"上(如被偷窃盗用的 IMEI 号)。一个 IMEI 号也有可能不在任何名单上。网络根据用户的 IMEI 号所在的名单来决定是否为用户提供服务。

(6) 互联功能单元(IWF)

IWF 是与 MSC 有关的一个功能实体,提供 GSM-R 网络与其他固定网络的互联,IWF 常与 MSC 在同一物理设备中实现。

(7) 短消息服务中心(SMS-SC)

SMS-SC 作为一个独立的实体存在于 NSS 中,它负责向 MSC 传送短消息信息。SMS-SC 不包含在 MSC 设备中。SMS-SC 与移动用户进行通信时,通过 SMS-GMSC(网关 MSC)接入。

(8) 网关移动交换中心(GMSC)

GMSC 起到 GSM-R 网和外部网络相连的网关作用,保证信号的准确传输,提供防火墙等保护措施。

(9) 组呼寄存器(GCR)

GCR 用于存储移动用户的组 ID,移动台利用语音组呼(VGCS)参考和语音广播(VBS)参考发起呼叫的小区信息,以及发起呼叫的 MSC 是否负责处理呼叫的指示。如果发起呼叫的 MSC 不负责处理呼叫,那么 GCR 将利用存储的路由信息寻找处理呼叫的 MSC。一个 GCR 管理一个或多个 MSC,当 MSC 处理语音组呼和语音广播时要利用语音组呼和语音广播呼叫参考从 GCR 中获取相应的属性。MSC 从 GCR 获取的内容包括:

- MSC 区所有小区的列表;
- 呼叫会被发送到的所有 MSC 列表;
- 建立专用链路的调度识别列表;
- 语音组呼/语音广播初始化和中止的调度识别列表;
- 语音组呼结束之前检测未激活的时间长度。

(10) 确认中心(AC)

AC 是 GSM-R 网的特殊部件,负责记录、存储铁路紧急呼叫相关信息。

2. 移动智能网(IN)子系统

智能网子系统:是在 SSS 中引入的智能网功能实体,将网络交换功能和业务控制功能相分离,实现对呼叫的智能控制。其基本要求是在一个中心点引入包括业务方法和业务数据的控制层,从而更有效地处理已有的和新的业务。

传统的通信网每增加一种新业务就需要在网络中所有交换机中增加相应的软件,新业务的引入周期较长、灵活性较低且成本很高。即业务与交换机是紧耦合的,提供新业务需要对交换机设备的软、硬件进行修改。按照传统电信网基于交换及业务一体化的技术和软件编程方法,一个新的业务从定义到最后可以上网使用一般要 3 年左右,而且修改网络的硬件费用高,因此传统电信网络新业务的提供存在周期长、费用高、反应缓慢、市场竞争力不强等不利因素。为解决这一问题,智能网(Intelligent Network,IN)的概念便应运而生了。根据 ITU-T 建议,智能网是在原有电话通信网基础上设置的一种附加网络结构,在不改变原有通信网硬件的基础上,实现"交换与业务提供的分离",使电信业务经营者能灵活、快速、经济地为用户提供所需的各类电信业务。

智能网采用全新的"控制与交换相分离"的思想,新业务的提供、修改以及管理等功能全部集中于智能网,交换机则提供交换基本功能,而与业务提供无直接关联。对业务的提供采用基于与业务无关的模块(SIB)来实现的,SIB 是一种与具体的业务和实现业务的技术无关的模块,可重复使用。SIB 的各种不同组合可组成不同的新业务,新业务的实现和修改均很方便,大大节省了新业务的投入费用和时间。

(1) 智能网子系统的构成

GSM-R 智能网由 GSM 业务交换点(gsmSSP)、GPRS 业务交换点(SSP)、智能外设(IP)、业务控制点(SCP)、业务管理点(SMP)、业务接入点(SMAP)以及业务环接接入点(SCEP)等设备组成。GSM-R 智能网子系统构成如图 3.9 所示。

① 业务控制点(SCP):接收 SSP 发出指令,执行业务逻辑,实现业务控制功能,存储业务逻辑和网络、用户数据。

② 业务交换点(SSP):检测智能业务的请求,与 SCP 通信,对 SCP 响应,允许 SCP 影响处理。可与 MSC 合设,也可分设。

③ 业务管理点(SMP):管理 SCP 中的业务逻辑,用户数据。

④ 业务管理接入点(SMAP):业务管理接入功能。

⑤ 智能外设:在 SCP 的控制下提供业务逻辑程序所指定的各种专用资源,包括 DTMF 接

收器、信号音发生器、录音通知等。

⑥ 业务生成环境点(SCEP)：用于开发、生成GSM-R智能网业务并对这些业务进行测试和验证，并将验证后的智能网业务的业务逻辑、管理逻辑和业务数据等信息输入到SMP中。

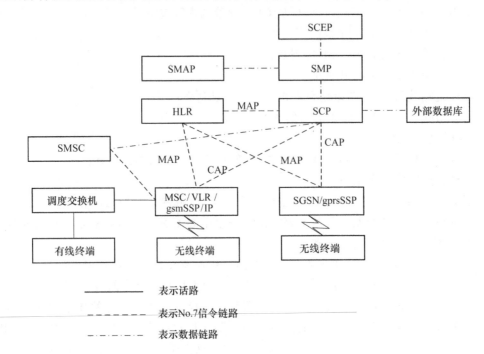

图3.9 智能网(IN)子系统构成

(2) GSM-R智能网提供的业务

① 基本业务：功能号注册、注销与管理、功能寻址、位置寻址、精确位置寻址；基于MSISDN呼叫限制。

② 扩展业务：基于位置呼叫限制、短信智能业务等。

3. 通用无线分组数据业务(GPRS)子系统

GPRS负责为无线用户提供分组数据承载业务，主要包括服务GPRS支持节点(SGSN)、网关GPRS支持节点(GGSN)、域名服务器(DNS)、认证服务器(RADIUS)、GPRS接口服务器(GRIS)、分组控制单元(PCU)等设备。

(1) 通用分组无线业务(GPRS)

通用分组无线业务(General Packet Radio Service, GPRS)是GSM标准化组织制定的一套标准，以实现移动分组数据业务。GPRS网络是一个传输承载平台，提供的是端分组交换方式下数据的发送和接收。

GPRS子系统负责为无线用户提供分组数据承载业务。GPRS子系统包括核心层和无线接入层。GPRS核心层由SGSN、GGSN等功能实体组成；GPRS无线接入层由PCU(分组控制单元)、基站、终端等组成。GPRS无线接入层组网应充分利用GSM-R系统的设备资源，保护投资；与GSM-R系统共用频率资源；利用GSM-R系统的基站实现无线覆盖，不单独增加GPRS系统基站。GPRS通用分线业务子系统构成如图3.10所示。

- GGSN：网关GPRS支持节点，为GPRS网与外部数据网络相连的网关。
- DNS：域名服务器，负责提供GPRS网内部SGSN、GGSN等网络节点的域名解析等。

- RADIUS：认证服务器，负责存储用户的身份信息，并完成用户的认证和鉴权等功能。
- PCU：分组控制单元，负责数据分组、无线信道管理、错误发送检测和自动重发。

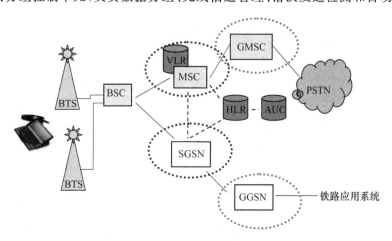

图 3.10　GPRS 通用分线业务子系统构成

GPRS 的实现是在 GSM 网络上增加分组数据服务设备，并对 GSM 无线网络设备进行升级，从而利用现有的 GSM 无线覆盖提供分组数据业务。

(2) GPRS 的特点

① 速度快

GPRS 在传输上支持 4 种编码方式并采用多时隙（最多 8 个时隙）合并传输技术，使数据速率最高可达 114 kbit/s。在网络接入上，由于 GPRS 网本身就是一个分组型数据网，提供较高的接入速率，支持 IP 协议，因此与数据网络建立连接的时间仅几秒钟，而且支持一个用户占用多个信道，快于电路型数据业务。

② 利用率高

"分组"的固有特点使得 GPRS 具有按需分配频率资源和网络传输资源的能力，即资源利用率高。因此也使得用户时间利用率高、资金利用率高（GPRS 可按流量计费），同时使 GPRS 更适应数据通信的突发性的特点。

③ 近况和前景都看好

GPRS 充分利用现有的无线网络覆盖，投资少，功能强，近期容易铺开。技术上是分组与 IP 结合，顺应了通信网的发展趋势，是第二代向第三代过渡的主力军。

(3) GPRS 的业务

GPRS 是一个采用业务承载平台，提供的是数据终端到业务平台的传输通道。真正业务依靠业务开发平台实现，提供丰富的基于 IP 的移动业务，GPRS 几乎可以支持除交互式多媒体业务以外的所有数据应用业务。GPRS 业务可分为点对点业务和点对多点业务。目前点对多点规范尚未完成。

点对点业务包括但不限于以下业务：

① TERNET 业务，向用户提供便捷和高速的移动 Internet 业务，如 Web 浏览、E-mail、TELNET、FTP、目录服务、远程监控、在线数据库、信息查询、电子商务等；

② 移动办公业务（提供与企业内部网 Intraner 互通）；

③ WAP 业务；

④ GPRS 传短消息；
⑤ 远程操作（在线股票交易、移动银行等）；
⑥ 定位业务（GPS 定位信息传输）；
⑦ 信息服务，如新闻、股市行情、调度管理、订票、天气预报、电子邮件、娱乐等。

(4) GPRS 叠加网络

GPRS 引入了分组交换的传输模式，使得原来采用电路交换模式的 GSM-R 传输数据方式发生了根本性的变化，这在无线资源稀缺的情况下显得尤为重要。按电路交换模式来说，在整个连接期内，用户无论是否传送数据都将独自占有无线信道。而对于分组交换模式，用户只有在发送或接收数据期间才占用资源，这意味着多个用户可高效率地共享同一无线信道，从而提高了资源的利用率。GPRS 和 GSM-R 网络之间的关系如图 3.11 所示。

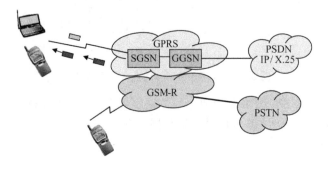

图 3.11 GPRS 和 GSM-R 网络

在 GSM-R 系统的基础上构建 GPRS 系统时，GSM-R 系统中的绝大部分部件都不需要做硬件改动，只需作软件升级。

① 现有设备的改造

BTS：需升级支持新的逻辑信道结构和编码方式。对于编码方式 CS1 和 CS2，目前厂家的设备绝大部分只需软件升级即可。

BSC：需要增加新的分组数据处理单元 PCU 模块。部分厂家采用的是在 BSC 中插入单元的方式，部分采用分立设备。

HLR：需要支持 GPRS 的用户数据和路由信息及与 SGSN 的 Gr 接口，因此需要软件升级。

MSC/VLR：如果需要 MSC 与 SGSN 的 Gs 接口，则需要对 MSC 做软件升级，如果不采用 Gs 接口，则 MSC 无须改造。

OMC：需要增加对新的网络单元进行管理的功能。

计费系统：由于 GPRS 采用了与电路型业务完全不同的计费信息，因此需要改造原计费系统。

终端：需要引入支持 GPRS 的终端。GPRS 定义了三类终端，A 类，GPRS 和 GSM 电路型业务可同时工作；B 类，可同时附着在 GPRS 和 GSM 电路型业务上，但两者不能同时工作，只能交替工作；C 类，只能附着在一类业务上，需要人工切换工作。

② 构成 GPRS 系统的方法

在 GSM-R 系统中引入 3 个主要组件，如图 3.12 所示。

• GPRS 服务支持结点（Serving GPRS Supporting Node，SGSN）：SGSN 通过帧中继与

BSS 连接,是 GPRS 骨干网的重要组成部分,SGSN 是移动终端和 GPRS 网络之间的接口。它具有以下功能:记录移动终端的当前位置信息;在移动终端和 GGSN 之间转发移动分组数据;对数据进行压缩;实现鉴权、登记和加密。

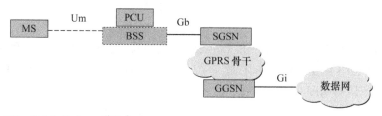

MS：Mobile Station，移动台
PCU：Packet Control Unit，分组控制单元
SGSN：Serving GPRS Supporting Node，GPRS服务支持节点
GGSN：Gateway GPRS Supporting Node，GPRS网关支持节点

图 3-12　GPRS 的组成

- GPRS 网关支持结点(Gateway GPRS Support Node,GGSN):GGSN 通过基于 IP 协议的 GPRS 骨干网与其他 GGSN 和 SGSN 相连,它是连接 GPRS 网和外部数据网的网关。通过一个 GGSN,GPRS 可以连接到多个外部数据网上。它的主要功能有:可维护内部 GPRS 骨干网;可连接多个外部数据网(X.25 网和 Internet)。
- 分组控制单元(PCU) 其作用如下:负责处理无线信道的数据业务;无线数据信道的管理和分配;用户数据的压缩、加密和转发;向 GPRS 网络屏蔽使用的无线技术。

③ 对 GSM-R 的相关部件进行软件升级

现有的 GSM-R 移动台不能直接在 GPRS 中使用,需要按 GPRS 标准进行改造(包括硬件和软件)才可以用于 GPRS 系统。GPRS 定义了 3 类 MS:A 类可同时工作于 GPRS 和 GSM-R;B 类可在 GPRS 和 GSM-R 之间自动切换工作;C 类可在 GPRS 和 GSM-R 之间人工切换工作。

3.1.5　OSS 操作与维护子系统

OSS 可以分为两部分:对应 BSS 的操作与维护中心(OCM-R)和对应 NSS 的操作与维护中心(OMC-S)。OCM-R 与 BSC 的连接有两种途径:一种是直接通过 X.25 数据网络与 BSC 相连;另一种是 BSC 先与 TRAU 相连,然后通过 MSC 再与 OCM-R 连接。OMC-S 通过 OMN 接口与 MSC 相连。

OSS 是操作人员与系统设备之间的中介,它实现了系统的集中操作与维护,完成了包括移动用户管理、移动设备管理及网络操作维护等功能。它的一侧与设备相连(不包括 BTS,对 BTS 的操作维护是经过 BSC 进行管理),另一侧是作为人机接口的计算机工作站。这些专门用于操作维护的设备被称为操作维护中心。系统的每个组成部分都可以通过特有的网络连接至 OMC,从而实现集中维护。OSS 主要包括网络管理系统和用户管理系统。网络管理系统主要包括五种功能:安全管理、配置管理、故障管理、告警管理、性能管理。用户管理系统主要管理本网用户的相关数据,提供开户、销户以及用户业务权限更改等操作功能,支撑业务的正常运行。

3.2 GSM-R 网络规划

GSM-R 网络实际上由三大部分组成：GSM-R 陆地移动网络、FAS 固定网络、移动终端和固定终端。其中 FAS 固定网络实际上是一个以专用交换机及 PBX 为平台的有线调度通信网络。GSM-R 系统结构如图 3.13 所示。

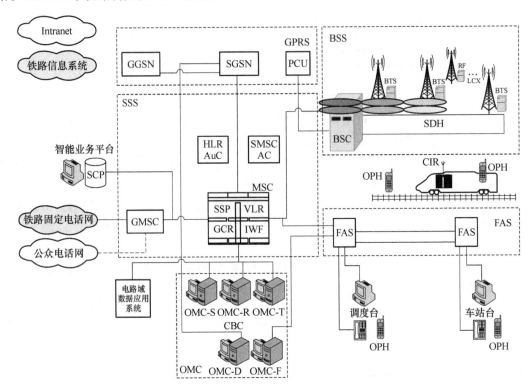

图 3.13 GSM-R 系统结构示意图

通信网络中怎样通过合理的网络规划让更少的设备、资源投资获取更大的利益是网络规划的主要目的。GSM-R 网络规划的主要内容如下：
- 核心网规划（移动交换网、智能网、GPRS GSM-R 与外网的接口）；
- 无线网络规划（频率资源、蜂窝空间）；
- 传输网规划；
- 建网原则；
- 工程实施。

3.2.1 GSM-R 组网技术概述

1. 基站子系统组网方式

BSS 有以下几种基本组网方式：星型组网、环型组网、链型组网和混合组网。

(1) 星型组网方式:BSS 星型组网方式如图 3.14(a)所示。

星型组网时每个 SITE 上由 BSC 直接引入 n 条 E1 PCM 链路。每个站点上的 BTS 设备都是末设备。这种方式组网简单,维护和工程都很方便。信号经过的环节少,线路可靠性较高。城市人口稠密的地区一般用这种组网方法。

(2) 链型组网方式

链型组网也适用于一个站点多台 BTS 的情况。信号经过的环节较多,线路可靠性较差。适用于呈带状分布的,用户密度较小的地区,可以大量节省传输设备。链型组网方式如图 3.14(b)所示。实际工程组网时,由于站点的分散性,与基本组网方式不同的是在 BSC 和 BTS 之间常常要采用传输设备作为中间连接。常用的传输方式有:微波传输方式、光缆传输方式、HDSL 电缆传输方式和同轴电缆传输方式等。

(3) 环型组网方式

环型组网有两套互为备用的链路。环中的每个节点都有两个上级节点,提高了链路的可靠性。如果一个 SITE 损坏或一条链路失效,则其下级节点可以选择另一条链路做主用。BSS 环型组网方式如图 3.14(c)所示。

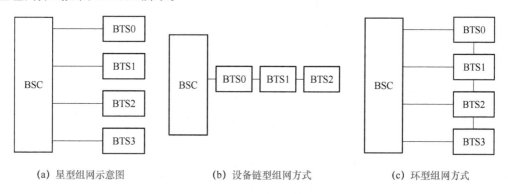

(a) 星型组网示意图　　　　(b) 设备链型组网方式　　　　(c) 环型组网方式

图 3.14　BSS 基本组网方式

(4) 树型组网方式

树型组网方式实际上是星形和链形混合组网方式。它适用于面积大,用户密度较低的地区;组网方式复杂,经过环节多,线路可靠性高。由于站点的分散性,BTS 和 BSC 间通常会采用其他传输方式如:微波、光缆、HDSL 和同轴电缆等。

2. 网络覆盖方式

在铁路、公路、狭长的水面上这种呈带状的地区,往往采用线状覆盖的方式,如图 3.15(a)所示。GSM-R 系统应用于铁路,通常采用线状覆盖的方式。但是在一些枢纽地区,铁路交错分布,将采用面状网蜂窝网覆盖方式,如图 3.15(b)所示。

(1) 小区形状

铁路线是带状分布,用户呈一定规律移动,无线覆盖的时候只用考虑前后向的覆盖区域,用圆形或者椭圆足够实现无缝连接。在面状覆盖的服务区中,用户会随机地活动,没有一定的预见性,所以通常采用正六边形的小区形状来实现无缝覆盖。对于面状网最开始人们也用圆形表示小区图形,但是发现使用圆形的面状覆盖存在许多重叠区域和无覆盖区域,如图 3.16 所示。所以为确保无盲区的完全覆盖,通常使用多边形的小区。

用正六边形、正方形和正三角形举例,发现正六边形有最大的中心间隔和覆盖面积,而重叠区域宽度和重叠区域的面积又最小。所以小区都采用正六边形小区结构,形成蜂窝状分布。

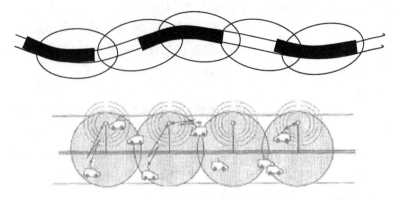

(a) 带状网的覆盖方式

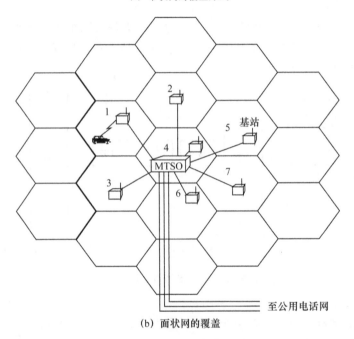

(b) 面状网的覆盖

图 3.15 小区的覆盖方式

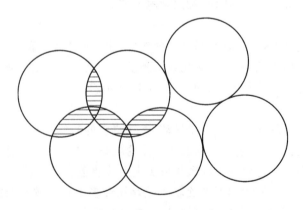

图 3.16 圆形小区的覆盖

这意味着对于同样大小的服务区域,采用正六边形构成小区所需的小区数最少,所需频率组数最少,各基站间的同频干扰最小,如图 3.17 所示。需要指出的是,正六边形的小区形状只具有理论分析和设计上的意义,在实际工程中,小区的形状取决于电波传播的条件和天线的方向性。

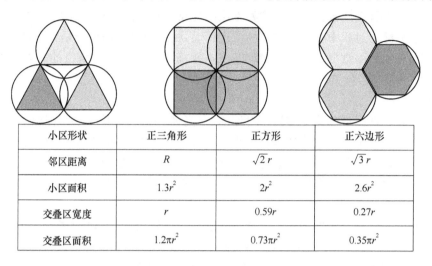

小区形状	正三角形	正方形	正六边形
邻区距离	R	$\sqrt{2}r$	$\sqrt{3}r$
小区面积	$1.3r^2$	$2r^2$	$2.6r^2$
交叠区宽度	r	$0.59r$	$0.27r$
交叠区面积	$1.2\pi r^2$	$0.73\pi r^2$	$0.35\pi r^2$

图 3.17 多边形小区对比图

(2) 频率分配

① 频率复用

在蜂窝系统中,系统会给每一个小区的基站分配一组信道,只要相隔距离足够远,相同的信道可以在另一个小区重复使用,这就是频率复用的思想。我们把由若干个使用全部频率的小区组成的集合称为一个区群,区群内的小区频率唯一,不同区群可以使用相同频率。把不同区群中使用相同频率的小区称为同频小区,任意两个同频小区之间的距离称为同频复用距离。为了避免同频小区之间的干扰,必须选定一个合适的同频复用距离。

② 信道分配策略

蜂窝系统的信道分配分为两个步骤:首先要将所有的频率资源分组,其次以动态的或固定的方法为用户分配信道。信道分配应遵循以下几个原则:

- 确定载频的中心频率、信道间隔、收发双工间隔等参数值。如 GSM-R 系统,工作的频段为 885~889 MHz/930~934 MHz,信道间隔为 200 kHz,双工间隔为 45 MHz。
- 确定频率之间互调干扰最小的分组方法。
- 考虑天线类型,基站发射功率,服务质量等因素,在尽量减小同频干扰的前提下确定分组的组数。
- 在同一组中,不能采用连续的频率,减小邻道干扰。
- 相邻的信道不分配给相邻的小区或扇区。
- 频率的规划要结合蜂窝网容量和规模的后续发展。

在对频率资源进行分组后,可以采用两种方式为蜂窝小区分配信道组:固定信道分配和动态信道分配。在固定信道分配方案中,每个小区分给一组信道,该小区的用户只能使用这一组信道,如果出现信道全部被占用情况,新的呼叫就会被拒绝,只有存在空闲信道时,才能再发起呼叫。这种方式的优点是管理和控制过程容易,缺点是系统的资源不能得到有效利用,尤其是当用户数量突然增加时,系统的呼损率较大。

另一种方法是动态信道分配。这种方法不是固定小区所使用的信道,而是多个小区可以使用相同的信道,每个小区的信道数量是不固定的。当业务量大时,分配给该小区的信道数就多,业务量减小时还可以再把这些信道分配给其他小区使用。在这种方式中,信道都由 MSC(移动交换中心)来管理和执行分配。这种方法的优点是有效地利用了资源,降低了呼损率,但是由于在动态分配的过程中要监视信道的使用情况,检查所分配的信道是否满足干扰的要求,需要收集和处理大量的数据,因此控制复杂,成本较高。但是与固定信道的分配方式相比,信道利用率可以提高 20%～50%。

(3) 平衡设计

线性覆盖在线性区域的两侧应该是对称的,在高速移动的环境中要尽量使小区的数目最小,中继效率最大,每个小区的信道都可以为两个方向的用户服务,这就要求较高的基站发射功率。但是基站的高发射功率可能会造成上下行链路的不平衡,结果上行链路会因为噪声太大而无法使用。平衡的设计保证上下行链路具有同等的强度,使得任意小区的双向用户都有较好的接收质量。

平衡设计的关键是要在四面建立天线群系统。两个发射天线和两个接收天线分别指向道路两边,下行链路的信号从小区沿着道路向两个方向辐射。两个接收天线按同样的方式朝向两个方向。每个天线与一个多路耦合器连接,多路耦合器又预选滤波器、放大器和分离器组成。两个接收机的多路耦合器连接一个接入信道和所有的话音信道。美国的农村服务区高速公路系统采用的就是这种方案。

(4) 小区分层

根据覆盖地区的人口密度和移动台移动速度的要求,可以按照覆盖范围的大小将小区分为以下四种类型。

- 扩展小区:半径 35～120 km,主要用于沿海地区海域的覆盖。
- 宏小区:半径 1～35 km,用于高速公路和人口较稠密的地区。要求具有高的抗干扰灵敏度和安全的频率复用模型。
- 微小区:半径 0.1～1 km,用于城市繁华地段。要求用高的干扰隔离度,使用少量频率就可以实现密集频率复用。
- 微微小区:半径小于 0.1 km,用于室内环境,如商场、会议中心、办公楼等。

根据小区的大小不同,天线假设的高度也不一样。一般来讲,宏小区的天线架设在建筑物的顶部,微小区的天线低于建筑物,微微小区的天线一般安装在室内。

在进行实际的覆盖设计时,可以根据实际的地形环境和业务密度将集中小区结合使用。这里介绍分层小区的覆盖。分层小区主要用于高速公路和城市主干道覆盖,它解决了用户的切换和大业务密度之间的矛盾。两层中的上层采用伞状宏小区,主要负责快速移动用户,避免频繁的越区切换,它还可以填补微小区覆盖的盲区。下层是微小区覆盖,主要负责步行移动用户,另外当发生堵车这样的业务密度突然增大的情况,也可以由宏小区覆盖转换为微小区覆盖。这样就可以在上下层间进行切换,满足不同用户的需求。

3.2.2 核心网规划

核心网络规划包括移动交换网、智能网、GPRS、GSM-R 与外网的接口等。

1. 移动交换网

(1) GSM-R 核心网络采用二级网络结构,如图 3.18 所示,包括移动汇接网和移动本地网，设立 TMSC 和 MSC。移动汇接交换中心设置。GSM-R 系统设立专用移动汇接网。将全网划分为北京、武汉、西安 3 个大区,设置 3 个 TMSC,TMSC 之间网状网连接。GSM-R 移动本地网由 MSC、GMSC 和 HLR 等设备组成。

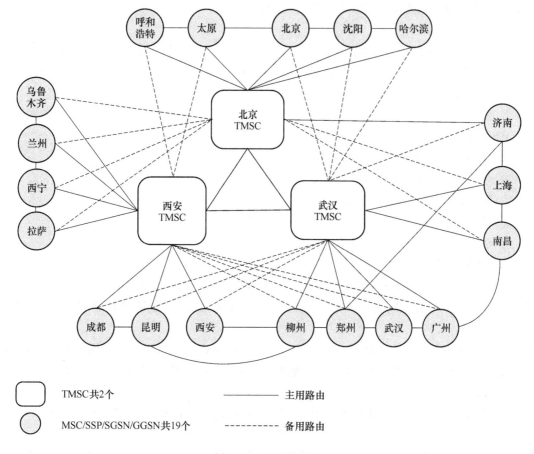

图 3.18 交换网设置

① MSC 设置:规划在 18 个铁路局所在地以及拉萨设置 MSC(含 VLR/GCR/IWF 等设备),共计 19 个。具体工程建设时由铁道部统一归口管理 MSC 数量和设置地点。

② 网关局(GMSC):与 MSC 同址设置,作为与其他网间的互联互通点。网络建设初期由移动端局 MSC 兼任,当网络规模和业务量达到一定程度时,可考虑独立设置。

③ HLR 的设置:全路在北京和武汉设置 2 个 HLR,采用地理冗余成对配置,北京主用,武汉备用,成对的两个 HLR 间实时数据复制。容量按照全网 MSC 用户容量的 120%～150% 进行配置,确定 HLR 容量为 800 000 用户,远期可进行扩容。

④ 短消息服务中心(SMSC):在北京、武汉分别设置 1 套 SMSC,并互为备用。根据全路 19 个 MSC 的用户容量,按每用户每天发送 3 条短信的话务模型,确定 SMSC 容量为 40 万 BHSM,远期可根据全路 GSM-R 系统建设的情况进行扩容。

⑤ 紧急呼叫确认中心(AC):在 MSC 所在地各设置 1 套 AC 记录存储设备,对紧急呼叫的相关信息进行记录、储存。

交换机容量按照用户预测配置,主要考虑各路局现有岗位和职工数量、机车数量、现有手持台配置情况等,根据管内各线路 GSM-R 系统建设规划,按照一定的预测原则先配置近期容量、远期平滑扩容。

(2) 固定用户接入交换系统设置

固定用户一般指调度员或者车站值班员,采用有线方式和 FAS(固定用户接入交换机)相连,FAS 再与 MSC 相连实现无线和有线的互通。

(3) 网间互联互通

① 网间互联互通的原则:以保证铁路专用移动通信安全畅通为前提,并考虑平等接入、经济合理、安全简捷等因素。网关局 GMSC 作为与其他网间的互联互通点和计费结算点。GSM-R 一个本地网对应多个 PSTN/PLMN 本地网时,GMSC 与所在地的 PSTN/PLMN 互联。

② 网间互联互通:与铁路专用电话网的互联;与公众电话网的互联;到公众 GSM 网络的单向漫游;与国际 GSM-R 网络的互联互通。

(4) 与其他通信和信息系统的关系

① 与铁路调度通信系统之间的关系。

② 与列车控制系统之间的关系。

③ 与机车同步操作系统之间的关系。

④ 与铁路信息系统之间的关系。

(5) 路由组织

① 网内路由组织:各移动业务本地网的 MSC、GMSC 应接入相应的 TMSC 和相邻的 TMSC。任意两个 MSC 间若有较大业务量时,可建立直达中继,覆盖区相邻的两个 MSC 间设置直达中继。

② 网间路由组织:GSM-R 网与其他相关网之间的路由组织采用发端入网的方案,即从被叫号码上判别被叫为其他网的用户时,立即通过网关局将呼叫送至对方进行接续。

2. 智能网

智能网规划包括业务控制点 SCP 的设置、业务交换点 SSP 的设置、其他设备的设置等。

(1) 业务控制点 SCP 的设置

北京和武汉设置 2 个 SCP 节点,每个节点均采用硬件和软件冗余备份,2 个 SCP 节点之间建立主备用关系,通过广域网实现高速互联,保证 SCP 数据实时同步,如图 3.19 所示。

(2) 业务交换点 SSP 的设置

SSP 是受 SCP 指令控制起接续作用的部件,SSP 与 MSC 合设。

(3) 其他设备的设置

IP、SMS 和 SCE 在建网初期暂不配置。

3. GPRS

GPRS 网络建设包括 GPRS 数据网和 GPRS 节点两部分。

(1) GPRS 数据网络分为骨干网和本地网两个层次

骨干层由北京、武汉、西安 3 个大区节点的骨干路由器组成,为网状连接。本地层由 19 个 GPRS 业务节点所在地的路由器组成。本地层路由器与骨干层路由器互联。为保证网络的可靠性,每个本地网节点的本地路由器成对设置,分别接入不同的骨干网节点。

(2) GPRS 节点的设置

北京、武汉各设置一套全网服务器,全路共享。北京、武汉、西安设骨干层路由器,在铁路局所在地及拉萨等地新设 19 个 GPRS 节点(GGSN、SGSN)。如图 3.20 所示。

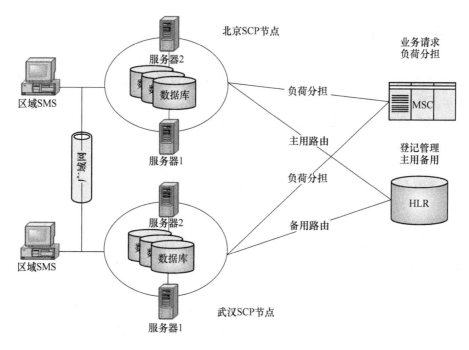

图 3.19 智能网设置

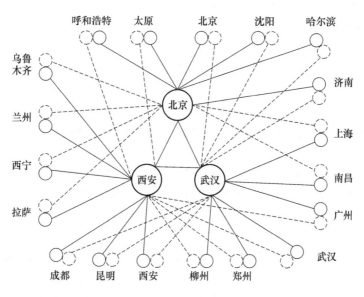

图 3.20 GPRS 设置

4. GSM-R 与外网的接口

① 列控系统 RBC。
② 同步操控系统地面应用节点。
③ 铁通 PSTN 专网交换机。
④ FAS(固定用户接入交换机)系统。
⑤ TDCS 及其他应用系统。

3.2.3 无线网规划

GSM-R 无线网络规划目标为铁路沿线和枢纽地区(包括合资铁路和地方铁路)连续覆盖，规划内容如下所示。

1. 基站控制器 BSC 与码速变换器 TRAU 的设置

(1) BSC 设置原则

铁路枢纽地区 BSC 与 MSC 同址设置，铁路干线和没有 MSC 的枢纽设置在较大的通信站。为减少 BSC 间的切换，各 BSC 所控制的区域应相对集中，不跨铁路局管界。各 BSC 负荷应留出网络优化时调整的余量。

(2) TRAU 设置原则

TRAU 与 MSC 同址设置，并根据工程实际容量配置设计。

2. 基站设置

(1) 覆盖区范围和场强要求

① 应保证基站辐射场强的有效覆盖范围，覆盖范围为工程设计的铁路作业区，在直辖市、省会城市和计划单列市的城区，铁路 GSM-R 系统的覆盖范围为铁路外侧轨道两侧各 2 km，其他地域覆盖范围为铁路外侧轨道两侧各 6 km。

② 铁路 GSM-R 场强应连续覆盖，根据铁路中长期发展规划，场强覆盖指标应符合具体业务需求，并预留远期发展条件。

(2) 不同地区站型规划

① 车站基站宜采用全向站型，圆形或沿铁路椭圆形覆盖。区间基站宜采用全向站型，沿铁路椭圆形覆盖。

② 枢纽地区根据覆盖和容量的需求，可以采用定向站型或全向站型。

③ 在铁路枢纽车站和屏蔽性能良好的室内，可以采用微蜂窝基站。

(3) 弱场区解决方案

铁路无线弱场区情况比较复杂，工程中应结合具体应用和现场情况合理选择方案：山区、隧道、路堑等弱场区可根据需要增加基站；在站房内、地下通道和旅客车厢内，可根据需要采用室内分布系统。

3. 工作频段频率

GSM-R 系统的工作频率是 885～889 MHz(移动台发，基站收)、930～934 MHz(基站发，移动台收)，共 4 MHz 频率带宽。双工收发频率间隔 45 MHz，相邻频道间隔为 200 kHz。按等间隔频道配置的方法，共有 21 个载频。频道序号从 999～1 019，扣除低端 999 和高端 1 019 作为隔离保护，实际可用频道 19 个，频道序号为 1 000～1 018。频道序号和频道标称中心频率的关系为

$$\begin{cases} f_L(n) = 885.000 + (n-999) \times 0.200 \text{ MHz} & \text{(移动台发，基站收)} \\ f_H(n) = f_L(n) + 45 \text{ MHz} & \text{(基站发，移动台收)} \\ n = 1\ 000 \sim 1\ 018 \end{cases}$$

4. GSM-R 基站子系统的组网方案及频率规划

为了满足铁路对系统安全性、可用性、可靠性和可维护性方面的要求，GSM-R 在网络覆盖上需要冗余重叠覆盖，目前常用的有三种组网方式。

(1) 单网交织冗余覆盖网络

单网交织冗余覆盖(如图 3.21 所示)是指铁路沿线由一层无线网络进行覆盖,但在系统设计时通过加密基站,使线路上的某个地点的基站出现故障时,该地点的场强仍能通过相邻基站得到保证,使沿线的业务应用不会因个别无线设备的故障而中断。

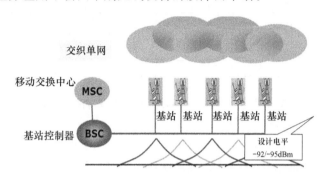

图 3.21 交织单网

单层交织冗余覆盖网络所需的小区数在原有的单层网络上增加了一倍,使原先使用 2×2 频率复用模式的变为 4×2 的复用模式,因此对 GSM-R 的 19 个频点可做如表 3.2 所示的分组,共分 8 组,由于实际应用中可能有一些特殊站型和特殊环境的应用,预留三个频点 1001、1009 和 1017 号频点作为整个网络调整使用,如表 3.2 所示。

表 3.2 频率分组表

组号	1	2	3	4	5	6	7	8
频率	1000	1002	1005	1006	1010	1011	1014	1015
分组	1003	1004	1007	1008	1012	1013	1016	1018

频率分配的秩序可以按 1、3、5、7、2、4、6、8 的秩序进行,其每小区的最大配置为 2 载频,可保证同一小区和邻小区的频点不相邻,如重叠覆盖小区实行负荷分担,则等效每小区的最大容量为 4 载频。

频率分配:每个基站四个载频,一个基站有两个扇区,每个扇区两个载频。

交织是指在系统设计时通过加密基站,使线路上的某个地点的基站出现故障时,该地点的场强仍能通过相邻基站得到保证,使沿线的业务应用不会因个别无线设备的故障而中断。

(2) 同站址无线双层网络

同站址无线双层网络是指 2 个基站并列设在同一站点,形成了铁路沿线的 2 个无线网络层。如图 3.22 所示,同一站点的 2 个基站安装在同一个机房内,有类似的覆盖区域。这种方式易于安装,还可降低安装成本,但没有考虑容灾问题。如果某地发生灾害(火灾、洪水、闪电等),同一站点的 2 个基站都会损坏,造成在某一路段内同时失去 2 层网络的覆盖。

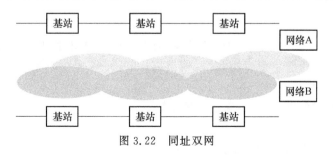

图 3.22 同址双网

同站址无线双层网络的频率分配可在表 3.2 频率分组的基础上,对频率分组进行重新组合,如表 3.3 所示。

表 3.3　频率分组组合表

组号		频率重组	
1	3	1000、1003	1005、1007
5	7	1010、1012	1014、1016
2	4	1002、1004	1006、1008
6	8	1011、1013	1015、1018

同站址两个基站的频率配置(网络 A,网络 B)可按秩序(1,3)、(5,7)、(2,4)、(6,8)进行,其等效的最大小区配置仍为四载频。

(3) 交织站址无线双层网络

与同站址方式不同,交织站址无线双层网络中的第二层基站位于一层 2 个连续的基站之间。如图 3.23 所示,每个基站有独立的机房和天馈系统。其优点是如果某地发生灾害,只有其中一个层失去覆盖,另外一层的服务不受影响。但与此同时也带来了小区规划复杂以及基站站址和安装成本增加等问题。

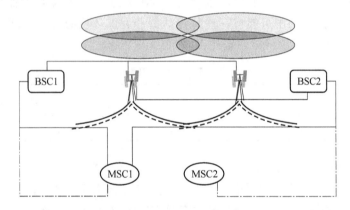

图 3.23　交织站址无线双层网络

网络的频率规划既可按单网交织冗余覆盖网络方式进行,也可按同站址无线双层网络的方式进行,其等效的最大小区配置也是四载频。

5. 无线网络规划存在的问题

(1) 带宽问题

在枢纽地区,由于铁路线向各个方向呈放射状延伸,4 MHz 的频率带宽显得比较拥挤,目前客专建设就遇到了此类问题,而且将来在客专与既有线平行建设时也会出现同样的问题,因此频带有加宽的必要。

(2) 干扰问题

由于目前使用的频段为 GSM 的扩展频段,与中国移动共用,因此在线路穿越繁华地市时干扰严重(胶济线),铁路应申请专用频段,信产部(2007)136 号文件已下发,自 2009 年年底,铁路 GSM-R 频段专用。

传输网规划、建网原则、工程实施在这里作简单介绍。

1. 传输网规划

① TMSC 之间采用网状网连接。

② MSC 与相邻两 TMSC 之间采用双星型连接。
③ GMSC 与本地铁通专用电话交换机之间采用点对点连接。
④ MSC 到 BSC 之间采用星型连接,并有不同物理路由的迂回保护通道。
⑤ BSC 与 BTS 之间尽量采用环形链接,条件不具备可采用星型、链型及混合型连接,要求有不同物理路由的迂回保护通道。
⑥ 主备用 HLR、SCP、SMSC 之间通过广域网实现高速互联。
⑦ GPRS 节点之间通过 IP 数据网互联。

2. 建网原则

(1) 核心网配合线路建设采取统筹规划、统一建设、分步实施的建设策略。
(2) 无线网络采取按线、分等级、分步实施的建设策略。

3.3 GSM-R 系统编号计划

为了将一个呼叫接至某个移动用户,需要调用相应的实体,因此,要正确寻址,编号计划非常重要。GSM-R 编号与 GSM 编号非常相似,故在介绍 GSM-R 编号之前,首先介绍在 GSM-R 中通用的 GSM 编号。

3.3.1 GSM 系统编号

1. 移动用户的电话号码(MSISDN)

MSISDN(Mobile Subscriber International ISDN/PSTN number)是指主叫用户为呼叫 GSM PLMN 中的一个移动用户所需拨的号码,作用同于固定网 PSTN 号码。简单地说就是你打电话的时候拨打手机号,这个号码采取 E.164 编号计划。号码的结构如图 3.24 所示。

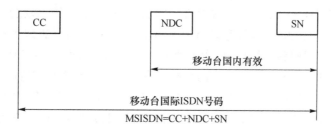

图 3.24 MSISDN 的组成

国家码 CC(Country Code):是用来代表国家的,如中国为 86。

NDC 国内目的码:National Destination Code,用来代表不同号段的,也就是平时手机拨号的前三位。如中国移动的 NDC 目前有 139～134、150～152、157～159,中国联通公司为 130～132、155～156。

SN 用户号码:Subscriber Number 是用来代表不同用户的,一共有 8 位 H0H1H2H3＋ABCD,分为两个部分:HLR 号码和个人号码。HLR 号码为 H0H1H2H3,用来识别不同 HLR,前 3 位国家编一分配,H3 为省内分配。个人号码 ABCD 是每个 HLR 中的用户号码。

MSISDN 的号码举例:86 139 0477 0001。

2. 国际移动用户识别码(IMSI)

虽然作为用户的我们平时都是用 NSISDN(International Mobile Subscriber Identity)号,但对于通信设备而识别用户而言,它们并不用 MSISDN 号,而是有一套自己的编码计划,叫作 E.212 编号计划。

为了在无线路径和整个 GSM 移动通信网上正确地识别某个移动用户,就必须给移动用户分配一个特定的识别码,这个识别码为 IMSI,用于 GSM 移动用户所用信令中,存储在用户识别模块 SIM 卡、HLR 和 VLR 中,在无线接口及 MAP 接口上传送。

IMSI 号码结构如图 3.25 所示。其中,MCC(移动国家码,Mobile Country Code)由三个数字组成,唯一识别移动用户所归属的国家,如中国为 460。

图 3.25 IMSI 的组成

MNC:Mobile Network Code,移动网号,用以代表不同的运营商,两个数字,或用于识别移动用户所归属的移动网。如中国移动是 00,联通是 01。

移动用户识别码(MSIN)用户代表不同用户,共 10 位。用于唯一地识别国内 GSM 移动通信网中的移动用户。典型的 IMSI 举例:460-00-4777770001。

3. 移动用户漫游码(MSRN)

MSRN(Mobile Station Roaming Number):当移动台漫游到一个新的服务区时,由访问用户位置寄存器(VLR)分配给它一个临时性的漫游号码,并通知该移动台的原籍位置寄存器(HLR),用于建立通信路由,一旦该移动台离开该服务区,此漫游号码即将收回。

MSRN 是在每次呼叫移动用户时,为了使网络再次选择路由,根据 HLR 的请求,由 VLR 临时分配给移动用户的一个号码。该号码在接续完成后即可释放给其他用户使用。

MSRN 的结构与 MSISDN 完全一致。MSRN 的结构为 1390M1M2M3ABC,M1M2M3 为 MSC 的号码,M1M2M3 与 MSISDN 号码中的 H1H2H3 相同,ABC 编码为 000~499。用户终端并不知晓此号码。

4. 临时移动用户识别码(TMSI)

TMSI(Temporary Mobile Subscriber Identity)是为了对用户身份进行保密,而在无线信道上代替 IMSI 使用的临时移动用户,这样可以保护用户在空中的话务及信令通道的隐私。

TMSI 是为了保护用户 IMSI 不会在空口截获而用的。有了 TMSI,用户只有在首次使用 SIM 卡的时候,手机才会通过空口上报 IMSI 给 MSC,MSC 在验证 IMSI 有效后,会给用户分配一个 TMSI 号码,TMSI 号码带有当前 MSC 的选址信息,保存在 MSC 和用户终端上。当用户漫游到新 MSC 的时候,上报 TMSI,新 MSC 会根据 TMSI 寻址原 MSC,将 IMSI 从原 MSC 复制过来,以防止通过空口被截获。TMSI 的 32 比特不能全部为 1,因为在 SIM 卡中比特全为1的TMSI表示无效的TMSI。

所以,简单来说,移动用户漫游码(MSRN)是为了通话,TMSI(Temporary Mobile Subscriber Identity)是为了保密。

5. 位置区识别码(LAI)

LAI(Location Area Identification)代表MSC业务区的不同位置区,用于移动用户的位置更新,其号码结构如图3.26所示。

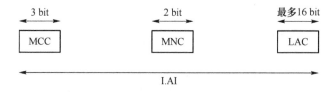

图3.26 LAI的组成

其中,MCC与IMSI中的相同,用于识另一个国家,即移动用户国家号码。

MNC:移动网号,用于识别国内的GSM网,同IMSI中的MNC。

LAC:Location Area Code,位置区号码,用于识别一个GSM网中的位置区,是2个字节长的十六进制BCD码,0000与FFFE不能使用。

6. 全球小区识别码(CGI)

CGI(Cell Global Identitier)是用来识别一个位置区的小区,它是在位置区识别码(LAI)后加上一个小区识别码(CI)。

CI(Cell Identity)是2个字节长的十六进制BCD码,可由运营部门自定。

7. 基站识别色码(BSIC)

BSIC(Base Station Identity Code)用于移动台识别相邻的、采用相同载频的、不同的基站收发信台(BTS),特别用于区别在不同国家的边界地区采用相同载频的相邻的不同的基站收发信机。BSIC为一个6比特编码,其组成如图3.27所示。

图3.27 BSIC的组成

其中,NCC是网络色码,用于识别GSM移动网,BCC是基站色码,用于识别基站。

8. IMEI(国际移动设备识别码)

IMEI(International Mobile Equipment Identity)唯一地识别一个移动台设备,而与该手机的SIM卡无关。用于监控被窃或无效的移动设备。IMEI的组成如图3.28所示,在用户不用SIM卡作紧急呼叫(如110)时,IMEI可用作用户标识号码。

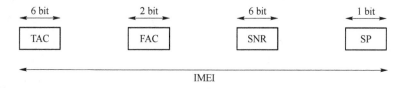

图3.28 IMEI的组成

TAC:型号批准码,由欧洲型号认证中心分配。

FAC:后装配码,表示生产厂家或最后装配所在地,由厂家进行编码。

SNR:序号码,这个数字的独立序号码唯一地识别每个TAC和FAC的每个移动设备。

SP：备用。

手机真假鉴别：由于现在市面上各种各样的手机太多，因此很容易鱼目混珠，而凭我们一般用户的肉眼是无论如何也分辨不出来的。但是手机是有序列号的，而且每一个机器对应一个号码，该号码不重复，通过它就能够知道我们买的是不是"水货"。我们可以在待机状态下输入：*＃06＃，屏幕上就出现该机的序列号了，然后再打开手机背面，取出电池，看一看该序列号与机器里面的标签上的序列号是不是相符，如果不符则应与销售商联系。

3.3.2 GSM-R 系统编号类型

GSM-R 编号按照《GSM-R 数字移动通信网编号计划(V2.0)》科技运[2006]119 号执行。码号资源由数字、符号组成的用于实现电信功能的用户编号和网络编号。遵循国际标准对电信码号的长度、结构要求。为合理利用码号资源，需要编制编号计划。

我国铁路 GSM-R 网络内包括以下类型的号码。

- 国内 GSM-R 网络用户号码：用于同一国家 GSM-R 网络内注册的用户之间的呼叫。
- 国际 GSM-R 网络用户号码：用于不同国家 GSM-R 网络内注册的用户之间的呼叫。
- 短号码：用于 GSM-R 网络内快速拨号。
- 引示号：用于 GSM-R 网络用户呼叫其他网络用户的分隔码。
- 移动用户及固定用户号码：用于 GSM-R 网络用户之间、其他通信网络的用户与 GSM-R 网络用户之间的呼叫。
- 特服号：用于特服业务呼叫。
- GSM-R 网络设备编号：用于标识 GSM-R 网络设备。
- IP 地址：用于 GSM-R 网管设备、GPRS 网络设备及终端设备的 TCP/IP 寻址。
- 信令点编码：用于采用 NO.7 信令方式的信令点寻址。

1. 国内 GSM-R 网络号码

用于在同一 GSM-R 网络内注册的用户之间的呼叫。国内 GSM-R 网络号码的结构如图 3.29 所示。

呼叫类型(CT)用来区分 GSM-R 网络内不同类型的呼叫，提示网络如何解释所拨打的号码。由 1～3 个数字组成，其定义见表 3.4。

图 3.29 国内 GSM-R 网络号码结构

表 3.4 呼叫类型形式

呼叫类型	用途	呼叫类型	用途
1	短号码	7	调度用户功能号码
2	车次功能号	8	移动用户号码 MSISDN
3	机车功能号	900	接入国际 GSM-R 网络
4	车号功能号	901	接入铁路专用电话网
50	语音组呼	902～909	预留
51	语音广播	91	FAS 网络用户号码 ISDN
52～55	保留国际使用	92～98	预留
56～59	保留国内使用	99	保留公众紧急呼叫
6	维修、调车组成员	0	接入 PSTN、PLMN

用户号码(UN)由用户识别号码(UIN)和功能码(FC)组成,UN 的长度依据它所包含的信息多少而变化。用户识别号码(UIN)必须是以下号码之一:车次号、机车号、车号、调车组位置号码、维修组位置号码、调度员和值班员位置号码、组位置号码和移动用户号码(MSISDN,移动用户的 ISDN 号码)。功能码(FC)是一种识别号,用来识别列车上或站场内的人员、设备,或者某给定区域内的特定编组。

举例说明:GSM-R 系统内用户号码为 678345501278,分析如下:

CT＝6 维修及调车组成员功能码

UN＝78(HLR 号码)3(位置类别为车站/场)45(位置区编号)5(T 编组类型:调车组)0(Y 组成员功能:调车司机)12(XX 为组编,调车组编号)

2. 国际 GSM-R 网络号码

国际 GSM-R 网络号码用于跨国 GSM-R 网络之间的呼叫,在国内 GSM-R 网络号码前附加前缀作为路由码。国际 GSM-R 网络号码由两部分组成:国际代码(IC)、国内 GSM-R 网络号码。国际 GSM-R 网络号码结构如图 3.30 所示。

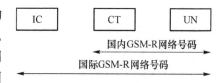

图 3.30 国际 GSM-R 网络号码结构

国际代码(IC)即铁路 GSM-R 接入码(RAC),用于将呼叫路由到其他国家 GSM-R 网络,最多由三位数字组成,基于国家码 XCC/CCC,并符合 ITU-T E.164 的规定。中国铁路 GSM-R 网络国际代码(IC)＝086。

3. 短号码

短号码用于 GSM-R 网络内快速拨号。对某些功能,终端应使用标准短号码发起呼叫。短号码应由 4 位数字组成,第 1 位数字应为 CT＝1。短号码应在全国范围内统一定义,但某些号码必须作为国际通用号,以实现互联互通。例如:短号码 1200 表示连接最适当的列车调度员。GSM-R 短号码及功能如表 3.5 所示。

4. 引示号

用于 GSM-R 网络用户呼叫其他网络用户的分隔码。例如:接入到铁路专用固定电话网,需要使用引示号"901",然后是被叫方完整的电话号码。当 GSM-R 网络允许授权用户接入国内公众电信网,应使用引示号"0",然后是被叫方完整电话号码。

表 3.5 GSM-R 短号码及功能说明

短号码	功能说明	短号码	功能说明
1000	试验号	17XX	保留国际使用
1001	障碍申告台	1800	调车无线机车信号无线传输业务节点
10XX	保留国内使用	180X	保留国内使用
11XX	保留特服号使用	1810	机车同步操作无线传输业务节点
1200	连接最适当的列车调度员	181X	保留国内使用
12XX	保留国内使用	182X	保留国内使用
1300	连接最适当的车站值班员	184X～189X	保留国内使用(机务)
13XX	保留国内使用	190X	保留国内使用(货运)
1400	连接最适当的牵引供电调度员	191X	保留国内使用(牵引供电)

续表

短号码	功能说明	短号码	功能说明
14XX	保留国内使用	192X	保留国内使用(客运)
1500	连接最适当的 CTCS RBC	193X	保留国内使用
15XX	保留国内使用	194X	保留国内使用
1612	高优先级呼叫确认中心	195X	保留国内使用(工务)
16XX	保留国际使用	196X	保留国内使用(电务)
1700	司机安全设备	197X~199X	保留国内使用

5. 移动用户及固定用户号码

移动用户及固定用户号码用于 GSM-R 网络用户之间、其他通信网络的用户与 GSM-R 网络用户之间的呼叫。

(1) 移动用户号码

与移动用户有关的号码包括 MSISDN 号码、国际移动用户识别码(IMSI)、临时移动用户识别码(TMSI)、移动用户漫游号码(MSRN)。

MSISDN 号码符合 GSM 技术规范[GSM 03.03]的规定,其号码结构为:CC+NDC+SN。我国国家代码 CC 为 86;NDC($N_1N_2N_3$)为 GSM-R 国内目的代码,暂定为 149;SN 号码长度暂定为 8 位,结构为:$H_0H_1H_2$+ABCDE。$H_0H_1H_2$ 为 HLR 的识别号,其中 H_0=CT=8,H_1H_2 为铁路调度通信网络长途区号,例如铁道部为 H_1H_2=20,北京局为 H_1H_2=21。按照调度网的编号规则,为各工种分配移动用户号码 ABCDE,其中预留 00000 为 HLR 识别号。

国际移动用户识别码(IMSI)号码总长度为 15 位,其号码结构为:MCC+MNC+MSIN。其中:MCC=460,MNC 暂定为 20,需向信产部申请。MSIN 为 $H_0H_1H_2$ S XXXXXX,$H_0H_1H_2$ 与 MSISDN 号码中的 $H_0H_1H_2$ 相同,S 为 MSISDN 号码中的 NDC 的末位。

为了对 IMSI 保密,VLR 可给来访移动用户在位置登记(包括位置更新)后或激活补充业务时,分配一个唯一的 TMSI 号码,它仅在本地使用,是一个 4 字节的十六进制编码。移动用户的 TMSI 与 IMSI 是对应的,在呼叫建立和位置更新时,空中接口传输使用 TMSI。

移动用户漫游号码(MSRN)的结构为:NDC+0+$M_0M_1M_2$+ABCD。其中:NDC+0 为漫游号码标记,$M_0M_1M_2$ 为漫游地 MSC 端局号码,与 MSISDN 号码中的 $H_0H_1H_2$ 相同,即 M_0=8,M_1M_2=H_1H_2。ABCD 为漫游地 MSC 临时分配给用户的漫游号码。

(2) 固定用户号码

FAS 网络用户 ISDN 号码结构为 CC+NDC+SN,其中:CC、NDC 同 MSISDN 号码。SN 号码长度暂定为 9 位,结构如下:$C_1C_2H_1H_2$+ABCDE。$C_1C_2H_1H_2$ 为 FAS 的识别号,其中 C_1C_2=CT=91,H_1H_2 为铁路调度通信网络长途区号,同 MSISDN 号码。

6. 特服号

用于特服业务呼叫。可以路由到铁路内部机构和组织,也可以路由到公众机构或组织。

在 GSM-R 网络中占用短号码部分资源,开通如下特服号码:

- 障碍申告 112。
- 电话查号业务 114。

- 事故救援 117。
- 面向社会的公众紧急呼叫,包括 110、119 和 999。

7. GSM-R 网络设备编号

网络设备编号用于标识 GSM-R 网络设备。网络设备编号包括 MSC/VLR/GCR/SSP、HLR/AuC、SCP、SMSC 识别码、位置区识别码 LAI、全球小区识别码 CGI、基站识别码 BSIC、漫游区域识别码 RSZI、国际移动设备识别码 IMEI。

8. IP 地址

用于 GPRS 网络设备、终端设备以及网管设备的 TCP/IP 寻址。GSM-R 网络中 IP 地址主要包括 GPRS 网络中网络设备和用户的 IP 地址两部分。

(1) 分配范围

GPRS 网络设备、GPRS 用户终端、GSM-R 网管设备。

(2) 分配原则

① 内部专网,使用 RFC1918 规范中规定的私有 IP 地址,采用铁路计算机网络 IP 地址段。

② 采用结构化、层次化的地址分配方式。各个层次的地址空间中都要有充分的预留。

③ 各铁路信息系统的 GPRS 通信服务器 IP 地址应由各信息系统分配。

(3) 地址分配

① GPRS 网络设备及终端:10.12.0.0—10.15.127.255。

② GSM-R 网络管理设备:10.15.128.—10.15.255.255。

习 题

1. 填空题

(1) GSM-R 陆地移动网络由_____、_____和_____这 3 个子系统组成。

(2) BTS 的中文名和英文全名_____。

(3) 驻波比是指_____。

(4) 基站子系统(BSS)有 2 种基本组成设备,分别是_____和_____。

(5) 基本的网络交换子系统(NSS)由 6 个功能实体组成,分别是:_____、_____、_____、鉴权中心(AuC)、设备识别寄存器(EIR)和互联功能单元(IWF)。

(6) 移动台就是移动客户设备部分,它由两部分组成,_____(又称手机)和_____。

(7) 直放站的基本功能是_____。

(8) 核心网络规划包括 _____、_____、_____、GSM-R 与外网的接口等。

(9) GSM-R 核心网络采用二级网络结构,包括移动汇接网和_____。

(10) 基站识别码 BSIC,由_____和基站色码 BCC 两部分组成。

(11) 短号码是指_____。

(12) 引示号是指_____。

2. 选择题

(1) 基站收发信机(BTS)与基站控制器(BSC)之间通过_____接口通信。

A. Ater 接口 B. Abis 接口 C. A 接口

(2) 编码速率适配单元(TRAU)与基站控制器(BSC)之间通过_____接口通信。

A. Ater 接口 B. Abis 接口 C. A 接口

(3) 移动交换中心(MSC)通过_____接口与基站子系统(BSS)连接。

A. Ater 接口 B. Abis 接口 C. A 接口

(4) 与 GSM 系统追求最大用户系统容量不同，GSM-R 系统更侧重于系统的_____。

A. 快速性 B. 有效性 C. 先进性

(5) 鉴权中心(AuC)有 2 个功能：对用户的_____号进行鉴权；为移动台和网络之间在无线路径上的通信进行加密。

A. TMSI B. IMSI C. LAI

(6) GSM-R 系统中有，而 GSM 系统中没有的是_____。

A. 组呼寄存器(GCR) B. 短消息服务中心(SMS-SC)
C. 码转换器(TRAU)

(7) _____接口位于 MS 与 BTS 之间，是二者的通信接口。

A. Abis 接口 B. Ater 接口 C. Um 接口

(8) 当 MS 发现其存储器中的_____与所接收到的发生变化时，就执行登记。这个过程叫"位置更新"。

A. 全球小区识别码(CGID) B. 位置区识别码(LAI)
C. 用户识别码(IMSI)

(9) 与切换有关的数据，主要是切换号码，存储在_____中。

A. HLR B. AUC C. VLR

(10) 将一个正处于呼叫建立状态或忙状态的 MS 转换到新的业务信道上的过程称为_____。

A. 切换 B. 漫游 C. 重选

(11) _____就是指在归属 GSM-R 网络外的其他 GSM-R 网络(拜访 GSM-R 网络)中使用移动业务。

A. 切换 B. 漫游 C. 重选

(12) 在用户身份鉴权过程中使用的鉴权算法是_____。

A. A3 B. A5 C. A8

(13) 位置区(LA)是_____。

A. 一个 BSC 所控制的区域 B. 一个 BTS 所覆盖的区域
C. 由网络规划所划定的区域

(14) 智能网是一个单独的网络_____。

A. 正确 B. 错误

(15) 智能网的最大特点是将网络的交换功能与_____相分离。

A. 业务功能 B. 管理功能 C. 控制功能

(16) GSM 系统中，_____是 GSM/PLMN 中唯一识别用户的一个信息。

A. 11 位拨号号码 B. IMSI 号码 C. 动态漫游号码

(17) 在一个城市的 GSM 系统内，小区识别码 CGI _____。

A. 是唯一的 B. 可以有 2 个小区相同

C. 可以有 3 个小区相同

3. 简述题

(1) 画出 GSM-R 系统结构图并说明其功能,并标明英文缩写的中文名称。

(2) 简述并画出一种典型的 BSS 组成方式。

(3) 简述基站子系统组网方式及应用范围,说明 GSM-R 适合哪种组网方式。

(4) 画出 BTS 的通用结构及简述组成部分的功能。

(5) 说明 GPRS 网络的构成,画图比较 GPRS 网络和 GSM-R 之间的联系与区别。

(6) GPRS 指什么？它的主要特点是什么？

(7) 简述我国 GSM-R 移动交换网的设置。

(8) 简述 GSM-R 的号码类型。

(9) 画图说明国内 GSM-R 网络号码的组成。

(10) 画图说明 GSM-R 中的 MSISDN 和 IMSI 号码结构并说明它们之间的关系。

(11) 简述 GSM-R 网络编号计划的特征。

(12) 简述 GSM-R 的 IP 地址分配。

第 4 章　GSM-R 接口与协议

　　GSM-R 数字移动通信系统是铁路专用移动通信网,是直接为铁路运输生产和铁路信息化服务的综合通信平台。GSM-R 系统主要包括:网络子系统(NSS)、基站子系统(BSS)、运行与支持子系统(OSS)和终端设备等四个部分。为了各厂家的设备可以通信,GSM-R 系统各组成部分的连接都必须严格符合接口标准,不然就无法实现通信。GSM-R 系统对各组成部分的接口定义明确,对各接口所使用的分层协议也作了详细的定义。

　　GSM-R 系统是由多个功能单元通过接口互联构成的。在 GSM-R 系统中主要的接口有:无线(Um)接口、Abis 接口、Ater 接口、A 接口、PSTN/ISDN/PSDN 接口,这些接口的定义和标准化能保证不同供应商生产的移动台、基站子系统和网络子系统设备能纳入同一个 GSM-R 数字移动通信网运行和使用。GSM-R 系统不同的接口采用的物理链路可能是不同的,每个接口都传递各自的消息,完成不同的功能,这些都是由相应的信令协议来实现。

　　本章重点介绍 GSM-R 系统无线空中接口的用途,GSM-R 如何组织无线信道,如何区分物理信道和逻辑信道,为了实现空中接口的成功传输,GSM-R 必须完成的基本步骤,在呼叫建立时,GSM-R 如何使用逻辑信道。

4.1　GSM-R 的主要接口与协议

　　GSM-R 系统结构中 NSS(网络子系统设备)主要作用是管理 GSM 用户和其他电信网络用户之间的联系。BSS(基站子系统)包括 BTS 和 BSC 两类设备:BTS 通过无线接口与移动台联系;BSC 与 NSS 的交换机建立联系。OSS 包括注册管理(用户数据管理和呼叫管理)、对移动台的管理、电信设备的网络操作和维护等。OSS 为运营者控制移动台、BSS 和 NSS 提供了方法。

　　GSM-R 系统各接口采用的分层协议结构是符合开放系统互联(OSI)参考模型的,功能按功能平面分层,一层叠在一层上面。每一层向它的上一层提供服务,这些服务是对下一层提供服务的增强。在每一层中,各实体通过交换信息、协同工作以提供需要的业务。我们把这些交换规则在信息流穿过不同实体间,对接口处参考点的规定,称为信令协议。分层的目的是为让系统有一个清晰的分工,不同的分工归于不同的层次,这样各层的开发人员可以更好地专注于自己所在的领域,而不必考虑其他层的变动。

　　GSM-R 系统使用的是开放系统互联模型,第一层为物理传输层 L1,它为无线接口或有线接口的最底层,用于提供传输比特流的物理链路,物理层协议包括 TDMA 帧协议。第二层为数据链路层 L2,在手机和基站之间建立可靠的专用数据链路。链路层协议称为 LAPDm。第三层为网络层 L3,负责控制和管理的协议层,把客户信息和系统控制信息按一定协议分组安排到指定的逻辑信道上。图 4.1 为 GSM-R 主要接口的分层协议。

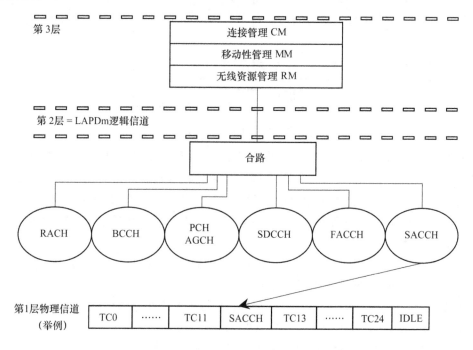

MS
BTS
BSC
MSC
L3
L2
L1
CM
MM
RR
LAPDm
SigL1
RR
BTSM
LAPDm
LAPD
SigLl
SigLl
RR
BSSMAP
BTSM
SCCP
MTP
LAPD
SigLl
CM
MM
BSSMAP
SCCP
MTP
Um接口
Abis接口
A接口
CM：连接管理
MM：移动性管理
RR：无线资源管理
LAPDm：数据链路协议移动应用部分
BSSMAP：基站子系统移动应用部分
SCCP：信令连结控制部分
MTP：信息传递部分
ISUP：ISDN用户部分
TACP：事务处理应用部分
MTP：信息传递部分
L1-L3：信号层1-3

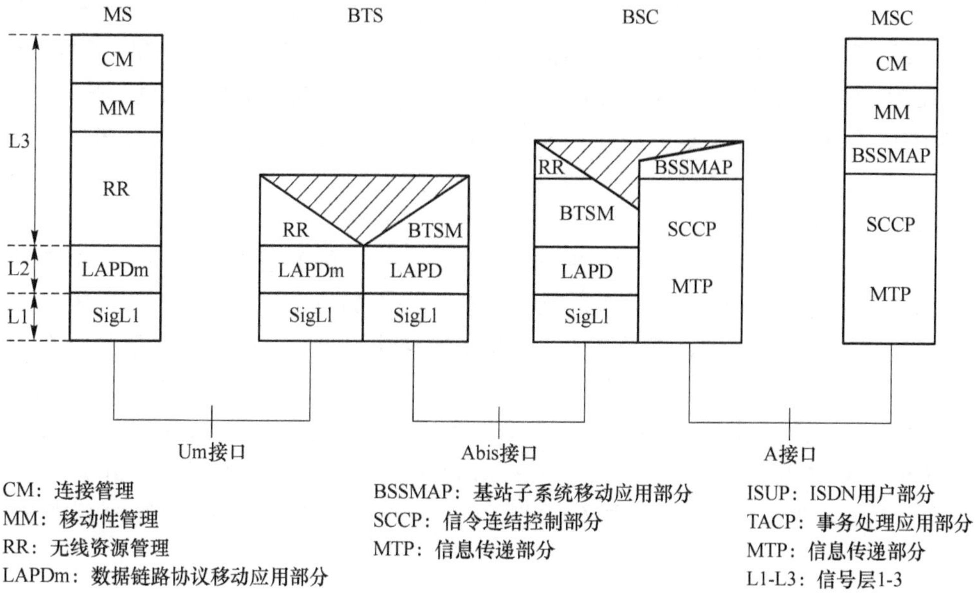

图 4.1　GSM-R 主要接口的分层协议

1. Um 接口协议

Um 接口(空中接口)位于 MS 和 BTS 之间,是两者的通信接口,用于移动台与系统固定部分之间的通信,其物理连接通过无线链路实现。它的特性是完全标准化,也就是说来自不同厂商所生产的 MS 和 BTS 之间的都可以通过标准化的 Um 接口连接。Um 接口上的协议如图 4.2 所示。

第3层
连接管理 CM
移动性管理 MM
无线资源管理 RM
第 2层 = LAPDm逻辑信道
合路
RACH
BCCH
PCH
AGCH
SDCCH
FACCH
SACCH
第1层物理信道
(举例)
TC0
……
TC11
SACCH
TC13
……
TC24
IDLE

图 4.2　Um 接口协议

Um 接口上的协议可以分为三层。第一层是物理支持：TDMA 帧、FDMA 和逻辑信道复用。第二层是 LAPDm 协议（由 LAPD 定义）：没有标志，由于实时的限制，没有错误重发机制。第三层是无线接口层（RIL3），其中又包括三个子层：无线资源管理（RM）子层，负责寻呼、功率控制、加密、切换；移动性管理（MM）子层，负责安全、定位、IMSI 附加/分离；连接管理（CM）子层，负责呼叫控制（CC），补充业务（SS），短消息业务（SMS），双音多频（DTMF）设备。

2. Abis 接口协议

Abis 接口是 BSS 系统的两个功能实体 BSC 与 BTS 之间的通信接口，用于 BTS 和 BSC 之间的远端互联方式。Abis 接口支持系统向移动台提供的所有服务，并支持对 BTS 无线设备的控制和无线频率的分配。它的特性是：部分标准化，也就是说当前不存在专有的互操作性。

BTS 和 BSC 之间交换的消息包括：业务交换；呼叫建立和 BTS 操作与维护的信令交换。BTS 和 BSC 之间的物理接入有：2.048 Mbit/s(E1) 或者 1.544 Mbit/s(T1) 的 PCM 数字链路，也就是由 32 路或 24 路 64 kbit/s 话路组成。Abis 接口上的协议如图 4.3 所示。

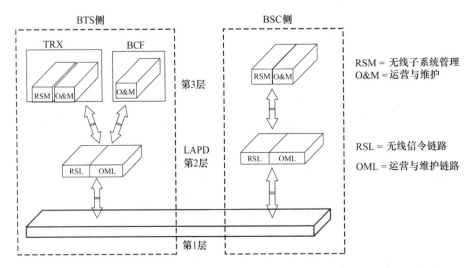

图 4.3 Abis 接口协议

Abis 接口上的协议可以分为三层。第一层是 PCM 传输层（E1 或 T1）：对于语音，其编码速率是 16 kbit/s，复用后在 64 kbit/s 的时隙上传输；对于数据，其速率是同步的并可以调节；第二层是 LAPDm 协议：标准的 HDLC 过程，包括无线信令链路（RSL）和操作与维护链路（OML）；第三层应用协议：包括无线子系统管理（RSM）和操作与维护过程（O&M）。

3. Ater 接口协议

Ater 接口位于处理 BSC 和 TRAU 之间。它的特性包括：以 1.544 Mbit/s 或者 2.048 Mbit/s 的速率物理接入，并携带以下的消息：

- 根据 ITU-T No.7(CCS7) 保留的信令信道、语音和数据信道（16 kbit/s）；
- BSC 与 TRAU 之间的信令链路（LAPD）；
- 通过 MSC（只通过网络）到 OMC-R(X.25) 的 O&M 数据。

Ater 接口上的协议如图 4.4 所示。

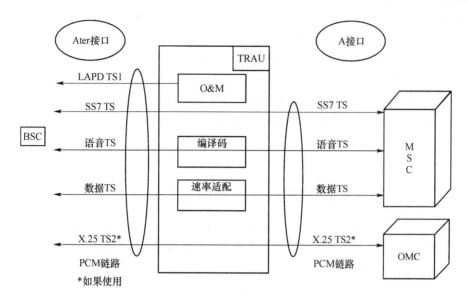

图 4.4 Ater 接口协议

4. A 接口协议

A 接口位于 MSC 与 BSS(TRAU)之间。它的特性是：完全标准化，即任何厂商的设备可以互联。在 A 接口上面所交换的消息是用户业务(语音和数据)和信令。它也可以分为三层，第一层为 64 kbit/s 信令数据链路定义物理特性；第二层通过提供差错检测和纠正，信令链路校正和差错监控来确保安全；第三层确保信令消息通过网络以正确的序列且无丢失的传送，即使在连接失败的情况下，也能将信令消息复制出来并再次进行连接。

5. PSTN/ISDN/PSDN 接口协议

PSTN/ISDN/PSDN 接口是 MSC、公共交换电话网络(PSTN)、综合业务数字网络(ISDN)和分组交换公共数字网络(PSDN)之间的接口。接口的规范经过不断的使用和改进后，由国家制定出来，各国家之间的接口应具有一定的互联互通能力。PSTN/ISDN/PSDN 接口上的协议如图 4.5 所示。

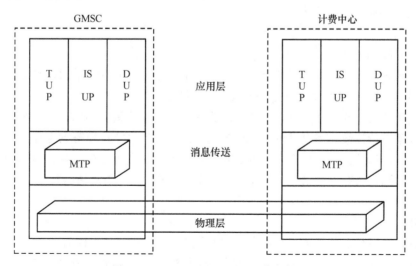

图 4.5 PSTN/ISDN/PSDN 接口协议

用户部分是建立在 MTP 消息传递部分上的。考虑到 SCCP 功能,它在 A 接口是定向连接的,那么它应该提供一些无连接信令,这些信令的作用是建立、监控和清除 PSTN 接口上的呼叫语音或数据。用户部分可以传送连接在同一个网络中两个用户之间信令消息。为拓宽网络,使某些网络业务透明化,它提供了信令容量的中继。根据应用,用户部分的协议主要有三个方面:电话用户部分(TUP)——PSTN 网络接口;ISDN 用户部分(ISUP)——ISDN 网络接口;数据用户部分(DUP)——PSDN 网络上的 PAD 接口。

6. 接口之间的连线和类型

通信中,常常会提及 PCM、PCM 链路、2M 线、E1 线,下面分别解释这些术语。PCM 的意思就是脉冲编码调制,现在的数字传输系统都是采用 PCM 调制。我们可以把 PCM 理解为一种技术,而 PCM 设备就是采用这种技术的设备,PCM 设备是利用 2M 线路传输的,所以 PCM 链路也可以理解为是 2M 线。E1 是欧洲的 30 路脉码调制标准,也可以理解为一种协议,目前我国就是采用这种标准。E1 就是采用 PCM 技术的,具体说是 PCM30/32,总共 32 个时隙。除了 0 和 16 时隙用于传输其他数据外,1~15 和 17~31 路时隙均可以传输话音或其他有效数据,每路速率为 64 k,所以一条 E1 就是 2 048 kbit/s,即 2 M。PCM 线可以称为同轴电缆、双绞线或为 2M 线。2M 线可以是电信上租用的,也可以是光端机上输出的。

4.2 GSM-R 空中接口物理层

空中接口 Um 的频率资源是极其有限的,对于运营商而言是最宝贵的战略资源,资源因为稀缺,就要精打细算,加强管理。空中接口的种种信道设计,就其本质而言,都是为了提高频谱资源的利用效率。

下面我们就开始学习 GSM-R 空中接口的物理层,首先从物理信道开始,了解突发脉冲、时隙、TDMA 帧的概念;然后了解逻辑信道,逻辑信道分为业务信道和控制信道。

4.2.1 GSM-R 的帧结构

1. FDMA 和 TDMA

GSM-R 网的无线传输是基于数字技术的。GSM-R 的数字传输采用两种方案实现,这就是所谓的频分多址(FDMA)和时分多址(TDMA)接入方式。

GSM-R 移动用户开始呼叫时,GSM 网络为用户分配一个时隙,用户与基站之间进行同步通信,并对时隙进行计数。当自己的时隙到来时,手机就启动接收和解调电路,对基站发来的突发脉冲进行解码。同样,当用户需要发送信息时,首先对信息进行缓存,等待自己时隙的到来。在时隙开始后,将存储的信息发送出去,然后开始积累比特信息流等待下一次突发脉冲的发送。

2. 时隙

GSM 在无线路径上传输单位是约一百多个调制比特的序列,它称为一个"突发脉冲"。脉冲持续时间优先,在无线频谱中也占一有限部分(每时隙所占的频谱资源只有 200 kHz)。它们在时间窗和频率窗内发送,我们称之为间隙。精确地讲,间隙的中心频率在系统频带内间隔

200 kHz 安排(FDMA 情况),它们每隔 0.577 ms(更精确地是 15/26 ms)出现一次(TDMA 情况)。对应于相同间隙的时间间隔称为一个时隙,就是 FDMA 和 TDMA 在 GSM-R 中的应用,如图 4.6 所示。

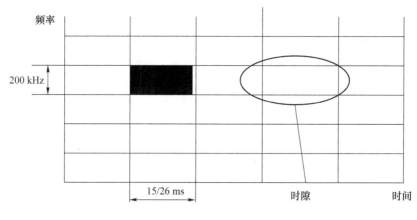

图 4.6 时隙

3. TDMA 帧

帧(Frame)通常被表示为接连发生的 i 个时隙。在 GSM 系统中,目前采用全速率业务信道,i 取为 8。

我们可把 GSM-R 所规定的 200 kHz 带宽称为频隙,相当于 GSM-R 规范书中的无线频道,也称射频信道。在 GSM-R 系统中,每个载频被定义为一个 TDMA 帧,相当于 FDMA 系统的一个频道。每帧包括 8 个时隙,每个 TDMA 帧有一个 TDMA 帧号,这 8 个时隙可以说是 8 个基本的通道,可用来传输控制数据与不同的用户数据。

4. 复帧和超帧

每一个 TDMA 帧含 8 个时隙,共占 60/13≈4.615 ms。每个时隙含 156.25 个码元,占 15/26≈0.577 ms。GSM 规范定义了两种不同的复帧结构,即含 26 帧持续时间为 120 ms 和含帧持续时间为 235.8ms 的两种。这两种帧都有各自的用途。

26 帧的复帧:它包括 26 个 TDMA 帧,持续时长 120 ms。主要用于业务信息的传输,也称为业务复帧。51 个这样的复帧组成一个超帧。这种复帧用于携带话音信号及其随路控制信令。

51 帧的复帧:它包括 51 个 TDMA 帧,持续时长 3060/13 ms。26 个这样的复帧组成一个超帧。这种复帧用于携带控制信令。

51 帧和 26 帧之间是没有公约数的,要设置一种帧可以容纳这两种帧,那么这个帧的容量就必须要达到 51×26=1 326 帧。这种帧称为超帧,1 326 个 TDMA 帧相当于 6.12 s 的时间。

一个超高帧包含了 2 048 个超帧结构,超高帧结构含 26×51×2 048=2 715 648 个 TDMA 帧,持续时间为 3 小时 28 分 53 秒 760 毫秒,每个 TDMA 帧由帧计数器来标记。这些 TDMA 帧按照顺序排列,一次从 0~271 564 7,帧号在同步信道中传送。

TDMA 帧号是以 3 小时 28 分 53 秒 760 毫秒(2 048×51×26×8BP 或者说 2 048×51×26 个 TDMA 帧)为周期循环编号的。每 2 048×51×26 个 TDMA 帧为一个超高帧,每一个超高帧又可分为 2 048 个超帧,一个超帧是 51×26 个 TDMA 帧的序列(6.12 s),每个超帧又是由复帧组成。复帧分为两种类型。时隙、帧和突发脉冲序列之间的关系如图 4.7 所示。

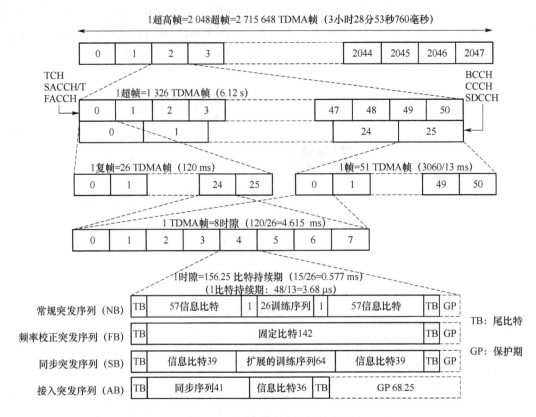

图 4.7 时隙、帧和突发脉冲序列

4.2.2 GSM-R 信道

每个 TDMA 帧包含 8 个时隙。TDMA 时隙被称为"物理信道",被用于物理地将信息从一个地方送至另一个地方。MS 和 BTS 之间的无线载波信号被分成连续的时隙流,接下来在一个连续的 TDMA 帧中被传送。为了更有效地利用 TDMA,GSM 在物理层上又设计了 12 种逻辑信道。

如果 TDMA 帧的时隙代表物理信道,那么有关内容是什么?物理信道的内容根据它们的性质不同(逻辑作用不同)可分为不同的逻辑信道。

GSM-R 中的信道分为物理信道和逻辑信道,一个物理信道为一个时隙(TS),而逻辑信道是根据 BTS 与 MS 之间传递信息种类的不同而定义的不同逻辑信道,这些逻辑信道映射到物理信道上传送。从 BTS 到 MS 的方向称为下行链路,相反的方向称为上行链路。无线子系统的物理信道支撑着逻辑信道。逻辑信道可分为业务信道(Traffic Channel)和控制信道(Control Channel)两大类,其中后者也称为信令信道(Signalling Channel)。GSM-R 系统逻辑图如图 4.8 所示。

1. 业务信道(TCH)

TCH 是传信息的通道。TCH 根据发送速率的不同,分为全速语音信道(TCH/F)和半速率语音信道(TCH/H),全速率语音的传输速率为 22.8 kbit/s,半速率语音信道的传输速率为 11.4 kbit/s。对于全速率话音编码,话音帧长 20 ms,每帧含 260 bit 话音信息,提供的净速率为 13 kbit/s。

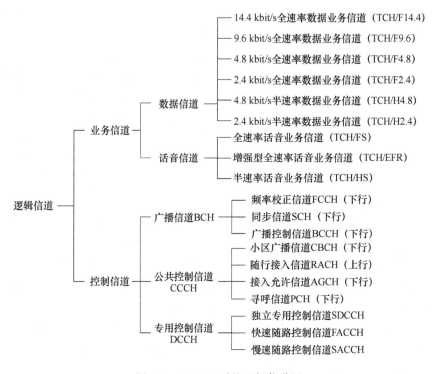

图 4.8 GSM-R 系统逻辑信道图

除此之外，TCH 还可以传递数据业务。在全速率或半速率信道上，通过不同的速率适配和信道编码，用户可使用下列各种不同的数据业务，如 9.6 kbit/s 全速率数据业务信道（TCH/F9.6）、4.8 kbit/s 全速率数据业务信道（TCH/F4.8）等。手机是用来通话的，那么对于 GSM-R 而言，最关键的信道当然是业务信道了。TCH 也占了所有物理信道的绝大部分。

2. 控制信道（CCH）

CCH 是传信令的通道。为了提高 TCH 的使用效率，也为了 TCH 能够正常使用，GSM-R 的设计者设计了一部分物理信道来传输控制信息。

CCH 用于传送信令和同步信号。根据所需完成的功能又把控制信道定义成广播信道（BCCH）、公共控制信道（CCCH）和专用控制信道（DCCH）三种控制信道。

（1）广播信道

广播信道是一种"一点对多点"的单方向控制信道，用于基站向移动台广播公用的信息。广播信道仅作为下行信道使用，即 BS 至 MS 单向传输。传输的内容主要是移动台入网和呼叫建立所需要的有关信息。它分为如下三种信道。

① 频率校正信道（FCCH）：传输供移动台校正其工作频率的信息。FCCH 会下发一个长达 142 位的全 0 比特，这个比特这么特殊，就是为了让 MS 校正自己的振动器的频率并锁定到该 BTS 的频率。只有锁定了该块载频，MS 才能收听到跟随在 FCCH 之后的同步信息 SCH 和 BCCH。FCCH 是点对多点传播的（BTS 对多个 MS）。

FCCH 的目的有两个：一是确认这是一个 BCCH，只有 BCCH 才有 FCCH 信息，FCCH 只在下行的 BCCH 载频的 0 号时隙上传送；二是保证手机的频率和 BTS 一致，也就是载频。

② 同步信道（SCH）：SCH 携带 MS 帧同步信息（TDMA 帧号）和 BTS 识别码（BSIC）的

信息,用作下行信道,在 BCCH 载频的下行链路的 0 号时隙发送。

TDMA 帧号是用来保证 MS 和 BTS 之间同步的。BSIC 号是用来识别基站的,是一个 6 bit 编码,有 $2^6=64$ 位信息,能给 64 个基站进行编码。

③ 广播控制信道(BCCH):传输系统公用控制信息。BCCH 广播的内容包括位置识别号、移动台应监视的相邻小区列表、小区识别号、本小区使用的频率列表、接入控制等。

BCCH 就是要向周围不断广播网络的信息,也称为系统信息。当移动台开机但没有通话时,会周期性地监视 BCCH 中的信息(至少每 30 s)。除了监视移动台所驻守的小区的 BCCH 信息外,移动台还会监视相邻小区中的 BCCH 信息,并存储信号更强的 6 个小区的信息,这些小区的 SCH 信息也被存了下来,以便移动台到了一个相邻的新的小区后,可以快速与之同步信息。

(2) 公用控制信道(CCCH)

CCCH 是一种双向控制信道,用于在 BTS 和移动台之间传递控制信息,完成呼叫建立和寻呼功能。公共控制信道包括 RACH、AGCH、PCH 三种信道。RACH、AGCH、PCH 属于通用控制信道。通用和专用是这样划分的,还未建立起连接的就称为通用,已建立好连接的,单独占用一条信道的就称为专用。在 RACH、AGCH、PCH 之时,移动台尚未与网络建立起连接,尚未单独占用一条独立的信道用于通信,所以称为通用控制信道。

① 随机接入信道(RACH):这是一个上行信道,用于移动台随机提出入网申请,即请求分配一个独立专用控制信道(SDCCH),可作为对寻呼的响应或 MS 主叫登记时的接入。RACH 在上行 BCCH 载频的 0 号时隙上传送。

② 允许接入信道(AGCH):这是一个下行信道,用于基站对移动台的入网请求做出应答。AGCH 用于为 MS 分配一个独立专用控制信道(SDCCH),AGCH 在下行 BCCH 载频的 0 号时隙上传送。

③ 寻呼信道(PCH):这是一个下行信道,用于寻呼被叫的移动台。可以通过 TMSI/IMSI 来寻呼移动台。PCH 在下行 BCCH 载频的 0 时隙上传送。

④ 小区广播信道(CBCH):这是一个下行信道,用来传递需要进行小区广播的信息。

(3) 专用控制信道(DCCH)

DCCH 是一种"点对点"的双向控制信道,其用途是在呼叫接续阶段以及在通信进行当中,在移动台和基站之间传输必需的控制信息。

① 独立专用控制信道(SDCCH)用在分配 TCH 之前,在呼叫建立过程中传送系统信令,例如登记和鉴权在此信道上进行,经鉴权确认后,再分配业务信道。空闲状态下的短消息和小区广播也在 SDCCH 上传送。运营商一般默认将 BCCH 载频的第 2 时隙用来传送 SDCCH。

在 SDCCH 上传送的信令消息和事件有位置更新、周期性位置更新、IMSI 分离与附着(不妨粗浅地理解为开关机)、呼叫建立、点对点短消息等。

SDCCH 类似于乘客在买票之后(RACH),并不会直接上火车(TCH),还需要一个列车引导员(SDCCH)引导你登上合适的站台,进入合适的火车,列车引导员(SDCCH)会先看你票的真伪(俗称鉴权)和车次(你要坐什么火车,也可以理解为请求建立呼叫的原因),然后引导你上火车。

在 GSM-R 中,手机在建立连接之后也通常先占用上 SDCCH 并与网络交换信息,等待网络在 SDCCH 上下发立即指配命令后再占用 TCH。

② 慢速辅助控制信道(SACCH)在移动台和基站之间,需要周期性地传输一些信息。

SACCH 是双向的点对点控制信道。SACCH 可与一个业务信道 TCH 或一个独立专用控制信道 SDCCH 联用。SACCH 安排在业务信道时,以 SACCH/T 表示;安排在控制信道时,以 SACCH/C 表示。在上行方向,传递 MS 接收到的当前服务小区已经相邻小区的信号的测试报告,以及链路质量的报告,这对 MS 的切换而言相当重要,BSC 要根据这些信息来判断把它切换到哪个小区上去。在下行方向,它传递功率控制和定时信息。

③ 快速辅助控制信道(FACCH)传送与 SDCCH 相同的信息,只有在没有分配 SDCCH 的情况下,才使用这种控制信道。使用时要中断业务信息,把 FACCH 插入业务信道,每次占用的时间很短,约 18.5 ms。在上行方向 FACCH 中断 TCH 信号、切换时快速信息交换。

FACCH/SACCH 相当于列车上的服务员。火车站的配套服务工作,并不是说上了列车(TCH)就万事大吉了,在列车上(TCH)上同样有很多服务工作需要做(控制信令需要传递)。这些服务工作可以分为两类:一类称为 SACCH,是慢速的、周期性的服务。所谓慢速服务,就是不需要立刻执行的服务,属于不那么急的。比如告知下一站到站还需要多长时间(测算 TA 值提前量,让人提前做好准备),播报一下空气质量(无线链路质量),点一首歌送给某人(短消息)。第二类称为 FACCH,是快速的、紧急服务。比如说本火车抛锚了(无线链路接收电平太低,TA 值超限,或者通信质量不行了),请赶快乘另一辆列车(切换)。

4.2.3 时隙格式

TDMA 信道上一个时隙中的信息格式称为突发脉冲序列。因为在特定突发脉冲上发送的消息内容不同,也就决定了它们格式的不同。

1. 突发脉冲序列类型

突发脉冲序列分为 5 种类型:普通突发(Normal Burst,NB)脉冲序列、空闲突发(Dummy Burst,DB)脉冲序列、频率校正突发(Frequency Correction Burst,FB)脉冲序列、同步突发(Synchronization Burst,SB)脉冲序列和接入突发(AccessBurst,AB)脉冲序列。它们的格式如图 4.7 所示。

- 普通突发脉冲序列(Normal Burst):用于携带 TCH、FACCH、SACCH、SDCCH、BCCH、PCH 和 AGCH 信道的消息。
- 频率校正突发脉冲序列(Frequency Correction Burst):用于携带 FCCH 信道的消息。该突发脉冲序列传送下行的 FCCH,使 MS 能校正自己振荡的频率并锁定到 BTS 的频率,它相当于一个特定频率的未调制的载波在 FCCH 上发送。
- 同步突发脉冲序列(Synchronization Burst):用携带 SCH 信道的消息。同步突发脉冲序列用于 MS 和 BTS 间的时间同步,这里含有一个长同步序列包括 TDMA 帧号(Fumber,FN)以及基站识别码(BSIC)的相关信息。同步突发脉冲序列在 SCH 上发送。
- 接入突发脉冲序列(Access Burst):用于携带 RACH 信道的消息。
- 空闲突发脉冲序列(Dummy Burst):当系统没有任何具体的消息要发送时就传送这种突发脉冲序列。

2. 突发脉冲序列的内容

- 尾比特(Tail Bits):它总是 0,以帮助均衡器来判断起始位和终止位以避免失步。NB、FB、SB 的突发脉冲序列的尾比特都是"000"+"000",AB 的突发序列是"00000000"+"000"。
- 消息比特(Information bits):用于描述业务消息和信令消息,空闲突发脉冲序列和频率校正突发脉冲序列除外。

- 训练序列(Training sequence)：它是一串已知序列，用于供均衡器产生信道模型（一种消除色散的方法）。训练序列是发送端和接收端所共知的序列，它可以用来确认同一突发脉冲其他比特的确定位置，它对于当接收端收到该序列时来近似地估算发送信道的干扰情况能起到很重要的作用。值得注意的是，它在普通突发脉冲序列可分为 8 种，但在接入突发脉冲和同步突发脉冲序列是固定的而并不随着小区的不同而不同。
- 保护间隔(Guard period)：它是一个空白空间，由于每个载频最多同时承载 8 个用户，因此必须保证各自的时隙发射不相互重叠，尽管使用了定时提前技术，但来自不同移动台的突发脉冲序列仍会有小的滑动，因而就采用了保护间隔。采用了这种手段后，可允许发射机在 GSM 规范许可的范围内上下波动。从另一角度来讲，GSM 规范要求 MS 在一个突发脉冲的有用比特（不包括保护比特的其他比特）应保持恒定的传输幅度，并要求 MS 在两个突发脉冲之间传输幅度适当衰减，因此需要保护比特。相邻两个突发脉冲之间的幅度衰减并应用适当的调制比特流，将会减小对其他 RF 信道的干扰。

4.3 GSM-R 空中接口 Um 无线接口层

空中接口 Um 第三层无线接口层包括三个基本子层：RR（无线资源管理，Radio Resource)、MM（移动性管理，Mobility Management）、CM（呼叫管理，Call Connection）。第三层信息也称为无线接口信令消息，在维护控制台上一般只显示 Um 接口的信令，在显示时是 DL：DOWN LINK（下行链路）和 UL：UP LINK（上行链路）的逻辑信道交替出现来表示当前通信的状态。

第三层信息主要包括：寻呼、身份验证、加密模式、立即指配、切换、测量报告、位置更新等。在维护系统中的第三层信息能显示出通话的切换、位置更新、呼叫释放和掉话各部分的信令流程。通过第三层信息可以判断通话的状态。

现在我们来看看无线接口第三层的 RR、MM 和 CM 三个子层都有些什么作用和功能。

移动通信比固定通信要复杂得多，移动通信有其固有的特质，如通信位置不固定，信道资源有限，需要进行鉴权和加密以防止窃听，因为电磁波在空中四散传播，谁都能接收到。这给无线通信带来了极大的困扰，为了让用户有完美的通信体验，需要设计一系列应对措施，这就是 RR、MM、和 CM 的由来。

无线通信与有线通信的主要差距在于接续资源的管理，在有线网中用户终端和系统之间的通信介质总是存在的，电路总是预留着的，当客户需要进行一个呼叫时，可以立刻建立电路连接。而对于 GSM-R 而言，空中接口的频谱是非常有限的，显然不可能这么奢侈地为每个用户预留一条信道，为了提高系统资源的利用效率，就必须资源共享，路径必须按需分配，无线接口上的信道仅仅移动台需要并在通话期间提供，通信结束时释放，信道的分配和释放都受到系统的控制。

另外，在有线固定通信网中，信令信道总是存在的，电话线在，故信令链路在。而对于 GSM 网络而言，对于一个空闲模式下的 MS（即没有分配信道，没有建立一条专用信道情况下的终端），其信令能力被限制到了最小，仅够维持网络对 MS 的跟踪（位置更新），以及 MS 对小区的识别和网络情况的一些了解(BCCH 广播系统消息)。

除了信道的分配有差别之外,移动通信相对固定通信还有一个特别的概念,那就是切换。在有线通信时,用户的位置是基本不变的,其通话所用的接口和电路都不会改变。移动通信则大不相同,用户的位置在通话过程中不断变化,完全可以穿越多个基站的覆盖区域。要保持通信不中断,就必须进行切换,即把 MS 和网络的连接从一个小区转移到另一个小区。除了保持通信不中断以外,信道切换的一个重要功能也是通过把通话转移到信号质量更好的小区来保证通话的质量。

为了实现这些功能,需要有复杂的信息交换和管理过程,这些信息交换和管理称之为信令。我们上面说过,GSM 层 3 信令可以分为 3 个实体:无线资源管理(RR)、移动性管理(MM)、接续管理(CM)。RR 的职能在于管理无线接口,包括信道的配置、传输的模式、上下行电平及通信质量的测量、切换的操作等内容,其目的在于建立一条点对点的链路,并负责这条链路的维护和控制;MM 是建立在 RRM 之上用于处理移动性和安全保密性的功能组;CM 位于上述两组之上,用于完成点对点通信的建立和释放。

4.3.1 无线资源管理

RR 的作用是在呼叫期间建立和释放 MS 和 MSC 之间的稳定连接,不管用户如何运动,总维持连接的状态。它必须在各种需要之间动态地共享有限的无线资源。故 RR 的主要作用是协调 MS 与 MSC 之间的传输,对每个申请通信的 MS,建立起一条 MS 至 MSC 的传输路径和信令路径。在 GSM-R 系统中,由于 VGCS 听者和 VBS 听者角色的增加,无线资源管理还要包括分别接收语音组呼信道和语音广播信道的功能,并且包括组接收模式下 MS 的自动小区重选。而由于 VGCS 讲者角色的增加,无线资源管理要包括抢占和释放语音组呼信道的功能。无线资源管理主要向移动台提供了以下四种工作模式。

空闲模式:移动台侦听广播信道,不占用任一信道。此时 MS 只能收到 CCCH(公共控制信道)和 BCCH(广播控制信道)信道的广播消息。MS 分析接收到的寻呼消息和广播消息,选择驻留在信号强度最强的小区上,MS 对应于待机状态。

专用模式:一条双向信道分配给需要通信的移动台,使它可以利用基础设施进行双向点对点通信。为 MS 至少分配了两个专用信道,其中只能有一个是 SACCH(慢速随路控制信道)。MS 与 BTS 此时建立起了一个双向的点对点物理连接,用于信息的传输。可通过小区自动重选和切换来保持 RR 连接。MS 对应于通话状态或者位置更新状态。

群发模式:为语音组呼的 MS 分配两个专用信道,这两个信道可以同时分配给一个 MS 或者分配给不同的 MS。MS 与 BTS 此时建立的 RR 连接与专用模式类似,不过在建立过程中的信令消息有所不同,特别地指明了该模式用于群发通信。MS 对应于 VGCS 或者 VBS 中讲者的状态。

群收模式:没有为 MS 分配与网络连接的专用信道,它以无应答的方式接收分配给小区的语音广播信道或者语音组呼信道下行链路的消息。此时 MS 对应于 VGCS 或者 VBS 中聆听者的状态。

RR 功能的另一方面是切换,切换首先要求对服务的小区和其他邻近小区估计传输质量,它通过测量随用户运动而变化的连接特性得到。

1. RR 的接入功能

接入过程使移动台从空闲模式转到专用模式。空闲模式简单来说指的是移动台没有和系统建立连接时的状态；专用模式简单来说是指 MS 已经工作在一条激活了的全双工信道上的状态。

在空闲模式下，MS 将进行以下 4 个事项：网络选择、小区选择、小区重选、位置更新。

在专用模式下，MS 将出现寻呼、立即指配、鉴权加密、主叫、被叫、短信息、切换、信道模式改变、链路释放、呼叫重建、功率控制等事件。

从空闲模式向专用模式转换的过程就进入了 RR 初始化阶段，称之为接入（Access）。接入过程可以有两种方式：一种是 MS 发起（MS 主叫或者位置更新）；另一种是由网络侧发起（MS 被叫）。要和被叫用户进行通信先得让被叫接入网络，如果被叫现在的状态正常（没有关机或不在服务区），那么就可以通过寻呼找到被叫，因为 MS 在空闲模式下总是在收听某个寻呼信道（PCH 信道）的寻呼信息。当它听到是在寻呼自己的时候，它就发起一个连接，进入网络。

MS 的接入方式如下：MS 通过在随机接入信道（RACH）上发送一个消息要求接入网络，网络通过接入许可信道（AGCH）发送立即指配作为呼应，为该 MS 指定一个专用信道。

寻呼过程是网络侧用来触发 MS 进行 RR 连接的方式。由于 MS 用户的移动性，我们需要首先确定被叫 MS 的位置。首先，MSC 负责向 BSC 提供被叫用户的 IMSI 号，BSC 会组织寻呼要覆盖的小区表（通常情况下，同一个 BSC 下的所有小区属于一个寻呼区，这就意味着是对该 BSC 下所有小区进行寻呼）；其次，BSC 要编组和安排寻呼消息的发磅及重复次数，确定被叫的 IMSI 号与寻呼子信道之间的关系，然后选择合适的寻呼信道发送消息。

2. RR 传输路径管理功能

无线信道的模式有多种，如 TCH/F、TCH/H、TCH/8（即 SDCCH）。如果某个用户想打电话，首先通过 RACH 接入网络，网络侧通过 AGCH 信道给它分配了一条 SDCCH 信道，让它先传信令、发送短信、鉴权等，并把 BTS 到 BSC 乃至 MSC 的链路也分配好了。可是 SDCCH 容量太小，传不了话音信息，此时由 RR 传输管理修改信道模式，把 SDCCH 信道改成 TCH 信道，如图 4.9 所示。这时用户就可以用 TCH 信道打电话了。在这以后，根据用户业务的要求，MSC 选择适当的模式，并为其建立相应的 RR 路径，包括 MSC 与 BSC 之间的有线路径。MSC 在模式的选择上有决定权。尽管 MSC 在模式的选择上有决定权，但实际信道的选择以及不同设备之间协调还是由 BSC 具体完成，包括 BTS 与 MS 之间无线路径的决定。

RR 的传输管理包括两个方面的内容：其一是 MSC 必须在 RR 期间随时通知传输模式改变的要求；其二是 BSC 要能组织 MS 和 BTS 来满足 MSC 的需求。这些链路是这样组织的：

- 在 Um 口，BTS 载频和 MS 的无线链路是由 BSC 分配的；
- 在 Abis 口，BTS 载频和 BSC 的链路本来就是一一对应的，不需要进行分配；
- 在 A 接口，MSC 把电路分配给相应的 RR 连接，并以信令的方式告知 BSC，BSC 通过交换功能把指定的无线路径（MS-BTS-BSC）与这条 A 接口电路相连。

除了无线信道的修改，传输管理还有两大任务：一是加密模式的管理，二是非连续发射模式（DTX）的管理。非连续发射模式的目的是把无线路径上的功率发送减到最小，以便节省 MS 的电量和减小相互间的干扰。

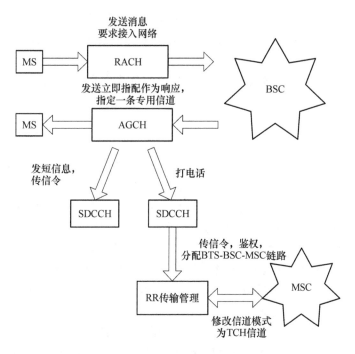

图 4.9 RR 的传输路径管理

3. 切换的目的及依据

切换是从一个小区换到另一个小区。切换要考虑各个小区的资源情况和链路质量情况。一般在下述两种情况下要进行切换:一种是正在通话的客户从一个小区移向另一个小区;另一种是 MS 在两个小区覆盖的重叠区进行通话时,当前小区的 TCH 处于满负荷状态,这时 BSC 通知 MS 测试它邻近小区的信号强度、信道质量,决定将它切换到另一个小区,这是由业务平衡的需求导致的切换。

切换的产生是 BTS 首先要通知 MS 将其周围小区 BTS 的有关信息及 BCCH 载频、信号强度进行测量,同时还要测量它所占用的 TCH 信号强度和传输质量,再将测量结果发送给 BSC,BSC 根据这些信息对周围小区进行比较排队,最后由 BSC 做出是否需要切换的决定。另外,BSC 还需判断在什么时候进行切换,切换到哪个 BTS。有如下三种不同的切换。

第一种,在同一个 BSS 的物理信道之间的切换。这种切换用于以下的情况:当用于呼叫的物理信道受到干扰或者其他影响的情况;当用于呼叫的物理信道或者信道设备由于需要维护或者其他原因而退出服务的情况。

第二种,在同一个 MSC 的 BSS 之间的切换。

第三种,在同一个 GSM-R 网络内,不同 MSC 的 BSS 之间的切换。

第二种和第三种情况是在 MS 从一个 BSS 区域移动到另一个 BSS 区域时,用来确保连接的连续性。

切换的目的有以下几种。
- 保证当通话中的 MS 超出当前小区覆盖范围时,不至于产生掉话;
- 当通话中出现强干扰时,能够换到别的小区从而避免干扰;
- 当小区出现拥塞时,MS 能够切换到相邻小区,从而避免拥塞。

根据切换的目的可以衍生出多种切换判决方法:

- 根据通信质量来判决,其依据是上下行的接收电平和误码率。
- 根据 TA 时间提前量的值来进行判决,通常系统都设置一个 TA 门限,超过该门限就要进行切换。
- 拥塞引发的切换。需要根据每个 BTS 当前的负载情况进行判决。

4.3.2 移动性管理

固定电话是按照电话号码收费的,因为电话号码与装在墙上的电话接口是一一对应的。而移动通信中电磁波在空中四散传播,如果不进行身份认证,运营商没法收费。固定电话的信号只是在电话线或者同轴电缆上传输,而移动通信的电磁信号四散传播,如果不进行加密,别人竖一根天线加一部接收机就可以完成窃听。所以说安全管理方式的变化其实是源于移动性。鉴权和加密是移动性管理的主要任务。除了安全性管理,MM 的重要任务还有对 MS 所在区域的管理。因为如果不对区域进行很好地划分和管理,系统就不知道你在哪里,不知道你在哪里就没法对你呼叫,网络没法对你进行呼叫你就没法当被叫,大家都当不了被叫,主叫又有什么意义呢,难道自己和自己通话吗?

MM 的主要功能是支持用户终端的移动性,例如向网络通知它当前的位置和为用户提供身份验证。下面将分别介绍 MM 的三个主要方面:位置区域的划分,位置更新,安全性管理和漫游。

1. GSM-R 位置区域的划分

在 GSM-R 系统组成的移动通信网络结构中,网络对覆盖区域进行了定义,如图 4.10 所示。

小区:一个 BTS 所覆盖的区域(扇区),是最小的可寻址无线区域。

基站区:一个基站覆盖的区域。全向天线的小区等同于基站区,定向天线的基站区由若干小区组成。

位置区:移动台可以任意移动但不需要进行位置更新的区域,一个位置区可由一个或多个小区组成。当 MSC 寻找移动台时,只需要在移动台所属的位置区进行呼叫,而不需要在整个 MSC 区内呼叫移动台,如图 4.11 所示。

图 4.10 GSM 区域定义

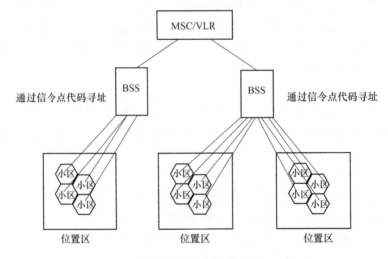

图 4.11 小区和位置区

MSC 区：一个 MSC 管辖下的所有覆盖区域，一个 MSC 区可有一个或若干个位置区组成。

PLMN 区：PLMN 是由一个公用陆地移动通信网（PLMN）提供通信业务的地理区域。PLMN 可以认为是网络（如 ISDN 网或 PSTN 网）的扩展，一个 PLMN 区可由一个或若干个移动业务交换中心（MSC）组成。在该区内具有共同的编号制度（如相同的国内地区号）和共同的路由计划。MSC 构成固定网与 PLMN 之间的功能接口，用于呼叫接续等。

服务区：移动用户可以获得服务的所有区域。

在小区制移动通信网中，基站设置很多，移动台又没有固定的位置，移动用户只要在服务区域内，无论移动到何处，移动通信网必须具有交换控制功能，以实现位置更新、越区切换和自动漫游等性能。

越区切换是移动用户从一个 MSC/VLR 切换到另一个 MSC/VLR 区域中，因此前一个 MSC 必须知道后一个 MSC 的位置区。对于一个 MSC，它不仅应该知道与它相邻的、可能发生越区切换的 MSC 的位置区，还应该知道其他的一些外部位置区。

移动用户在位置区中必须进行位置登记，移动台的位置信息储存在位置寄存器功能单元（HLR 和 VLR）中。移动台要不断地向 MSC 的 VLR 提供自己的位置信息，这一过程叫作位置更新。

位置区的划分要考虑两方面的原因：登记和寻呼。如果一个位置区包括了整个 MSC 的业务域，那么它的登记代价是最小的，即位置更新的次数最小，但是寻呼的代价是最大的，即 MSC 需要向所属的所有移动台发出寻呼信息。反之，如果一个位置区就是一个小区，那么寻呼的代价最小，登记的代价最大。

GSM 系统分为若个干独立的运营网，称为 PLMN。PLMN 之间要实现互通有几个条件：首先，PLMN 之间要能通信，要有一个标准的通信协议才能互联；其次，就是 SIM 卡要能在不同的 PLMN 中实现注册。GSM 的每个用户都在一个 PLMN 建立注册关系，称这个 PLMN 为用户的归属 PLMN 网。用户的注册信息除了个人信息之外，还包括所选的业务类型，以及指定的可以使用的范围（本地、全国漫游、国际漫游）。MS 必须通过 SIM 卡注册当前的 VIR，VLR 从 HLR 里调取用户的相关数据，才能获得服务，注册的过程就是要选择 PLMN（选择运营商），然后进行小区选择（选择一个与之通信的小区）。

选择 PLMN 和小区只是移动性管理的一部分，其最终目的是与移动用户建立呼叫连接。网络必须记录每个 MS 的资料（SIM 卡）和所在的位置区，只有知道这些信息，MSC 才能建立有效的连接，在相应的位置区内进行寻呼。

对于位置区的管理基本设想是要建立一个数据库，其中存在每个用户的标识以及是否注册、如何找到等信息。GSM 和其他通信系统一样，都需要一个基本的用户数据，记录诸如用户权限、附加业务选择、计费信息。在固定通信中，墙上的接口把用户连到交接箱，交接箱将该线路连入一个本地交换局，无论呼入还是呼出，这个局地址是不变的，因此很自然就把用户资料存入这个本地局。

GSM 对用户信息的储存采用了与固网类似的方法，它把用户的资料以及当前所在的 MSC/VLR 信息存储于 MSC。MSC 下面建立了一个称为拜访位置寄存器（VLR）的数据库，管理那些处于当前 MSC 管辖下全部 LA 内的当前用户资料。位置区信息往往只用于建立移动被叫，而用户信息在整个呼叫过程中都需要。

2. 位置更新

位置更新的主要目的是为了找到被叫，网络并不能看到某个 MS 现在处在哪个位置。MS 到了新的位置区如果不主动选择网络，那么网络就无法对它进行寻呼从而找到它。MS 从一个位置区移到另一位置区时，必须进行登记，也就是说一旦 MS 发现其存储器中的位置区识别码(LAI)与接收到的 LAI 发生了变化,便执行登记。这个过程就叫"位置更新"。位置更新过程总是由 MS 开始,它有三种:常规位置更新、周期性位置更新和 IMSI 附着。

常规更新过程是用来对 MS 在网络中实际位置区域注册的更新。MS 到新的位置区主动将位置信息告诉网络。

当移动台更换位置区时,移动台发现其存储器中的 LAI 与接收到的 LAI 发生了变化,便执行登记。这个过程就叫"位置更新",位置更新是移动台主动发起的。位置更新有两种情况:移动台的位置区发生了变化,但仍在同一 MSC 局内;移动台从一个 MSC 局移到了另一个 MSC 局。

如果在同一 MSC 局内进行位置更新,HLR 并不参与位置更新过程。同一局内的位置更新如图 4.12 所示。

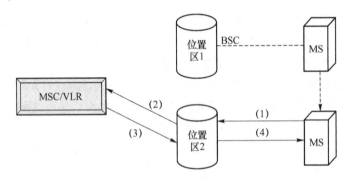

图 4.12　同一 MSC 局内的位置更新

在同一 MSC 局内的位置更新过程比较简单,分以下四步。

① 移动台漫游到新的位置区时,分析接收到的位置区号码和存储在 SIM 卡中的位置区号码不一致,就向当前的基站控制器(BSC)发一个位置更新请求。

② BSC 接收到 MS 的位置更新请求,就向 MSC/VLR 发一个位置更新请求。

③ VLR 修改这个 MS 的数据,将位置区号码改成当前的位置区号码,然后向 BSC 发一个应答消息。

周期性位置更新可以用做移动台向网络实时的周期性通知其所处位置,它是通过位置更新过程执行的。即周期性更新要求 MS 定时上报自己的位置信息(如 30 分钟),如果超时间不报,默认无网络。

IMSI 附着过程用来补充 IMSI 分离过程。MS 切断电源关机时,发送分离处理要求(IMSI 分离),MSC 接收后,即通知 VLR 对该 MS 对应的 IMSI 上作"分离"标记。当 MS 开机时,如果通过接收系统消息发现开机时的位置区标识(LAI)已经发生了改变,那么执行正常的更新,如果位置区没有发生改变,就向网络发送一个"附着"信息,告诉网络"我回来了,可以对我进行寻呼了"。

3. 安全性管理

与网络的业务和功能相关的安全性管理主要涉及用户身份的加密和鉴权。

(1) 用户身份的加密

用户身份加密的目的是为了防止网络的入侵者通过侦听无线路径上的信令交换获取用户使用无线资源(如业务信道和信令资源的占用)的情况。由于表明用户身份最基本的数据是用户的 IMSI 号,因此在无线路径上不能直接传输 IMSI 号,通常也不能用 IMSI 号作为寻址的信息。用户身份加密的基本思想是利用用户的临时身份识别号(TMSI)代替 IMSI 在无线路径上的直接传送。用户在每次进行位置更新时,都会分配到一个新的 TMSI 号,这个 TMSI 号采用与前一个 TMSI 号不同的加密密钥进行加密。在获得新的 TMSI 号后,前一个 TMSI 号就会被注销。只有当 TMSI 号与 IMSI 号无法完成对应,并且与当前的 VLR 无法建立联系时,才需要从 MS 获得 IMSI 号。

(2) 用户身份的鉴权

SIM 卡里有 3 组数据是很关键的:IMSI 号、ICCID 号和 Ki 号,有这 3 组数据,就可以复制一张 SIM 卡。ICCId 号就是 SIM 卡号,这个序列号就印在卡的背面,IMSI 号是可以通 SIM 卡接口读出来的,只有 Ki 号是加密的,无法通过 SIM 卡接口读出来。MGSM 的加密算法主要有三种:A3、A5、A8。

鉴权的过程发生在加密之前,网络必须事先知道所有用户的身份。鉴权的过程发生在网络与移动台之间。如图 4.13 所示,在手机登录移动网络的时候,移动网络会产生一个 128bit 的随机数据(通常称为 RANd)发给 MS,MS 将个数据发给 SIM 卡,SIM 卡用自己的密钥和 RAND 做运算以后,生成一个 32 bit 的应答(SERS)发给移动网络,移动网络将 SRES 送至鉴权中心 AuC,与 AuC 中的 SRES 比较,二者一致表明用户合法,否则拒绝接入。鉴权参数 Ki 与 IMSI 在注册时一起分配给用户。

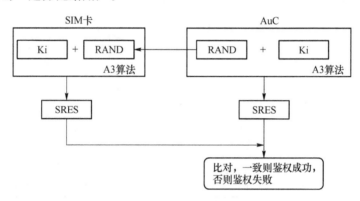

图 4.13 鉴权流程图

4. 漫游

漫游就是指在归属 GSM-R 网络外的其他 GSM-R 网络(拜访 GSM-R 网络)中使用移动业务。漫游者就是指在拜访 GSM-R 网络中寻找服务或获得服务的 MS。在两个 GSM-R 网络间管理漫游的一系列标准称为漫游协议。

4.3.3 连接管理

CM 是 GSM-R 协议模型中最高层的管理功能,主要提供对基本呼叫控制、补充业务的呼叫控制和短消息的连接管理功能。CM 是基于 RR 子层和 MM 子层之上的,要做好物流工作,首先得修好高速公路并维护好这条道路(RR),路修好之后自然要建立收费站用来做好车辆的鉴别和收费工作(MM,只有买票的合法用户才能上高速),至于在此之上如何高效行完成点对点的物流运送工作,那就是 CM 的事情了。

CM 的主要工作是建立主叫被叫点对点的通信链路及呼叫完成后对这条链路进行拆除。由于主叫和被叫的信令流程会在下一节提到,故在这里关注的焦点是 CM 实施的基础是找到点对点的通信路由,那么是如何查询到正解的路由呢?

前面介绍过,MSISDN 号为 GSM 系统中移动用户使用的电话号码,用于判断运营商国家的是的 CC(国家码),用于判断运营商的是 NDC(国内目的地码)。MSRN 为移动用户漫游号,它的作用是指出被叫用户所在 MSC/VLR 的路由,并且是每次呼叫时由系统临时分配的;IMSI 是国际移动用户识别码,IMSI 用于判断国家的是 MCC(移动国家码),用户判断运营商的是 MNC(移动网络码)。

知道了所属国家与运营商,那么具体的路由又怎样才能知道? 路由的寻址是要找到终端局 MSC/VLR。被叫用户当前所在的终端局 MSC/VLR 的寻址地址是通过 MSRN 漫游号来识别的,那么主叫方是怎么知道被叫用户的这个漫游号的呢?

国内移动号码通常是 13×H0H1H2H3ABCD,其中 H0H1H2H3 用于识别用户归属的 HLR,通过查询 HLR 就可以确定到达该移动用户的路由,找到路由后就可以建立起呼叫连接。故整个呼叫建立也可以分为两部分:查询路由与建立连接。查询的路由也分为两段:从 GMSC 到 HLR 是第一段路由,从 HLR 到 VMSC 是第二段路由,其中 GMSC 为网关移动交换中心,作用是路由的转接,与 MSC 合并在一起。

整个呼叫过程分如下五个步骤,如图 4.14 所示。

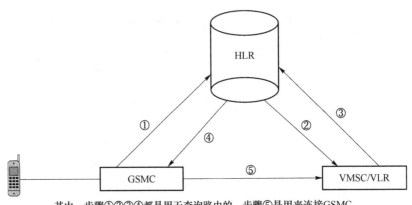

其中,步骤①②③④都是用于查询路由的,步骤⑤是用来连接GSMC和终端局VMSC(Visited MSC,被访问的MSC)的。

图 4.14 路由查询过程

GMSC 经过对被叫号码里的 H0H1H2H3 进行分析,可以知道该号码的归属位置寄存器 HLR,然后就要向 HLR 发送信息。

① GMSC 向 HLR 发送被叫号码的 MSISDN;
② HLR 分析 MSISDN,找到对应的 IMSI 号和所在的 MSC 地址,并向该终端 MSC 发送被叫的 IMSI,要求 VMSC 提供一个 MSRN 号以供建立呼叫;
③ VMSC 找到一个空闲的 MSRN,配给该 IMSI 号,并向 HLR 提供 MSRN 号;
④ HLR 向 GMSC 返回 MSRN 号;
⑤ GMSC 根据 MSRN 号判断 VMSC 的地址,然后建立连接。

4.4 呼叫处理流程

GSM-R 通信流程包括两方面的内容:呼叫基本流程,信令基本流程。其中,呼叫流程主要包含：移动主叫流程，移动被叫流程，汇接呼叫流程。信令基本流程主要包含：鉴权流程，位置登记流程，呼叫重建流程，BSC 内部切换流程，BSC 间切换流程，MSC 间切换流程，移动始发短消息流程，移动终结短消息流程等，这些流程从系统的角度描述了移动用户经常发生的行为。下面仅从手机开关机信令流程和主被叫信令流程重点进行说明。

1. 移动用户的状态

移动用户一般处于 MS 开机（空闲状态）、MS 关机和 MS 忙三种状态之一，因此网络需要对这三种状态作相应的处理。

（1）MS 开机，网络对它作"附着"标记

即常讲的 IMSI 附着，又分以下三种情况。

① 若 MS 是第一次开机：在 SIM 卡中没有位置区识别码（LAI），MS 向 MSC 发送"位置更新请求"消息，通知 GSM 系统这是一个此位置区的新用户。MSC 根据该用户发送的 IMSI 号，向 HLR 发送"位置更新请求"，HLR 记录发请求的 MSC 号以及相应的 VLR 号，并向 MSC 回送"位置更新接受"消息。至此 MSC 认为 MS 已被激活，在 VLR 中对该用户对应的 IMSI 上作"附着"标记，再向 MS 发送"位置更新证实"消息，MS 的 SIM 卡记录此位置区识别码。

② 若 MS 不是第一次开机，而是关机后再开机，MS 接收到的 LAI 与它 SIM 卡中原来存储的 LAI 不一致，则 MS 立即向 MSC 发送"位置更新请求"，VLR 要判断原有的 LAI 是否是自己服务区的位置：

- 如判断为肯定，MSC 只需要对该用户的 SIM 卡原来的 LAI 码改成新的 LAI 码即可。
- 若为否定，MSC 根据该用户的 IMSI 号中的信息，向 HLR 发送"位置更新请求"，HLR 在数据库中记录发请求的 MSC 号，再回送"位置更新接受"，MSC 再对用户的 IMSI 作"附着"标记，并向 MS 回送"位置更新证实"消息，MS 将 SIM 卡原来的 LAI 码改成新的 LAI 码。

③ MS 再开机时，所接收到的 LAI 与它 SIM 卡中原来存储的 LAI 相一致：此时 VLR 只对该用户作"附着"标记。

（2）MS 关机，从网络中"分离"

MS 切断电源后，MS 向 MSC 发送分离处理请求，MSC 接收后，通知 VLR 对该 MS 对应的 IMSI 上作"分离"标记，此时 HLR 并没有得到该用户已脱离网络的通知。当该用户被寻呼后，HLR 向拜访 MSC/VLR 要漫游号码（MSRN）时，VLR 通知 HLR 该用户已关机。

当 MS 向网络发送"IMSI 分离"消息时，有可能因为此时无线质量差或其他原因，GSM 系统无法正确译码，而仍认为 MS 处于附着状态。或者 MS 开着机，却移动到覆盖区以外的地方，即盲区，GSM 系统也不知道，仍认为 MS 处于附着状态。在这两种情况下，该用户若被寻呼，系统就会不断地发出寻呼消息，无效占用无线资源。

为了解决上述问题，GSM 系统采用了强制登记的措施。要求 MS 每过一定时间登记一次，这就是周期性登记。若 GSM 系统没有接收到 MS 的周期性登记信息，它所处的 VLR 就以"隐分离"状态在该 MS 上做记录，只有当再次接收到正确的周期性登记信息后，将它改写成"附着"状态。

（3）MS 忙

此时，给 MS 分配一个业务信道传送话音或数据，并在用户 ISDN 上标注用户"忙"。

2. 主叫流程

（1）第一阶段：接入阶段

接入阶段主要包括:信道请求,信道激活。信道激活响应,立即指配,业务请求等几个步骤。经过这个阶段,MS 和 BTS(BSC)建立了暂时固定的关系。

① 信道请求:MS 通过空中接口在【RACH】(随机接入信道)向 BTS 发出【信道申请】消息,请求分配一条【SDCCH】(独立专用控制信道)用于信令传递;BTS 收到申请后,通过 Abis 接口向 BSC 发送【信道请求】,BTS 对传输时延的计算时间提前量参数【TA】也在此消息中。

② 信道激活:BSC 经过综合考虑,选择空闲信道,并向 BTS 发送【信道激活】,BTS 收到消息后准备相应的资源并返回【信道激活确认】。

③ 信道指配:BSC 在【AGCH】(允许接入信道)中下发【立即指配】消息,通知 MS 分配专用信道。至此,已经建立了一条 MS 至 MSC 的 RR 连接。

④ 业务请求:MS 收到【立即指配】消息后在【SDCCH】信道上发送 CM 业务接入请求用于建立数据链路层的连接。

(2) 第二阶段:鉴权加密阶段

鉴权加密阶段主要包括:鉴权请求,鉴权响应,加密模式命令,加密模式完成,呼叫建立等几个步骤。经过这个阶段,主叫用户的身份已经得到了确认,网络认为主叫用户是一个合法用户,允许继续处理该呼叫。

① 鉴权阶段:手机所在 VLR 通过 MSC/BSC/BTS 向 MS 发送鉴权请求,MS 根据 SIM 卡的 Ki 参数和算法计算出 SRES,VLR 把自己算出的 SRES 进行对比,一致则通过鉴权。

② 加密阶段:鉴权通过后,由 MSC 下发【加密模式命令】。MS 在收到命令后完成加密,并向 MSC 发送【加密模式完成】作为响应。

(3) 第三阶段:TCH 指配阶段

TCH 指配阶段主要包括:指配命令,指配完成。经过这个阶段,主叫用户的话音信道已经确定,如果在后面被叫接续的过程中不能接通,主叫用户可以通过话音信道听到 MSC 的语音提示。

① 建立呼叫请求:MS 通过【SDCCH】向 MSC 发送【建立呼叫请求】,消息中携带了包含的业务类型、MS 相关能力、被叫号码等与呼叫相关的信息。

② TCH 指配:MSC 收到 setup 消息后,首先向 VLR 查询该用户相关信息,验证通过后 VLR 向 MSC 发回【完成呼叫能力查询】。这样 MSC 就向 MS 回送【呼叫继续】消息,让 MS 等待下一步的安排。在此同时 MSC 向 BSC 发送【指配请求】消息要求分配 TCH,相关资源准备完毕后,BSC 通过【SDCCH】消息安排 MS 到指定的 TCH 上进行话务接续。

3. 被叫流程

(1) 第一阶段:取被叫用户路由信息阶段

① MSC 根据 MS 发起呼叫携带的 MSISDN(被叫号码)向被叫 MS 归属 HLR【请求路由信息】。

② HLR 向 VLR【请求漫游号码】。

③ VLR 找到空闲的 MSRN,【回送被叫用户的漫游号码】,HLR 向 MSC 回送被叫用户的路由信息(MSRN)。

④ MSC 收到 MSRN 后,对被叫用户的路由信息进行分析,可以得到被叫用户端局的地址。然后进行话路接续,建立端到端的链路,漫游号码 MSRN 释放。

(2) 第二阶段:被叫接入阶段

被叫端 MSC 根据被叫的 IMSI,在 VLR 中可以查询到相关的位置信息。这样 MSC 指挥 BSC/BTS 根据 TMSI 或 IMSI 在 PCH 信道上发送【寻呼消息】。

MS 在 PCH 信道上收到寻呼消息后,开始信道请求,信道激活。信道激活响应,立即指配,寻呼响应等一系列工作。经过这个阶段,MS 和 BTS(BSC)建立了暂时固定的关系。

(3) 第三阶段:鉴权加密阶段

这部分同语音主叫流程类似,主要包括:鉴权请求,鉴权响应,加密模式命令,加密模式完成,呼叫建立。经过这个阶段,被叫用户的身份已经得到了确认,网络认为被叫用户是一个合法用户。

(4) 第四阶段:TCH 指配阶段

主要包括:指配命令,指配完成。经过这个阶段,被叫用户的话音信道已经确定,被叫振铃,主叫听回铃音。如果这时被叫用户摘机,主被叫用户进入通话状态。

(5) 第五阶段:通话与拆线阶段

① 用户摘机进入通话阶段。

② 拆线阶段可能主叫发起,也可能被叫发起,流程基本类似:拆线,释放,释放完成。没有发起拆线的用户会听到忙音。

③ 释放完成,用户进入空闲状态。

④ BSC 向 MS 发一个应答消息,MS 将自己 SIM 卡中存储的位置区号码改成当前的位置区号码。这样,一个同一 MSC 局内的位置更新过程就结束了。

4.5 GSM-R 的用户数据管理

1. 用户数据类型

用户数据是指与用户有关的所有信息,包括业务提供、身份识别、鉴权、呼叫处理、路由、统计、操作和维护的所有信息。用户数据按照用途可以分为两类:永久数据(主要用于管理)和临时数据(主要用于操作)。

在 GSM-R 网络中,用户数据的主要载体是 HLR、VLR、AuC 和 EIR 四大数据库。HLR 主要存储永久用户信息和与用户登记的永久信息相关的临时信息。VLR 主要存储呼叫处理和与位置有关的临时信息。在 AuC 中存储的用户鉴权参数 Ki、鉴权算法 A3、加密参数 Kc、加密算法 A8 也是一类用户信息,这些用户信息同时还存储在移动台的 SIM 卡中。EIR 中存储移动设备信息。组呼寄存器(GCR)也可以作为用户数据的存储单元,它主要存储语音组呼和语音广播的配置和呼叫建立信息。以下对主要的几类用户数据进行简要描述。

(1) 与移动台有关的数据

① 国际移动用户身份识别号(IMSI):IMSI 号唯一地标识一个移动用户,它同时存储在 HLR、VLR 和用户的 SIM 卡中。IMSI 号是所有用户数据中最根本的数据信息,用于位置登记、位置更新、呼叫建立和 GSM-R 网络的所有信令中。

② 用户的 ISDN 号(MSISDN):MSISDN 号是呼叫移动用户时拨打的号码,存储在 HLR 和 VLR 中。当使用多号码方案时,MSISDN 号的两个参数 MSISDN-indicator 和 MSISDN-alert 作为 MSISDN 的标志,也存储在 HLR 中。

③ 临时移动用户身份识别号(TMSI):当用户在 VMSC 区内漫游时,用 TMSI 号来识别用户,作为临时数据,TMSI 存储在 VLR 中。

④ 本地移动台识别号(LMSI)：LMSI 是临时数据，既可以存储在 VLR 中，也可以存储在 HLR 中。

⑤ 国际移动设备识别号(IMEI)：IMEI 唯一地标识一个移动终端设备，存储在 EIR 中。

(2) 加密和鉴权数据

① 随机号码(RAND)、符号响应(SRES)和加密密钥(Kc)：这三个参数组构成一个向量，用于鉴权和加密。这一向量在 AuC 中进行计算，再提供给 HLR。HLR 向 VLR 提供时，五个这样的向量为一组。

② 加密密钥序列号(CKSN)：CKSN 用来确保加密密钥 Kc 在移动台和 VLR 之间的一致性。

(3) 与漫游有关的数据

① 移动台的漫游号(MSRN)：移动台在漫游时使用的短期临时数据，每个 IMSI 号可以对应多个 MSRN 号，MSRN 存储在 VLR 中。

② 位置区识别码(LAI)：LAI 用来标识一个位置区，是临时数据，存储在 VLR 中。

③ VLR 号：用户漫游时的 VLR 号码作为临时数据存储在 HLR 中。

④ MSC 号：在缺少 VLR 号时，MSC 号可以替代 VLR 号存储在 HLR 中。

⑤ HLR 号：HLR 号在位置更新时作为一个可选参数存储在 VLR 中。当 HLR 进行复位后，需要重新获得这一号码。

(4) 全球小区识别码(CGID)和业务域识别码(SAID)

作为小区和业务域的标识，这类数据与移动台当前的状态有关，存储在 VLR 中。

(5) 与补充业务相关的数据

由于补充业务种类繁多，所以具体的数据视网络支持的具体补充业务而定。

(6) 移动台状态数据

① IMSI 分离标识符：当移动用户不可到达时，会将 MS 与 IMSI 号进行分离；可以到达时，再进行连接。IMSI 分离标识符是标识分离状态的参数，是临时数据，存储在 VLR 中。

② 复位标识符：当 VLR 或 HLR 发生错误导致运行失败时，要进行复位，重新装载用户数据。复位标识符用来指示复位状态。

(7) 与切换有关的数据

主要是切换号码，存储在 VLR 中。

(8) 与短消息有关的数据

消息等待数据和存储器溢出标识符，都存储在 VLR 中。

(9) 语音组呼和语音广播数据

这类数据主要有 VGCS 成员列表和 VBS 成员列表，存储在 HLR 和 VLR 中。

2. 用户数据管理

用户数据的管理主要是指在几个数据库之间的数据操作。一般来说，用户数据的创建是在用户第一次接入网络时完成的。有些数据是事先就已经存在于网络中的，用户入网时需要激活这些数据，如 MSISDN。最初创建的数据只要满足网络提供服务的最小属性集合就可以了，其他的数据可以在用户使用某种服务时再创建或激活。VLR 中存储的数据是 HLR 中的一个子集，在进行数据更新时，要保证数据的可用性和与 HLR 的一致性。

用户在 AuC 中存储的数据用于鉴权和加密。AuC 中创建的用户数据必须与 SIM 卡中的对应数据保持一致。用户每次进行位置登记、呼叫建立或执行某些补充业务前需要鉴权。

AuC 产生的三个参数组存储在 HLR 中,鉴权时,VLR 首先向 HLR 请求获取鉴权信息,获取后 VLR 向 MS 发送 RAND,MS 使用该 RAND 和 SIM 卡中存储的与 AuC 内相同的鉴权参数 Ki 和鉴权算法 A3 计算出 SRES,SIM 卡计算出的 SRES 与 AUC 三参数组中的 SRES 比较,以验证用户的合法性。

对 EIR 中存储的移动设备识别号(IMEI)的管理相对简单。IMEI 号由网络运营方存储在 EIR 中,当用户接入网络时将 IMEI 发给 VLR,VLR 向 EIR 查询 IMEI 号的合法性。EIR 中只能有三类名单(白名单、灰名单和黑名单),不能增加和删除名单,只能改变名单的内容。

习 题

1. 名词解释

接口:

协议:

2M 线:

GSM 的无线信令接口协议:

2. 填空题

(1) 无线空中接口除了传递语音和用户数据,还传递_____。

(2) 逻辑信道分为_____和_____。

(3) 一个 TDMA 帧有 8 个连续时隙,每个时隙的长度为_____,则一个 TDMA 帧的长度为_____。

(4) 业务信道(TCH)按传输速率不同可分为_____速率业务信道和_____速率业务信道。

(5) 按信道的功能不同控制信道可分为_____、专用控制信道和_____。

(6) GSM-R 中有两种复帧,分别是_____和_____。

(7) 在时隙中传送的脉冲序列信号叫_____。

(8) 手机空闲状态下,需要做的工作:网络选择、_____和重选、位置更新。

(9) 空闲状态下手机显示的驻留小区 BCCH 信道的接收电平,通信状态下手机显示的服务小区_____信道的接收电平。

(10) GSM 系统中,系统消息在_____和_____信道上下发。

3. 选择题

(1) 广播信道(BCH)是从基站到移动台的_____信道。

A. 单向 B. 双向

(2) 广播信道不包括下列_____信道。

A. 频率校正信道(FCCH) B. 同步信道(SYCH)

C. 通知信道(NCH) D. 广播控制信道(BCCH)

(3) 专用控制信道是基站与移动台之间的_____的双向信道。

A. 一点对多点 B. 点对点

(4) 用于基站播发寻呼移动台信息的公共控制信道是_____。
　　A. 准许接入信道(AGCH)　　　B. 寻呼信道(PCH)
　　C. 随机接入信道(RACH)

(5) 用于移动台随机入网时向基站发送信息的公共控制信道是_____。
　　A. 准许接入信道(AGCH)　　　B. 寻呼信道(PCH)
　　C. 随机接入信道(RACH)

(6) 用于基站向随机接入成功的移动台发送专用控制信道分配信息的公共控制信道是_____。
　　A. 准许接入信道(AGCH)　　　B. 寻呼信道(PCH)
　　C. 随机接入信道(RACH)

(7) _____用于基站向移动台传送功率控制信息、帧调整信息,以及移动台向基站传送接收信号的强度数据和链路质量报告。
　　A. 慢速伴随信道(SACCH)　　B. 快速伴随信道(FACCH)

(8) _____用于传送执行用户鉴权和越区切换的信息。
　　A. 慢速伴随信道(SACCH)　　B. 快速伴随信道(FACCH)

(9) 以下_____信道是 GSM-R 系统中有,而 GSM 系统中没有的。
　　A. 准许接入信道(AGCH)　　　B. 同步信道(SCH)
　　C. 小区广播信道(CBCH)

(10) _____用于构成业务信道,以及除 FCCH、SYCH、RACH 和虚拟突发以外的所有控制信息信道。
　　A. 常规突发　　　　　　　　B. 同步突发
　　C. 接入突发

(11) 空中无线接口的速率为_____kbit/s。
　　A. 13　　　　　　B. 33.8　　　　　　C. 270

(12) 如果一个网络运营商分别有 15 MHz 的上、下行频宽,那么他可以获得多少个 GSM 频点(减去一个保护频点)?_____
　　A. 36　　　　　　B. 74　　　　　　C. 75

(13) 以下是手机开机过程中需要占用逻辑信道的顺序,_____是正确的。
　　A. FCCH→SCH→BCCH→RACH→AGCH→SDCCH
　　B. FCCH→SCH→RACH→AGCH→SDCCH→TCH
　　C. RACH→AGCH→SDCCH→TCH→SACCH→FACCH

(14) GSM-R 系统所使用的多址方式为_____。
　　A. 码分多址　　　　　　　B. 时分多址
　　C. 频分多址　　　　　　　D. B 与 C 都用

(15) GSM 每个频点的带宽是_____。
　　A. 10 MHz　　　　　　B. 1 MHz　　　　　　C. 200 kHz

(16) GSM-R 的收发间隔信道间隔分别为_____。
　　A. 45 MHz、200 kHz　　B. 40 MHz、200 kHz　　C. 45 MHz、150 kHz

(17) 移动台在空闲状态下的小区选择和重选是由_____决定的。
　　A. MSC　　　　　　B. BSC　　　　　　C. MS

(18) 移动台在通话状态下的切换是由_____来决定的。

A. MSC B. BSC C. BTS

(19) 基站识别码 BSIC 是通过_____信道来传送的。

A. BCCH B. SDCCH C. SCH

(20) 通过 BCCH 载波的 TS0 来传送的下行逻辑信道有_____。

A. FCCH、SCH、BCCH、RACH、PCH

B. FCCH、SCH、BCCH、AGCH、PCH

C. BCCH、SDCCH、SACCH、AGCH、PCH

4. 简述题

(1) 简述 GSM-R 系统外部接口有哪些。

(2) 简述 HW 线、PCM 线、E1 线、PCM 链路是什么关系。PCM 链路中的 2 048 kbit/s 是怎样得来的？

(3) 简述空中接口 Um 的协议分层。

(4) 画图说明 GSM-R 的主要接口及物理连线。

第 5 章　GSM-R 的功能

GSM-R 系统是专门为铁路通信设计的综合专用数字移动通信系统,它基于 GSM 的基础设施及其提供的 ASCI(先进语音呼叫业务),其中包含 eMLPP(增强型多优先级与强拆)、VGCS(语音组呼)和 VBS(语音广播),并提供铁路特有的调度业务,包括:功能寻址、功能号表示、接入矩阵和基于位置的寻址;并以此作为信息化平台,使铁路部门用户可以在此信息平台上开发各种铁路应用。图 5.1 为 GSM-R 系统的业务模型层次结构图,GSM-R 的业务模型可以概括为:GSM-R 业务 ＝ GSM 业务 ＋ 语音调度业务 ＋ 铁路基本业务＋铁路应用。

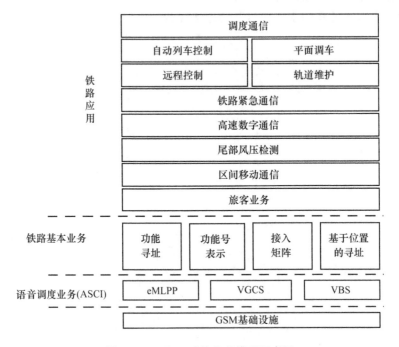

图 5.1　GSM-R 系统业务模型示意图

5.1　GSM-R 的业务模型

1. GSM 电信业务

GSM 电信业务包括电信终端业务、电信承载业务和补充业务。

2. 先进语音呼叫业务(ASCI)

eMLPP(增强的多优先级与抢占权):根据优先级的不同将网内用户分组,级别高的可以抢占级别低的资源。

VGCS(语音组呼):实现组呼的功能。
VBS(语音广播):实现小区广播的功能。

3. 铁路基本业务

功能寻址:功能寻址是 GSM-R 的特征,它允许通过功能号来呼叫用户,而不是通常情况下的按照用户使用的终端设备来进行寻址。功能寻址是通过编制功能号实现的。这个特性保证了用户功能号码与其用来应答的物理终端之间的独立性。

功能号表示:功能号是将铁路用户根据其当前行使的职能进行编号,这个号有可能是非永久的,需要注册和注销。

接入矩阵:接入矩阵定义哪些签约用户在网络中与其他签约用户联系。

基于位置的寻址:是指将移动用户发起的用于预定功能的呼叫,路由到一个与该用户当前所处位置相关的目的地址,例如,司机呼叫调度员或车站值班员,网络需要根据司机当前所处的位置来确定是哪一个调度员或车站值班员。

4. 铁路特定应用

通过研究和分析了我国铁路通信要求之后,给出能使得铁路通信系统投入经济运行并已经实现的应用。

5.1.1 GSM-R 电信业务

GSM-R 支持的电信业务是指由网络提供给用户的通信能力。GSM-R 网络与其他网络合作为用户提供了一组标准化的电信业务。

电信业务可以分为两大类:承载业务和终端业务。
- 承载业务:指在两个接入点之间传送信号的能力。它只涉及低层(1~3 层)的功能。
- 终端业务:指可以为用户之间通信提供全部通信能力的电信业务,包括终端设备的功能。这些用户必须服从网络运营商统一制定的通信协议。终端业务不仅涉及低层的功能,还与高层(4~7 层)的功能有关。

图 5.2 描述了 GSM-R 中的承载业务和终端业务的关系。

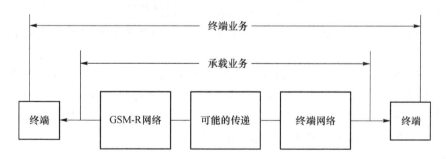

图 5.2 GSM-R 中的承载业务和终端业务

终端业务包括了语音业务、短消息业务、传真业务、语音组呼业务和语音广播业务。

1. 语音业务

第一类语音业务主要包括电话和紧急呼叫两类独立的业务。电话业务提供话音的传输和 ISDN/PSTN 中音频信令的传输,GSM-R 网络和固定网络中一样,都可以使用一些语音处理技术,如模拟传输、回音消除、低比特率话音编码等。电话业务还支持电话信令的透明传输和双音多频(DTMF)的传输。

紧急呼叫业务必须提供标准化的接入,移动台必须支持国家的紧急呼叫号码;网络不需要移动台提供 IMSI 和 TMSI 号就可以接受紧急呼叫;紧急呼叫不受其他基本业务的补充业务和移动台特征的限制,移动台甚至可以在紧急求救的情况下打破锁定状态。

2. 短消息业务

在点对点的方式下,短消息业务(SMS)又分为移动台发起(MO/PP)和移动台接收(MT/PP)两种类型。短消息的业务由短消息业务中心(SMS-SC)处理,SMS-SC 独立于 GSM-R 网络,提供与 GSM-R 网络的互联功能。这类短消息的最大长度为 160 个字符。

另一种独立的业务是广播短消息,如图 5.3 所示。在这种业务中,小区广播短消息业务中心向该小区基站覆盖范围内的所有移动台发送短消息,这种类型的短消息在控制信道内传送,不需要回复确认信息。移动台在空闲状态下也可以接收广播短消息,除非用户需要,一般情况下广播短消息不会被保存。广播短消息的最大长度为 93 字符。

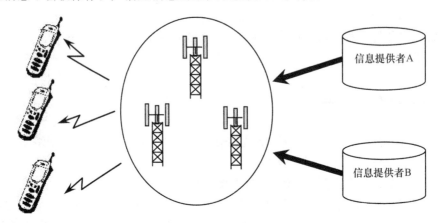

图 5.3 小区广播短消息

3. 传真业务

传真业务主要指 3 类传真业务,它又可分为两类:语音和传真交替的业务、自动传真业务。这类终端业务允许将 3 类传真设备连接到移动台上,传真设备可以在 ISDN、PSTN 和 GSM-R 网络之间建立连接。传真业务可以使用多个全速率信道,即使在较差的无线环境中也要求具有较高的 QoS。

为了使用户能够在语音和传真交替的业务及自动传真业务之间进行切换,支持语音和传真交替业务的网络和移动台必须也能够接受自动传真业务发起的呼叫。如果用户发起的是语音和传真交替的业务呼叫,而网络和移动台只支持自动传真业务呼叫,这时将根据标准规定在两种业务间进行协商,如果协商失败,呼叫将被释放。

4. 语音组呼业务

当多个移动用户涉及每小区的 VGCS 呼叫时使用这一业务,它是在半双工模式下由一个用户组预先定义的语音会话。

5. 语音广播业务

这项业务是指一个用户向在一定区域内所有的或预先定义好的语音组成员发布语音信息的业务。

表 5.1 说明了 GSM-R 终端业务的分类情况。

表 5.1 终端业务的分类

主要特性	业务类别		终端业务	
用户信息的类型	编号	名称	编号	名称
语音	1	语音传输	11	电话
			12	紧急呼叫
短消息	2	短消息业务	21	短消息 MT/PP
			22	短消息 MO/PP
			23	短消息小区广播
传真	6	传真传输	61	语音和 3 类传真交替　　T/NT
			62	自动的 3 类传真　　T/NT
语音	9	语音组业务	91	语音组呼业务
			92	语音广播业务

5.1.2 GSM-R 补充业务

补充业务是对基本电信业务的修改和补充。补充业务从网络运营商的角度又可以分为基本补充业务和附加补充业务。在 GSM-R 网络中,基本补充业务对于任何 GSM 网络都是适用的,而附加补充业务是由本国的 GSM-R 网络提供的,当它要在国际使用时,需要在使用的国家间进行协商。用户可以自主选择使用补充业务。GSM-R 支持许多补充业务,具体的分类和内容如表 5.2 所示。

表 5.2 GSM-R 的补充业务

补充业务类型	补充业务
增强多优先级与强拆(eMLPP)	增强多优先级与强拆(eMLPP)
号码识别	主叫线路识别显示(CLIP)
	主叫线路识别限制(CLIR)
	被叫线路识别显示(CoLP)
	被叫线路识别限制(CoLR)
呼叫转移	呼叫转向(CD)
	无条件呼叫前转(CFU)
	遇忙呼叫前转(CFB)
	无应答呼叫前转(CFNRy)
	不可达呼叫前转(CFNRc)
呼叫完成	呼叫等待(CW)
	呼叫保持(HOLD)
多方通话	多方通话(MPTY)
专有通信	闭合用户群(CUG)
用户到用户	用户到用户信令(UUS)
呼叫禁止	闭锁所有出局呼叫(BAOC)
	闭锁所有国际出局呼叫(BOIC)
	闭锁除归属 PLMN 国家外所有国际出局呼叫(BOIC-exHC)
	闭锁所有入局呼叫(BAIC)
	闭锁漫游时入局呼叫(BAIC-Roam)

续表

补充业务类型	补充业务
呼叫转接	显式呼叫转移(ECT)
遇忙呼叫完成	遇忙呼叫完成(CCBS)
专用拨号方案	专用拨号方案(SPNP)
名字识别	名字识别(CNAP)

1. 增强多优先级和强拆业务(eMLPP)

这一业务分为优先级与强拆两部分。优先级是指为一个呼叫提供某个较高的级别，以实现快速呼叫的建立。强拆是指抢夺通信资源，在缺乏空闲资源的情况下，一个低优先级的呼叫会被一个高优先级的呼叫强拆。强拆还可用于低优先级的呼叫正在进行的情况下，这时如果有一个高优先级的呼叫进入，则高优先级的呼叫可以切断低优先级的呼叫。

2. 号码识别

号码识别主要分为以下四类。

① 主叫线路识别显示(CLIP)：向被叫方提供主叫方的号码显示。

② 主叫线路识别限制(CLIR)：主叫方禁止将号码显示给被叫方。

③ 被叫线路识别显示(CoLP)：将被叫方的号码显示给主叫方。

④ 被叫线路识别限制(CoLR)：被叫方禁止将号码显示给主叫方。

3. 呼叫转移

呼叫转移分为两类：呼叫转向(CD)和呼叫前转(CF)。

① 呼叫转向(CD)：能使用户将已经建立(即进入通话状态)的呼叫转移给第三方。进行呼叫转移的移动用户可以是主叫方，也可以是被叫方。

② 呼叫前转(CF)：呼叫前转可以分为四类。

- 无条件呼叫前转(CFU)：允许被叫用户将所有来呼转移到另一个设定号码上。
- 遇忙呼叫前转(CFB)：当遇到被叫用户忙时，允许被叫用户将所有来呼转移到另一个设定号码上。
- 无应答呼叫前转(CFNRy)：当网络遇到被叫用户没有应答时，允许被叫用户将所有来呼转移到另一个设定号码上。
- 不可达呼叫前转(CFNRc)：当被叫移动用户不可到达时(即当用户未注册，或没有SIM卡，或无线链路阻塞，或移动用户离开无线覆盖区域而无法找到时)，允许被叫用户将所有来呼转移到另一个设定号码上。

4. 呼叫完成

呼叫完成类的补充业务包括呼叫等待(CW)和呼叫保持(CH)。

① 呼叫等待(CW)：可以通知处于忙状态的被叫移动用户有来话呼叫等待，然后由被叫方选择是否接受还是拒绝这一等待中的呼叫。

② 呼叫保持(CH)：当用户正处于一个通话中时，如果需要与第三方建立另外一个呼叫，可以将现有的呼叫中断但是仍然保留现有呼叫的业务信道，这时原来的通话对方处于保持状态，在随后需要时可重新恢复通话。

5. 多方通话

这项补充业务使用户可以同时与多个用户通话。使用多方业务的前提条件是，用户必须正在控制两个已应答的呼叫连接,一个处于通话状态,一个处于保持状态,只有在这种情况下用户才可以提出多方业务的请求。当多方通话被激活,远端的用户就可以自由地加入和离开,使多方之间能够互相听到各方的声音;也可根据需要,暂时与某一方的通话置于保持状态而只与一方通话,任何一方可以独立退出多方通话。

6. 闭合用户群

该补充业务能使接入 GSM-R 网络中的一组指定用户构成闭合用户群,呼入和呼出该用户群要受限制。一个特定 CUG 的成员彼此之间可以相互通信,但一般不能与用户群外的用户通信。某些特定成员可以有附加能力,使它们能向用户群外发出呼叫和/或接收来自用户群外的呼叫。一个 CUG 的成员也可以是其他 CUG 的成员。

7. 用户到用户信令

这一补充业务允许用户发送或接收有限量的信息,这些用户信息通过信令信道在网络中透明传输,用户可以在呼叫建立的不同阶段发送用户到用户的信息。

8. 呼叫禁止

呼叫禁止分为禁止呼入和禁止呼出。根据不同的情况和用户的需求又可以细分为 5 种类型。

① 闭锁所有出局呼叫(BAOC):除紧急呼叫外,不允许有任何出局呼叫。

② 闭锁所有国际出局呼叫(BOIC):用户的呼出呼叫只能存在于本国的 PLMN 和固定网络中。

③ 闭锁除归属 PLMN 国家外所有国际出局呼叫(BOIC-exHC):用户仅可与本国的 PLMN 或固定用户,以及与归属 PLMN 某一运营部门在不同国家经营的同一 PLMN 所跨及的国家的 PLMN 或固定网建立出局呼叫。

④ 闭锁所有入局呼叫(BAIC):用户定制了这项业务后禁止接收任何入局呼叫。

⑤ 闭锁漫游时入局呼叫(BAIC-Roam):当移动用户漫游出归属 PLMN 网络所跨及的国家后,禁止所有入局呼叫。

9. 呼叫转接

此业务的功能是实现在与主控用户通话的两个用户之间建立呼叫,其业务描述如下:主控用户 A 同时与用户 B、用户 C 建立呼叫,当发出呼叫转接的请求后,B、C 之间建立起新的连接,同时,它们与主控方 A 的呼叫被释放。在呼叫转接中,主控用户 A 在转接前必须与 B 建立起连接并已经处于通话状态,因此通常把这种呼叫转接的方式称为显式的呼叫转移(ECT)。而在呼叫前转和呼叫转向中,主控用户 A 与 B 之间是在没有建立起连接之前就将呼叫转移给 C,故通常称为隐式的呼叫转移。

10. 遇忙呼叫完成(CCBS)

用户 A 呼叫用户 B 时,如果用户 B 正处于忙状态,用户 A 可以发起 CCBS 的请求,这时网络会监测用户 B 的状态。一旦 B 进入空闲状态后,网络会等待一段时间允许 B 发起新的呼出呼叫,如果在此期间内 B 没有发起新的呼叫,网络将会自动地回呼用户 A。

11. 专用拨号方案(SPNP)

这一补充业务支持用户在网络内部或在多个网络之间通信时采用专用的拨号方案,在专用拨号方案中使用与公众网络拨号方案不同结构和意义的数字序列。

12. 名字识别(CNAP)

名字识别是指向被叫方提供主叫方的名字信息。名字信息的内容可以是主叫方的姓名或代号,最大长度不超过80个字符。

5.2 GSM-R 铁路中的应用

5.2.1 调度通信

调度通信系统业务包括列车调度通信、货运调度通信、牵引变电调度通信、其他调度及专用通信、站场通信、应急通信、施工养护通信和道口通信等。

利用 GSM-R 进行调度通信系统组网,既可以完全利用无线方式,也可以同有线方式结合起来,共同完成调度通信任务。事实上,在铁路上的有线通信已经比较完善,因此完全可以利用现有的有线资源,构成 GSM-R+FAS(即固定用户接入交换机)的无线/有线混合网络。这种混合网络的系统主要由 NSS(包括 MSC、HLR、AUC、VLR、GCR 等)、BSS(包括 BSC、BTS)、OSS、固定用户接入交换机(Fixed Access Switching,FAS)、调度台、车站台、机车综合通信设备、作业手持台(Operational Purpose Handset,OPH)及其他固定终端等构成,系统构成及组网方式如图 5.4 所示,其接口及信令在图中都已标明。

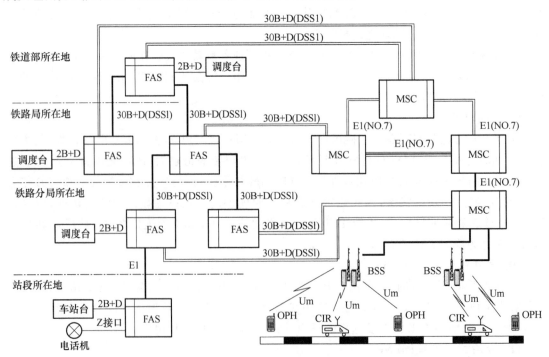

图 5.4 GSM-R 调度通信系统构成及组网方式示意图

铁路沿线采用无线覆盖,机车上采用无线终端,即机车综合通信设备,而车站台和调度台都是有线终端。采用有线/无线组网方式,其中车站台和调度台通过 FAS 连接到 GSM-R

MSC 上，从而实现有线和无线用户的通信。下面我们将以列车调度功能为主，介绍它是如何采用 GSM-R 来实现的。

列车调度通信是重要的铁路行车通信系统，负责列车的位置和运行方向，它的主要用户包括分局(含不设分局的铁路局，以下同)列车调度员、车站(场)值班员、机车司机、运转车长、助理值班员、机务段(折返段)调度员、列车段(车务段、客运段)值班员、机车调度员、电力牵引变电所值班员、救援列车主任以及其他相关人员。

列车调度通信系统的主要问题是解决"大三角"和"小三角"通信，"大三角"通信是指列车调度员、车站值班员和机车司机之间的通信；"小三角"通信是指车站值班员、机车司机和运转车长之间的通信。

GSM-R 除支持所有的 GSM 电信业务和承载业务外，为了满足铁路指挥调度的需求，增加了集群通信功能，在 GSM 标准中定义为高级语音呼叫项目，即 ASCI(Advanced Speech Call Item)功能。它包括三种业务，优先级业务(Enhanced Multi-Level Precedence and Pre-emption, eMLPP)、语音组呼业务(Voice Group Call Service, VGCS)和语音广播业务(Voice Broadcast Service, VBS)。除了包含这三种业务外，为了实现铁路运营应用，GSM-R 还包含另外一些铁路所特有的功能，即功能寻址，基于位置的寻址等。

1. 优先级业务

eMLPP 规定了在呼叫建立或越区切换时呼叫接续的不同优先级，以及资源不足时的资源抢占能力。这种业务提供了一种强制能力，符合列车调度通信的调度特点。紧急呼叫或列车自动控制等许多通信应用，都要求网络无论处于何种负载状况下均能迅速建立呼叫。如果在一个无线电小区发生拥塞(所有无线电频率和业务信道均被占用)，eMLPP 可立即切断低优先权的呼叫而优先建立高优先权的呼叫。

所有网内用户分成 A、B、0、1、2、3、4 共七级，级别高的可以抢占并且强拆级别低的资源，表 5.3 为优先级应用。

表 5.3 GSM-R 用户优先级应用

优先级	资源抢占能力	应用
A	有	VBS/VGCS 紧急应用
B	有	运营商呼叫
0	有	紧急呼叫
1	有	额外付费呼叫
2	无	标准呼叫
3	无	未签约 eMLPP 业务的默认优先级
4	无	低费率呼叫

2. 语音组呼业务

VGCS 是指一种由多方参加(GSM-R 移动台或固网电话)的语音通信方式，其中一人讲话、多方聆听，工作于半双工模式下。发起 VGCS 呼叫时，可用一个组功能码(组 ID)来呼叫该组所有成员。一个特定的 VGCS 通信由组 ID 和组呼区域唯一确定。组 ID 标识该组的功能，即由哪些身份的成员参加；组呼区域是指 VGCS 通信所覆盖的地理范围，以无线蜂窝小区为基本单位。组 ID 与组呼区域的结合称作组呼参考，即组呼参考唯一地确定一个 VGCS

通信。呼叫建立之后,讲话人可以改变,一旦 VGCS 发起人停止讲话,系统示意其释放上行信道,所有的组内成员都能接到通知,如果其他人想成为下一个讲话人,可使用 PTT 功能来申请上行信道。VGCS 业务突破了 GSM 网络点对点通信的局限性,能够以简捷的方式建立组呼叫,实现调度指挥、紧急通知等特定功能,尤其适用于铁路的行车指挥调度部门。

3. 语音广播呼叫

VBS 允许一个业务用户,将话音或者其他用话音编码传输的信号发送到某一个预先定义的地理区域内的所有用户或者用户组。显然,它工作于单工模式下。VBS 中的讲话者没有如 VGCS 中的角色转换,也就是说,讲话者(发起者)只能讲,听话者(接收者)只能听,因而可以看作是 VGCS 的最简单形式。它也是用组 ID 来呼叫该组所有成员。同 VGCS 一样,语音广播呼叫也提供了点对多点呼叫的能力,适于铁路的行车调度。

4. 功能寻址

功能寻址(FA)是指用户可以由它们当时所担当的功能角色,而不是它们所使用的终端设备的号码来寻址。在同一时刻,至少可以为一个用户分配若干功能地址,但只能将一个功能地址分配给一个用户。用户可以向网络注册和注销功能地址。例如,可以给每列正在运行的列车司机分配一个功能号,结构为车次号+司机功能代码(设为 01)。于是,T13 次列车司机的功能号为 T1301。当某位司机驾驶 T13 次列车从起点站出发时,他都必须向网络注册该功能号,网络负责将该功能号与他当时所使用的机车电台的真实号码对应起来。当调度员或是车站值班员要呼叫 T13 次列车的司机时,可以不必知道该司机姓名,也不必知道该司机使用的机车台的号码,只要向网络请求"我要呼叫 T1301",网络查询其数据库,将 T1301 对应到一个真实的电话号码,并建立该呼叫。这种功能简化了呼叫的操作,能够提高铁路工作人员的工作效率。

5. 基于位置的寻址

基于位置的寻址(LDA)是指网络将移动用户发起的用于特定功能的呼叫,路由到一个与该用户当前所处位置相关的目的地址,正确的调度员或车站值班员由主叫移动用户当时所处的位置来确定。如列车调度中的"大三角"通信,移动台要呼叫的调度员取决于移动用户当前所处的位置。以北京调度所为例,当列车运行到北京调度所管辖车站范围内的时候,司机需要呼叫北京站调度员,他并不需要知道调度员的完整的电话号码,只需要呼叫代表调度员身份的短号码如 1200 向网络发起呼叫请求。网络识别该短号码,并将其路由到北京调度所的调度员。这种功能用于移动用户呼叫特定的固定用户(调度员和车站值班员)。

列车调度的语音通信需求可以归结为四类:点对点通信,多方通信,语音组呼,语音广播呼叫。在点对点通信中,移动台呼叫固定台,即从移动台到固定台的寻址,由于固定台位置是不动的,故可以采用基于位置的寻址;固定台到移动台,移动台处于不断移动的状态,故不能采用基于位置的寻址,而采用功能寻址。表 5.4 中是所有语音通信应用到的 GSM-R 业务和功能,具体细节需要结合我国铁路实际功能定义和编号方式。

对于数据通信,采用 ISDN 的电路数据交换。ISDN 和 GSM-R 网络都具有数据传输的能力,ISDN 终端可以提供低于 128 kbit/s 的传输能力,GSM-R 可以提供 2.4、4.8 和 9.6 kbit/s 的传输能力,可以用在调度所,车站和机车三者之间传送数据;ISDN 的 UUS1 补充业务,也能够在呼叫建立之前提供一定能力的数据传输功能。另外也可以利用 GPRS 实现分组数据传输。

表 5.4 GSM-R 列车调度系统语音通信功能的实现

主叫	通信范围	被叫	实现方法
行车调度员	调度范围	某一司机	车次功能号
		某一运转车长	车次功能号
		司机和运转车长	VGCS
		司机和运转车长（广播形式）	VBS
		车站值班员、助理值班员、司机、运转车长	VGCS
		所有运转车长	VGCS
	车站范围	车站值班员、助理值班员、司机、运转车长	VGCS
列车司机	调度范围	行车调度员	基于位置寻址
	车站范围	车站值班员、助理值班员	语音组呼
	本列车内	运转车长	完整电话号码
	动态范围	区域内其他司机	语音组呼
运转车长	调度范围	行车调度员	基于位置寻址
	车站范围	车站值班员、助理值班员	语音组呼
	本列车内	列车司机	完整电话号码
车站值班员	调度范围	行车调度员	完整电话号码
	车站范围	某一司机	车次功能号
		所有司机	语音组呼
		某一运转车长	车次功能号
		所有运转车长	语音组呼
		所有助理值班员	语音组呼
		所有助理值班员、所有司机、所有运转车长	语音组呼
		某一助理值班员、某一车次的司机和运转车长	ISDN 多方通信/ GSM-R 多方通信
	相邻车站	相邻车站的车站值班员	完整电话号码
助理值班员	车站范围	某一司机	车次功能号
		某一运转车长	车次功能号
		所有司机、所有运转车长	语音组呼
		车站值班员、其他助理值班员	语音组呼

对于基于位置的寻址，涉及一个小区规划的问题。由于 GSM-R 网络的最小定位范围是小区，也就是说，当列车呼叫车站值班员的时候，如果一个小区覆盖多个车站，那么呼叫将被路由到多个车站值班员，因此，GSM-R 小区最大设置为覆盖一个车站。

而对于车次功能号，由于 GSM-R 的标准中，只包含了 0~9 数字车次号，而中国的车次号中包含字母，所以，需要建立一个从字母到数字的映射，使得移动台的 MMI 可以将用户输入的含有字母的车次号转换为只包含数字的车次功能号，反之也是如此。

5.2.2 车次号传输与列车停稳信息的传送

GSM-R 车次号传输与列车停稳信息对铁路运输管理和行车安全具有重要的意义，它可通过基于 GSM-R 电路交换技术的数据采集传输应用系统来实现数据传输,也可以采用 GPRS (通用分组无线业务)方式(用户数据报 UDP 协议)来实现。系统由 GSM-R 网络(叠加 GPRS)、监控数据采集处理装置(以下简称采集处理装置)、GSM-R 机车综合通信设备、 DMIS(铁路运输调度指挥管理信息系统)/CTC(列车控制)设备等组成,系统构成如图 5.5 所示。

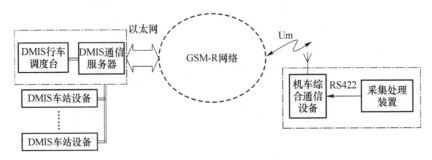

图 5.5　GSM-R 车次号传送系统

当通信方式为 GPRS 方式时,该系统可实现车次号传送的目的 IP 地址自动更新,按要求进行车次号信息和列车停稳信息传送,能对发送的车次号信息、列车停稳信息进行存储, DMIS/CTC 可向采集处理装置查询车次号信息。

通信过程如下:采集处理装置在安装前需要进行归属目的 IP 地址的设置。采集处理装置开机后与 GSM-R 机车综合通信设备握手,按照设置的归属目的 IP 地址向 DMIS/CTC 申请车次号传送的当前目的 IP 地址。当 DMIS 判断运行列车即将离开管辖区时,将接管辖区的目的 IP 地址发送给运行列车的采集处理装置,采集处理装置则根据该信息进行目的 IP 地址的更新。采集处理装置接收机车安全信息,综合监测装置(以下简称监测装置)广播的信息并对信息进行实时分析,当列车进入新的闭塞分区、进站、出站;或在非监控状态下速度由 0 变为 5 km/h;或司机操作运行记录器"开车"键时则通过 GSM-R 机车综合通信设备发送一次车次号信息。列车停稳时采集处理装置向 CTC 发送一次列车停稳信息。发送车次号或列车停稳信息的同时向操作显示终端发送一次相同信息。DMIS/CTC 根据需要可向运行列车上的采集处理装置查询车次号信息。需要查寻机车 IP 地址时,DMIS 可利用机车号向 GSM-R 网络的域名服务器(DNS)进行域名查址获得对应关系。采集处理装置根据需要向 GSM-R 机车综合通信设备查询有关位置信息(GPS 信息等)。

5.2.3　调度命令传送

铁路的调度命令是调度所里的调度员向司机下达的书面命令,它是列车行车安全的重要保障。调度员通过向列车司机发出调度命令对行车、调度和事故进行指挥控制,是实施铁路运输管理的重要手段。

采用车地数据通道传输调度命令无疑将加速调度命令的传递过程,提高工作效率。调度员可以通过计算机编辑调度命令,而司机也可以通过计算机接收调度命令,这样就可以把调度命令保存在计算机的磁盘中,用于事故分析和明确责任;而且双方都可以用打印机打印成书面文件,其优点显而易见。

调度命令子系统包括列车调度的机车台以及列车调度台,以及它们各自连接的用于打印调度命令的打印机设备。图5.6描述了基于电路交换技术的列车调度命令系统。

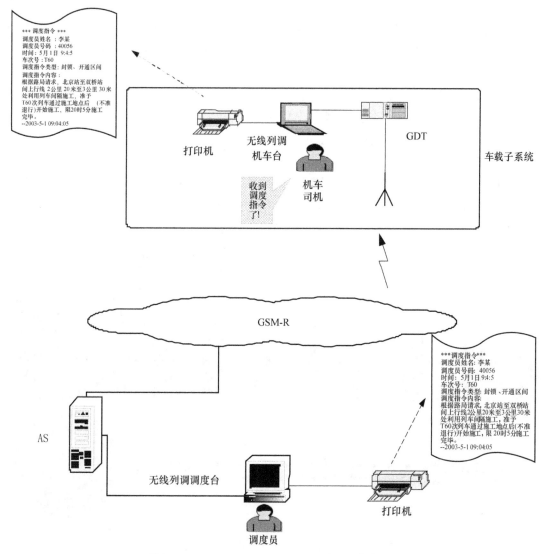

图中 GDT(General Data Transceiver)是指通用传输电台

图5.6 列车调度命令系统

调度命令数据传输也可以采用 GPRS 分组交换通信方式(UDP 协议)。系统由 GSM-R 网络(叠加 GPRS)、GSM-R 机车综合通信设备(含操作显示终端、打印终端)、DMIS 设备等组成。

通信过程如下:DMIS 通过车次号信息建立运行区段机车号对应 IP 地址的档案,列车离开本区段时将档案拆除。调度员和车站值班员可在终端上编辑调度命令(系统根据车次号自动将相应的机车号填入),当按下调度命令发送键,DMIS 根据调度命令中的机车号查找相对应的目的 IP 地址并将调度命令发送。司机可通过操作显示终端接收并处理调度命令。DMIS

收到确认信息要在调度命令发送方显示。

5.2.4 列尾装置信息传送

将尾部风压数据反馈传输通道纳入 GSM-R,可避免单独投资及单独组网建设,同时利用 GSM-R 强大的网络功能,克服了原有的抗干扰性差、信息无法共享等各种缺点。它具有以下优势:

- 尾部风压状态随时通过车尾装置传输;
- 机车司机随时可以查询、反馈车尾工作状态;
- 在复线区段或临线,追踪列车之间不会相互干扰;
- 在隧道内也能传输。

利用 GSM-R 网络电路交换的数据通信功能,可以方便地解决尾部风压数据的传输问题。图 5.7 所示为按需建立电路连接方式的尾部风压检测系统结构。

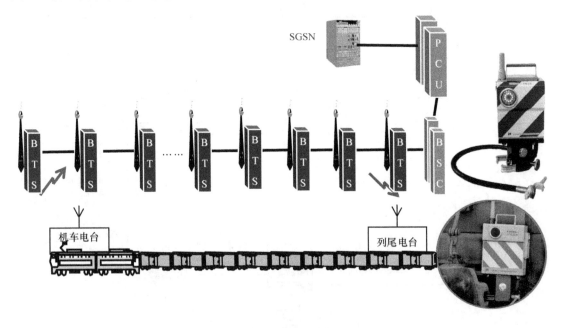

图 5.7 数据通信传输方式的尾部风压检测系统

在车头的司机查询器和车尾的风压检测器上分别安装 GSM-R 通信模块,两者就可以利用 GSM-R 的电路数据功能传输风压数据。当司机查询尾部风压时,车头通信模块首先与车尾通信模块建立电路连接,然后向车尾的模块发送查询数据包,在收到该数据包后,车尾模块检测风压并封装在数据包中发给车头装置。同时,若风压超过告警界限,车尾模块也将首先与车头模块建立数据链路,然后向车头显示器发送数据包以报告险情。

概括起来,无论是司机主动查询风压,还是车尾自动报警,本方的通信模块都要首先与对方建立通信电路,然后再进行数据包的交互,待所有事务都结束后挂断通信连接。一般情况下,通信电路连接的建立时间为 5 s 左右。

与前面所述的几种数据传输类似,列尾装置信息也可以通过 GPRS 方式进行传输,此时,列尾主机要注册其 IP 地址,并建立主机与机车综合通信设备唯一对应关系。

5.2.5 调车机车信号和监控信息系统传输

调车机车信号和监控信息传送系统主要功能是提供调车机车信号和监控信息传输通道,实现地面设备和多台车载设备间的数据传输,并能够存储进入和退出调车模式的有关信息。多台调机同时作业时,地面设备使用连选功能,与每台车载设备分别建立电路连接。

GSM-R 调车机车信号与监控系统构成见图 5.8,包括调车机车信号和监控车载设备(简称车载设备)、调车机车信号和监控地面设备(简称地面设备)、GSM-R 网络和 GSM-R 机车综合通信设备。

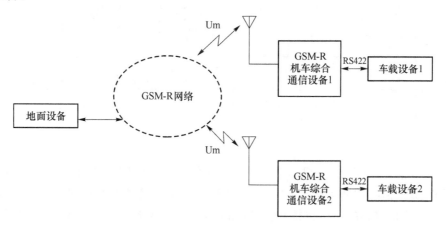

图 5.8 GSM-R 调车机车信号和监控信息传送系统结构图

为保证可靠性,系统通信方式采用点对点电路连接,当 GSM-R 机车综合通信设备接收到车载设备发送的进入调车监控模式命令时,自动按分配给地面设备的功能号进行基于位置的呼叫,GSM-R 网络接收到功能号呼叫后将路由指向对应的地面设备,在地面设备与车载设备之间建立一条电路链路,同时操作显示终端提示处于调车监控模式。地面设备发送数据时根据信息内容中的机车号选择对应的端口将数据转发,GSM-R 机车综合通信设备接收到数据后按照目的端口码转发给车载设备。车载设备将数据通过已建立的数据链路发送给 GSM-R 机车综合通信设备,GSM-R 机车综合通信设备再把数据通过链路发送到地面设备。当 GSM-R 机车综合通信设备接收到车载设备发送的退出调车监控模式命令时,GSM-R 机车综合通信链路设备则释放电路链路。

5.2.6 机车同步控制传输

铁路运输对于需要采用多机车牵引模式、机车间的同步操作格外重要,如各机车的同时启动、加速、减速、制动等。如果牵引机车操作不同步,就会造成车厢间的挤压或者拉钩现象,影响运输安全,降低运输效率。为了保证操作的可靠性,可以利用 GSM-R 网络提供可靠的数据传输通道,采用无线通信的方式来实现机车间的同步操控。

机车同步操作控制系统由地面设备和机车车载设备组成,如图 5.9 所示。其中,地面设备由 Locotrol 应用节点(以下简称应用节点)组成,与外部 GSM-R 网络采用标准的 PRI(30B+D)接口相连;机车车载设备包括 Locotrol 车载控制模块(简称 Locotrol)和 GSM-R 车载通信单元(简称通信单元)组成。Locotrol 与通信单元采用 RS-232 或 RS-422 接口方式。

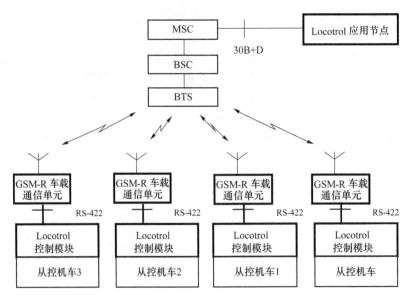

图 5.9　机车同步系统组成

Locotrol 的功能包括：主控机车分别连接从控机车、主控机车分别和从控机车断开连接、排风和紧急制动操作、制动缓解指令发布、制动管路测试、状态检测和查询、从控机车确认收到操作指令等。通信单元的功能包括：通信链路建立、通信链路保持、通信链路监视、数据传送等。地面应用节点的功能包括：通信链路连接控制、通信链路保持、通信链路监视、数据转发、数据记录和查询等。

5.2.7　CTCS 3 级/CTCS 4 级

中国列车控制系统(CTCS)是在采用传统的闭塞系统或移动闭塞系统的条件下，增强列车自动控制功能的超速防护系统。同时，它也是一个驾驶辅助系统，帮助司机以安全的方式驾驶列车。根据国情路情实际出发，CTCS 共划分为五级。其中 CTCS 3 级(基于轨道电路和无线通信的固定闭塞系统)和 CTCS 4 级(完全基于无线通信的移动闭塞系统)与 GSM-R 有着密切关联。

CTCS 3 级系统是一个基于轨道电路和无线通信系统(GSM-R)的列车运行控制系统。在CTCS 3 级系统中，车载设备应与地面设备配合工作，列车按固定闭塞方式运行，由无线闭塞中心(RBC)控制，利用 GSM-R 在车地之间双向传输信息，车载设备配备无线通信模块，应答器作为定标设备。机车信号为主体信号，可以取消地面信号，另外，利用轨道电路或计轴设备进行轨道占用及列车完整性检查，但它们不属于 CTCS 3 级的设备。

CTCS 4 级是一个完全基于 GSM-R 的列车运行控制系统。该系统具有移动自动闭塞的特征。区间占用靠 GPS 和 GSM-R 实时数据传输解决(站内仍需轨道电路)。列车完整性检查、定位校核分别靠车载设备和点式设备实现，使得室外设备减少到最低程度。

采用 GSM-R 实现车—地间双向无线数据传输，代替目前的轨道电路来传输色灯信号是铁路基于通信技术的列车控制系统的关键技术，它具有以下明显的优势：

- 基于 GSM-R 传输平台,提供车—地之间双向安全数据传输通道;
- 无盲区、设备冗余、加密;
- 满足列车控制响应时间的要求。

5.2.8 区间移动公(工)务通信

在区间作业的水电、工务、信号、通信、供电、桥梁守护等部门内部的通信,均可以使用 GSM-R 作业手持台。作业人员在需要时可与车站值班员、各部门调度员或自动电话用户联系。紧急情况下,作业人员还可以呼叫司机,与司机建立通话联络。主要功能如下:
- 能够呼叫当前车站的车站值班员和助理值班员;
- 紧急情况下,能够呼叫当前调度员;
- 能够在预定义的范围内发起组呼和广播呼叫;
- 能够发起铁路紧急呼叫和公众紧急呼叫;
- 能够接收来自其他授权用户的呼叫;
- 能够接收语音组呼和广播呼叫。

5.2.9 应急指挥通信话音和数据业务

应急通信系统是当发生自然灾害或突发事件等影响铁路运输的紧急情况时,为确保实时救援指挥通信的需要,在突发事件现场与救援中心之间,以及现场内部建立的语音、图像、数据通信系统,它是铁路战备通信系统的重要组成部分,应做到迅速准确、可靠畅通、机动灵活。基于 GSM-R 移动通信的应急通信系统话音业务包括铁路紧急呼叫和 eMLPP 业务,铁路紧急呼叫是指具有"铁路紧急优先级"的呼叫,用于通知司机、调度员和其他处于危险级别的相关人员,要求停止在预先指定地区内的所有铁路活动。由于铁路运营存在紧急情况,这些呼叫被连接到事先定义的用户或用户组,所有铁路紧急呼叫都应使用 GSM 语音组呼规范。eMLPP 业务规定了在呼叫建立时的不同优先级,以及资源不足时的资源抢占能力。对于应急指挥话音业务,可为其设置高优先级,以保障通信的快捷畅通。

5.2.10 旅客列车移动信息服务通道

旅客列车移动信息服务可包括移动售票和旅客列车移动互联网等服务。可靠车地数据传输系统(基于 GSM-R 电路交换)的出现,使在列车上完成的移动售票成为可能。在列车上乘客可以通过售票终端完成客票查询、订票、购票或者补票业务,在通过车地数传系统将客票信息实时传送到地面上的票务中心,以及时更新客票信息。列车旅客信息服务系统是为列车上具有一定接入条件(如笔记本电脑、PDA、手机等)的旅客提供互联网的业务。当今互联网的业务日新月异,千变万化,而列车是一个高速的移动体,所以在此前提下,应该优先开展如下业务:
- 电子邮件、基于 Web 的新闻浏览;
- 铁路相关信息服务(如列车运行时刻表查询);
- 旅客移动位置业务、在线电影;

- 网络游戏、网上聊天。

习 题

1. 名词解释

移动台：

呼叫转移：

列车调度通信：

列车同步：

2. 填空题

（1）移动台的使用模式有_____和_____。

（2）GSM-R 的业务为_____。

（3）eMLPP 业务是将铁路业务预先分为_____级。

（4）功能寻址是通过_____呼叫用户。

（5）尾部风压状态可以使司机随时查询_____的工作状态。

（6）"大三角"通信是指_____、_____和_____之间的通信。

（7）"小三角"通信是指_____、_____和_____之间的通信。

（8）调度命令子系统包括_____和_____。

3. 选择题

（1）机车台是给_____使用的。

A. 列车驾驶员和 CRTMS/CTCS　　　B. 铁路员工

C. 参加列车运行的人员（如调车作业和现场维护）

（2）eMLPP 业务是将铁路业务预先分为_____级。

A. 2　　　　　B. 4　　　　　C. 5　　　　　D. 7

（3）功能号是_____。

A. 永久的　　　B. 非永久的

（4）当空闲资源缺乏时被强拆的是以下哪个呼叫？_____

A. 高优先级　　　B. 低优先级

（5）以下哪种列车控制系统是基于 GSM-R 的？_____

A. CTCS-2 级系统　　B. CTCS-3 级系统　　C. CTCS-4 级系统　　D. B 和 C

4. 简述题

（1）简述功能寻址和基于位置的寻址有何区别，分别用在什么情况下。

（2）简述语音组呼业务与语音广播业务的区别。

（3）简述调度命令的传送过程。

（4）如何完成机车同步控制？

第 6 章　GSM-R 设备维护

铁路 GSM-R 数字移动通信系统是铁路运输指挥的基础设施,对铁路运输与安全起着重要作用。为规范 GSM-R 系统维护管理,统一维护标准,确保系统安全,铁道部运输局制定了 GSM-R 系统维护规则。该规则是铁路各单位 GSM-R 系统通信技术管理和设备维护工作的准则。GSM-R 系统主要包括:移动交换子系统、移动智能网子系统、通用分组无线业务子系统、无线子系统、运行与支持子系统、终端及相关配套设备等。GSM-R 系统的建设和运用由铁道部统一规划。GSM-R 通信必须执行国家通信保密和信息安全等有关规定。各铁路局应结合本局实际情况,根据本规则制定国内 GSM-R 系统维护管理工作实施细则。

6.1　GSM-R 系统维护规则

GSM-R 维护基本原则:重检慎修、多巡少动、集中监控。维规机构必须包括技术管理和设备维护。技术管理包括机构与职责、维修管理、质量管理、安全管理、故障及障碍管理;设备维护包括移动交换子系统维护项目与标准、移动智能网子系统维护项目与标准、通用分组无线业务子系统维护项目与标准、无线子系统维护项目与标准、运行与维护子系统维护项目与标准。

6.1.1　技术管理机构

1. 机构和职责

(1) GSM-R 系统的技术和业务管理工作,应遵循统一规划、统一领导、逐级负责和科学管理的原则进行。铁道部通信主管部门负责全路 GSM-R 系统的管理工作,北京铁路通信技术中心协助铁道部通信主管部门工作。铁路局(含铁路(集团)公司),通信段(电务段)应根据技术、业务管理和维护工作需要,设置 GSM-R 技术支持中心和车间、工区等维护机构,配备专职专业技术管理人员。

(2) GSM-R 的业务指挥关系

GSM-R 各系统设备维护单位在组织和完成日常通信业务时,除服从上级业务领导的指挥调度外,根据维护工作支持业务运用的原则,GSM-R 系统内、外部各专业应建立相互间的业务领导关系。

① GSM-R 网管中心与其各子系统维护单位间,以 GSM-R 网管中心为业务领导。

② 移动交换中心间以汇接移动交换中心为领导。

③ 涉及全网共用设备时,共用设备所在网管中心与其他网管中心之间,以前者为业务领导;同为共用设备所在的网管中心,以主用设备所在网管中心为业务领导。

④ GSM-R 系统维护与基础网络(传输、数据网等)系统维护单位间,由 GSM-R 系统作为

协调双方维护工作的业务牵头部门。

⑤ 上部端站指挥下部端站,同级以受理单位领导。

2. 维修管理

(1) 设备维修

① 铁路 GSM-R 通信设备实行大修、中修、维修三个修程。

② 设备大修:超过使用年限;使用年限以内,但设备容量达不到业务要求;使用年限以内,但由于设备制式淘汰、元器件及配线老化、机械强度不足、电气性能指标劣化,以致造成系统质量下降,不能满足运输生产需要,而正常维修又无法解决时,应进行大修;使用年限以内,国家和铁道部通信主管部门明令禁止使用的制式、频率;使用年限以内,设备陈旧,维修配件没有来源,而又没有替代器件,不能保证使用,严重影响行车安全。

③ 大修周期一般规定如下所示。

- GSM-R 核心网设备(包括移动交换子系统、移动智能网子系统、通用分组无线业务子系统、GROS、GRIS、同步操控地面节点、接口检测设备):8～10 年;
- GSM-R 基站:8～10 年;
- 漏缆、铁塔:12～15 年;
- 区间中继、天线馈线:5～6 年;
- GSM-R 网管设备:5 年;
- 移动终端:3～4 年,电池:2～3 年;
- 箱式机房:8～10 年,空调:4 年;
- 仪表、工器具:7～8 年。

铁路局、通信(电务)段应根据 GSM-R 系统维护工作需要,配备的主要一器具、仪表,如表 6.1 所示。

表 6.1 GSM-R 系统维护需置的主要仪器

序号	工具仪表名称	基本功能
1	GSM-R 和 GPRS 信令分析仪(含协议栈)	可对 GSM-R 网络、GPRS 网络、IN 网络和 7 号信令进行信令采集分析,具备 GSM-R 专有协议的解码功能,拥有图形用户界面和强大分析功能,具备完成 IP 包分析、流量分析功能
2	GSM-R 和 GPRS 无线网络路测系统	用于对网络进行路测,可接收、解析 Um 口信息
3	GSM-R QoS 测试系统	具备语音及 GPRS 数据模块测试功能,GSM-R 传输列控信息的线路还需具备电路域数据模块,跟踪和记录 GSM-R 网络的第二层和第三层全部或部分信令以及移动终端应用层接口和 SIM 卡接口信息;可以完成 GSM-R 网络性能测试;GSM-R 网络 QoS 测试;具备数据分析功能
4	场强测试系统	满足 200 km/h 及其以上的高速条件下对铁路无线通信系统的场强进行测量,满足在铁路沿线进行场强测试的需要,适应列车环境
5	数字接地电阻测试仪	接地电阻测试
6	便携式场强测试仪	寻找射频信号的盲区及发射机功率覆盖范围,也可用于随时对发射机的工作状态和发射功率进行监测

续表

序号	工具仪表名称	基本功能
7	GSM-R/GPRS 测试手机	GSM-R/GPRS 无线网络测试
8	GSM-R 移动终端综合测试仪	手持终端与机车综合通信设备(CIR)电特性测试
9	干扰测试仪	干扰分析,测向,对多种制式的功率、频率及带宽等参数测试,对公网的频点进行分析
10	基站综合测试仪	基站接收机、发射机指标测试
11	天馈线测试分析仪	天馈线测试、检修
12	驻波比测试仪	天馈线测试
13	通过式功率计	通过式驻波功率测试
14	GPS 定位仪	GPS 定位
15	望远镜	天线检修
16	方位仪	天线检修
17	角度仪	天线检修
18	电子经纬仪	铁塔检修
19	30B+D 通道测试仪	30B+D 通道测试
20	2B+D 通道测试仪	2B+D 通道测试
21	PCM 话路特性分析仪	PCM 电路测试

④ GSM-R 通信系统大修主要工作项目包括:GSM-R 核心网、无线网设备及板件的整治更换或系统更新;天线、馈缆及附属设备更换;铁塔、天线杆整修、补强或更换;基站、铁塔、天馈系统的防雷、接地设施整治更新;网管、监控系统的更新;漏泄同轴电缆和直放站光缆更换;主要测试仪表、工器具更新。

⑤ 设备中修:中修是针对无线子系统、漏缆、杆塔、馈线、直放站短段光缆、防护围栏(墙)等区间设备所进行的具有周期性、集中性的恢复通信设备强度与特性的维护工作,中修周期规定为 3 年。

⑥ GSM-R 系统中修项目与内容包括:漏缆电特性测试、整修、补强;漏缆承力索、支架、吊夹、防火夹的整修、更换;天线及馈缆、漏缆及馈缆接头、功分器、匹配负载和避雷装置的整修或更换;塔(杆)基础整治加固、地面硬化,塔身垂直度调整、除锈、涂漆,紧固件加固、除锈、注油,更换不合格紧固件;紧固塔(杆)爬梯(步杆钉);整修、加固塔(杆)工作平台;馈线吊挂和引入装置整治或更换;地线的整修、测试,整治不合格地线;馈电电缆和电源引入线的整修、补强或更换;整修无线子系统、漏缆、杆塔、馈线、直放站短段光缆、防护围栏(墙)整修防雷设备。

⑦ GSM-R 设备维修包括日常维护、集中检修、重点整治。

日常维护:是预防和消除故障因素,及时发现问题并进行快速处理的经常性维护作业。包括定期对 GSM-R 系统进行巡检、网络质量分析和数据备份等日常操作,通过性能数据分析,及时发现网络隐患,随时排除故障,确保通信畅通。

集中检修:指恢复、改善与提高设备强度和性能,是技术性较强的专业维护作业,包括重要设备的主备用倒换测试,系统性能测试调整等。

重点整治:指对网络和设备存在的重大隐患(如大范围运行指标劣化等)进行专题解决,或通过重点整治,解决重大网络隐患,确保运输安全。

⑧ 维修的基本任务

• 充分利用网管系统进行监控,及时发现网络故障隐患。按时执行维护计划,使设备功能及性能符合维护指标要求;

• 及时处理各种系统、设备障碍和用户申告,利用监控和网管系统迅速准确地判断和排除故障,保证通信畅通;

• 保持设备完好、清洁和良好的工作环境,延长使用年限;

• 积极组织人员进行设备及网络特性分析,解决疑难故障,保证通信质量。

(2) 技术资料管理

各类技术资料是 GSM-R 系统大修以及日常维护的主要技术依据,是做好设备维护运行工作的前提,各级 GSM-R 系统维护部门应设专人负责设备技术资料的管理。

① 核心网设备维护单位应具备的资料

• 网络总体资料;

• 设备技术资料及原始记录;

• 系统运行及维护记录。

② 无线网设备维护单位应具备的资料

• 各类原始数据资料;

• 设备技术资料及原始记录;

• 系统运行及值班记录。

(3) 仪器仪表管理

各维护单位可根据实际需要选配 GSM-R 系统维护仪器仪表,主要仪表包括:GSM-R 和 GPRS 信令分析仪(含协议栈),GSM-R 和 GPRS 无线网络路测系统,GSM-R/GPRS 测试手机,便携式场强测试仪,基站综合测试仪器,干扰测试系统。

(4) 备品备件管理

① 移动交换子系统、智能网子系统、通用分组无线业务子系统设备、基站控制器的重要板件,如主控板、电源板、业务处理板等板卡每套设备至少应有 1 块备板。已经 1+1 热备份的板卡备用数量可适当减少。

② BTS 重要板卡如载频板、主控板、合路器等备份板卡、直放站近端机重要板卡应不少于实际运用数量的 10%,系统设备中已冗余备份的板卡,其备份比例可以适当降低;直放站远端机备机数量不少于本线路配置数量的 10%,不足一台按一台配备。

3. 质量管理

质量管理内容如表 6.2 所示。

4. 安全管理

原则:GSM-R 设备线路,尤其是客运专线,应遵循"重检慎修、多巡少动"的原则。

(1) 安全生产应认真贯彻安全第一、预防为主的方针,建立安全逐级负责制,执行铁道部

《铁路技术管理规程》、营业线施工安全管理办法等有关规定。

表6.2 质量管理内容

序号	报表名称	表代号	上报程序及时间						上报方式	说明
			通信段报铁路局		铁路局报中心		中心报铁道部			
			周期	时间	周期	时间	周期	时间		
1	GSM-R设备故障(障碍)统计报表	通GSM-R报-1	月	27日	月	28日	月	次月10日前,包括分析报告	电子版	附文字说明
2	GSM-R网络运行质量(分析)报表	通GSM-R报-2/3/4/5	月	27日	月	28日	月	次月10日前,包括分析报告	电子版	附文字说明
3	GSM-R网络运行质量(分析)报表	通GSM-R报-6	月	27日	月	28日	月	次月10日前,包括分析报告	电子版	附文字说明及网络优化情况介绍
4	GSM-R无线场强和服务质量报告	通GSM-R报-7	半年	6月30日和12月30日前	半年	月底前	半年	次月5日前	电子版	测试车进行实际路测,得出路测分析报告

(2)各单位在维护工作中必须将安全生产纳入重要议事日程,加强安全教育,建立健全安全生产责任制。全体员工应牢固树立安全第一的思想,严格遵守劳动纪律、作业纪律和有关规章制度,保证人身、设备、交通、消防安全。

(3)从事GSM-R系统维护的新员工及改职人员在上岗前,必须进行安全生产教育,考试合格后,方可上岗工作。

(4)维护工作必须认真执行"三不动"、"三不离"、"三不放过"及通信纪律"十不准"等基本安全制度和工作纪律。

① 三不动:未登记联系好不动;对设备性能、状态不清楚不动;正在使用中的设备不动。

② 三不离:工作完了,不彻底试验良好不离;影响正常使用的设备缺点未修好前不离;发现设备有异状时,未查清原因不离。

③ 三不放过:事故原因分析不清不放过;没有防范措施不放过;事故责任者和职工没有受到教育不放过。

④ 十不准:不准任意中断电路或业务;不准任意加、甩、倒换设备;不准任意变更电路;不准任意配置、修改数据;不准任意切断告警;不准借故推迟故障处理时间和隐瞒谎报故障;不准泄漏用户信息;不准泄漏系统口令;不准在系统上进行与维护无关的操作;不准关闭业务联络电话。

(5)凡进行危险性大,影响行车和人身安全的工作时,必须制订施工安全措施,按规定程序要点后组织实施。

(6)各级管理部门和维护单位应定期开展安全生产分析活动,及时发现问题,总结经验,制订措施,不断提高安全生产管理水平。

(7)各级维护单位对从事高空作业和电磁波辐射作业的场所、人员,应执行国家有关劳动保护和健康保健的相关规定。

(8) 各级维护单位应执行铁道部有关安全作业标准、操作规程等有关的安全规定,不得简化作业过程。

(9) 维护单位每月应对作业工具、安全防护用品进行全面检查,发现不良时,应立即停止使用,并及时予以修理或更换。在维护工作中,维护人员应认真开展"自控、互控"活动,发现工具不良和安全防护用品性能失效时,有权提出,直至停止作业。

(10) 沿铁路线路作业和巡检的人员,必须熟悉管内铁路线桥设备情况、列车运行速度、密度和各种信号显示方式,要注意瞭望、躲避车辆。严禁邻道避车。高速或客专铁路严禁未经要点或在天窗修时段外进行可能影响业务或防护栏内的检修维护作业。

(11) 在长大桥梁、隧道及瞭望条件不良地段作业或行走时,必须有专人瞭望列车。来车时,必须提前进入避车台、避车洞避让。严禁作业工具、材料侵入限界。

(12) 遇雷雨天气,作业人员应暂时停止作业,就近到安全处所躲避,严禁在大树下、高压线下、杆塔旁和涵洞内躲避,严禁游泳或涉水过河。在站场内作业,必须注意来往车辆的调动与运行,横过铁路时,不得从停留的车辆下穿越,严禁扒乘或跳下行驶中的机车或列车。

(13) 电气化铁路区段作业人员必须严格执行《电气化铁路有关人员电气安全规则》等有关规定。在电气化铁路区段检修或更换机车天线、馈线、漏缆等设施时,应按铁道部现行的安全技术规则的有关规定采取安全措施。

(14) 在电气化区段,在接触网停电并接地以前,严禁上车顶及靠近接触网支柱作业。各种车辆、机具设备不得超过机车车辆限界,人员及携带物品距接触网设备带电部分不得少于2米。雨天作业必须离开接触网支柱、接地线等设备。

(15) 上下机车时要抓牢站稳,禁止手持工具、仪表、备件上下机车。禁止在机车行驶中上下机车。禁止在机车行驶中检修机车外部的通信设备。

(16) 高处作业应有完善的安全防范措施,高处作业人员应定期进行身体检查并按相关规定持有效证件上岗。高处作业的人员在独立上岗作业前,必须进行与本工种相适应的、专门的安全技术理论学习和实际操作训练,并按照《特种作业人员安全技术培训考核管理办法》等相关规定执行。

(17) 上下铁塔前需检查铁塔根部及爬梯是否牢固,塔上作业台面是否能持重。塔上作业要有人配合。塔上作业要系好安全带,塔下禁止站人并设专人防护。

(18) 雷雨、冰雪、能见度低或六级以上大风天气时禁止登高作业。冬季在寒冷地区,登高作业时间不宜过长。

(19) 维护电源设备时,需要必须断开交、直流电源时,必须在相应交流电源闸刀处挂安全牌。严禁对运用中或带电设备、部件进行插拔、焊接。

(20) 未经批准,严禁将影响安全的设备接入GSM-R网络。

5. 故障及障碍管理

(1) 铁路通信行车设备不能正常运用,影响正常行车,危及行车安全,均构成设备故障。

(2) 障碍分类:通信障碍分为一类障碍和二类障碍。按照障碍性质分类,又分为责任障碍和非责任障碍。

6.1.2 设备维护篇

(1) 移动交换子系统维护项目

① MSC
② HLR
③ 短消息服务中心（SMSC）
④ 确认中心（AC）
⑤ AN 节点
(2) 移动智能网子系统维护项目
① SSP
② SCP
(3) 通用分组无线业务子系统维护项目与标准
① 服务 GPRS 支持节点（SGSN）
② 网关 GPRS 支持节点（GGSN）
③ 域名服务器（DNS）
④ 认证服务器（RADIUS）
(4) 无线子系统（BSS）维护项目与标准
① BSC
② PCU
③ TRAU
④ BTS
⑤ 直放站
⑥ 漏缆监测系统
(5) 运行与维护子系统维护项目与标准
(6) 手持终端设备维护项目与标准

下面举例说明相关设备维护标准，表 6.3 为 BSC 设备维护项目与标准；表 6.4 为直放站设备维护项目与标准；表 6.5 为手持终端设备维护项目与标准。

表 6.3 BSC 设备维护项目与标准

维护项目	维护子项目	序号	内容	执行计划	周期	维护标准	备注
日常维护	BSC 设备日常监控	1	BSC 告警监控和性能检测	日	1次/4小时	网管无异常告警	
		2	单板（模块）运行状态检查	日	1次/12小时	各单板运行正常无告警	
		3	各接口状态检查	日	1次/12小时	正常	
		4	信令链路检查	日	1次/12小时	正常	
		5	检查 BSC Chain 的工作状态	日	1次/12小时	正常	
		6	无线网络质量分析	月	1次/月	及时发现网络问题	
	PCU 设备日常维护	7	PCU 告警监控和性能监控	日	1次/4小时	湿温度、电压在标准范围内，设备指示灯、网管无异常告警	
		8	单板（模块）运行状态检查	日	1次/12小时	正常	
		9	Gb 接口状态检查	日	1次/12小时	正常	
		10	系统配置文件备份，制作备份光盘/磁带	月	1次/月	数据备份无误	数据备份应保存三个月

续表

维护项目	维护子项目	序号	内容	执行计划	周期	维护标准	备注
日常维护		11	系统时间校对	月	1次/月	与时间同步系统保持一致	
		12	设备清扫(扣板、防尘网等)	月	1次/月	清洁无灰尘	
		13	对系统日志文件进行检查,对不用和过期数据进行删除	月	1次/月	无垃圾数据	系统日志文件保存一年
定期检查		14	系统健康状态检查	年	1次/年	提交检测报告,检测结果正常	
		15	冗余板倒换	年	1次/年	正常	
重点整修		16	隐患整治	根据需要			
		17	整修零部件,更换配件				
		18	版本升级				
		19	其他项目整治				

表6.4 直放站设备维护项目与标准

维护项目	维护子项目	序号	维护内容	执行计划	周期	标准	备注
日常维护	网管检查	1	设备告警监控和性能监控	日	1次/4小时	正常	
		2	查询直放站的工作状态	日	1次/24小时	正常	
		3	系统时间校对	月	1次/月	与时间同步系统保持一致	
	直放站巡检	4	直放站近、远端机运行状态检查,拨打测试	月	1次/月	正常	
		5	射频器件、连接线检查	月	1次/月	正常	
		6	远端机备用通道检查	月	1次/月	正常	
		7	直放站机柜的清扫	月	1次/月	正常	
		8	短段光缆、远端机蓄电池等设备检查	月	1次/月	正常	
定期检查		9	防雷接地、设备接地	根据需要		≤4Ω	使用仪器仪表对直放站进行测试
		10	近端机耦合输入电平			根据各厂家指数指标进行测试	
		11	近端机输出光功率				
		12	近端机输入光功率				
		13	近端机的上行底部噪声				
		14	远端机的输出功率				
		15	远端机的输入功率				
		16	远端机的下行输出功率				
		17	下行链路增益				
		18	上行链路增益				
重点整治		19	版本升级	根据需要			
		20	其他项目整治	根据需要			

表 6.5 手持终端设备维护项目与标准

维护项目	序号	维护内容	周期	标准	备注
OPH GPH 重点整修	1	版本核对	根据需要	软件版本不正确	输入指令＊＊99＃＃,查看版本
	2	按键检测		全部按键均有功能	开机后,设置按键音为开,按各个按键,有按键音则该按键有功能
	3	状态灯检测		机器找到网络时,状态灯应闪绿光;若无网络,则应闪红光	装 SIM 卡及电池,开机完成后,检查状态灯有没有闪亮
	4	听筒测试		听筒音量正常,且无杂音	
	5	麦克风检测		对方听到的音量正常且无杂音	
	6	喇叭检测		免提通话时喇叭音量正常且无杂音	
	7	充电检测		均能正常充电	在关机与待机状态下充电
	8	键盘灯		整个键盘的亮度均匀	开机后,用手遮住光感导光柱,检查键盘灯是否亮
	9	摄像头及内存卡		预览时图像正常,能正常拍照和保存	装 SIM 卡、内存卡及电池开机完成后,进入照相机拍照
	10	电池、易损件			各路局根据管内配置情况自行确定抽测比列

6.2 GSM-R 设备常见的故障分析与处理

6.2.1 故障处理过程和方法

故障处理一般包括以下四个阶段:故障信息收集、故障原因分析、故障定位、故障排除。

1. 故障信息收集

任何一个故障的处理都是从维护人员获得故障信息开始。故障信息主要来自:客户的故障申告;日常维护或巡检发现的异常;OMC 客户端的告警和通知;单板指示灯的状态。

维护人员要注意收集各种相关的原始信息,在接听、了解客户的故障申告时,要尽可能多方面、多角度地了解相关信息。

2. 故障原因分析

故障信息获取后,维护人员对故障原因进行分析,判断各种原因导致故障的概率大小,并作为故障排除顺序的参考。

故障原因一般分为:传输类故障;天馈类故障;语音类故障;加载类故障;λ 时钟类故障;业务类故障;单板类故障。

3. 故障定位

故障原因分析后,维护人员运用各种故障处理的方法,排查非可能故障因素,最终确定故障发生的根本原因。

准确而快速地定位有利于提高故障处理的时效,是故障处理过程的重要环节。

4. 故障排除

故障定位后,进入故障处理的最后阶段——故障排除,维护人员采用适当的步骤排查故障,恢复系统正常运行。

6.2.2 故障分析与定位的常用方法

当故障发生时,常用的分析、定位方法有以下几种。

(1) 告警和操作日志查看

告警和操作日志查看是维护人员在遇到故障时最先使用的方法。主要通过 BSS 操作维护子系统 OMCR(V2)的告警管理和操作日志查看界面来实现。

通过告警管理界面,可以观察和分析当前告警、历史告警和一般通知等各网元报告的告警信息,及时发现网络运行中的异常情况、定位故障、隔离故障并排除故障。

通过查看用户管理中的操作日志,可以追查系统参数的修改情况,定位相关的责任终端和操作人员,及时发现由于个人操作所引起的故障。

(2) 指示灯状态分析法

指示灯状态分析是维护人员在遇到故障时经常使用的方法,主要通过观察机架各单板面板的指示灯状态,来排除和判断故障位置。

该方法要求维护人员熟悉各单板的指示灯状态及含义。

(3) 性能分析法

性能分析法主要通过 BSS 操作维护子系统 OMCR(V2)的性能管理界面来实现。通过性能管理界面,维护人员可以实现 BSS 系统的性能管理、信令跟踪。

通过性能管理界面,用户可以创建各种性能测量任务,产生各种性能报表,了解 BSS 系统的各种性能指标,通过分析这些信息,维护人员可以及时发现网络中的负载分配等情况,及时调整网络参数提高网络性能。

通过信令跟踪界面,可以跟踪 BSS 所涉及的信令(包括 Gb 口的信令),方便开局调试和维护过程中查阅各种信令流程,发现信令配合过程中的各种问题。

(4) 仪器、仪表分析法

仪器、仪表分析法主要是指在 BTS(V2)维护过程中,维护人员使用测试手机、信令分析仪、误码分析仪等辅助仪器,进行故障分析、故障定位和排除。

(5) 插拔法和按压法

最初发现某单板故障时,可以拧开前面板上的固定螺丝,插拔一下单板和外部接口插头,排除因接触不良或处理机异常产生的故障。

断电后通过按压电缆接头的方法,也可以排除因接触不良所产生的故障。

(6) 对比法和互换法

对比法是将可能发生故障的单板与系统中处于相似地位正常运行的单板(如多模块中的相同槽位的单板)进行比较,例如运行状态、跳线或连接线的比较。通过比较,可以判定单板是否发生了故障。

互换法是将可能发生故障的单板用备件或者是系统中正常运行的其他相同单板替换,根据故障是否消失来判定单板是否确实发生了故障。

（7）隔离法

当系统部分发生故障时，可以将与其相关的单板或机架分离，来判断是否是互相影响造成的故障。

（8）自检法

当系统或单板重新上电时，通过自检来判断故障。一般的单板在重新上电自检时，其面板上指示灯会呈现出一定的规律性闪烁，因此可以判断单板自身是否存在问题。

（9）联系通信生产厂家获取技术支持。

6.2.3 无线网络常见问题

语音类问题是无线网络中的常见问题。

（1）双向无声

USER A 与 USER B 通话，一接通后，USER A 就不能听见 USER B 的声音，USER B 也不能听见 USER A 的声音。

（2）单通

现象1：USER A 与 USER B 通话，接通后，USER A 与 USER B 中只有一个人可以听到对方的声音。另外一人则不能听到对方的声音。

现象2：USER A 与 USER B 在通话过程中出现一方不能听见另一方的声音。

（3）杂音

通话过程中，话音质量差。伴随着金属声，打铁声，刺耳的噪声，纸张抖动时的声音。一般来讲是不连续的异常声音，有突发和短促的特点。

（4）背景噪声

通话过程中听到比较明显的背景声音，好似用户在背景嘈杂的地方通话，如滚水声，连续的轻微爆破声，低沉的类似风声的噪音等。一般来讲是连续的异常声音，有连续和持续的特点。

（5）回声

通话过程中能听到对方声音的同时，还可以听到自己的声音。

6.2.4 无线网络常见问题的原因

语音问题相关原因有可能发生在很多地方，包括：空中的无线系统、BSS 系统、MSS 系统、传输系统（基站传输，A 口传输，长途传输）、PSTN 系统。

（1）无线部分

上下行电路不平衡；内部干扰（规划，越区覆盖，跳频配置）；外部干扰；无线参数配置不合理（切换关系，切换门限，功控门限等）。

（2）基站部分

硬件方面：单板（如 CDU、TRM、TRU、CMM 等）故障等。

软件方面：数据配置错误；BTS 信道配置信息和 BSC 侧不一致。

（3）天馈方面

接错、驻波比异常、接头连接不紧。

(4) Abis 口部分

接头以及接头连线的端口质量、传输线路的误码等原因。共用 Abis 口传输时,部分时隙故障或者配置错误。动力环境监控设备等对于线路的干扰。

(5) BSC 部分

硬件方面:TIC 至 A 口之间所有单板及连线、电阻匹配问题。

软件方面:内部接续时隙数据错误(如误删除,删除方法不正确)。

(6) A 接口部分

硬件方面:单板故障,如 TIC 板、DRT/EDRT 板等;连线错误(交叉线、鸳鸯线等)。

软件方面:CIC 配置,A 接口中继电路是否是可用的设置。在使用 DRT 时,不可配置 EFR 业务(否则可能出现手机呼叫固定时单通,手机呼叫手机时双不通现象)。对于 A 口复用时,NSPP 和 FSPP 间的 E1 线数目不足,导致 A 口的某些时隙没有交换,也可能出现无话音现象。也可能是使用的软件版本不正确。

(7) MSC 部分

硬件方面:单板(DT、网板 NET)故障或与背板接触不良,背板或槽位坏。连线损坏或接触问题。HW 线缆异常。

软件方面:出局中继的数据配置错误。接续数据错误。

(8) 手机部分

对于个别手机存在的单通或杂音情况,也有可能是手机本身的问题。手机质量差,会引起接收灵敏度偏低,导致通话质量差。

(9) 传输部分

鸳鸯线、传输对端软环或硬环、DDF 架接地不良、线缆接头、传输瞬断、时隙倍增设备异常、传输系统部分时隙异常。

6.2.5 故障处理案例

1. 案例 1:单通双向无声案例

故障现象:用户投诉通话过程中会出现无声、单通、回音现象,等待一段时间后(不挂断电话),又会恢复语音的问题,该问题于 6 月 13 日左右出现,在西门子的 Bsc18、Bsc19 以及中兴的 Bsc9 下均有该问题。

故障处理:通过现场实地测试,得到该问题的准确现象。起呼后通话正常(双方都能听到话音),当发生跨 Bsc 间切换,立即出现双向无声,双方都听不到语音,听到的是自己的回音,当再次发生跨 Bsc 间切换后,双方又都能听到语音,又能正常通话。

通过现场测试,Msc 侧人员跟踪 A 口时隙,最终确定问题:A 口有 3 条 PCM 链路被自环而导致,共影响近 90 条话路。

2. 案例 2:杂音案例

故障现象:用户投诉有杂音现象。

故障分析与处理:通过测试发现局内通话话音质量很好,但是出局电话经常出现杂音。逐条长途线路呼叫测试发现,有 4 条 E1 上通话质量比较差。检查长途电路发现这 4 条 E1 使用的时隙复用设备有问题,更换电路后问题解决。

3. 案例 3：背景音问题

故障现象：青海某地反映通话中有比较大的背景杂音。

故障处理：由于该 BSC 下的很多站点都有投诉，因此怀疑是传输接地不好导致，现场检查了 DDF 架接地，发现接地电阻很大，重新引入地线后，通话中的背景杂音问题解决。

6.2.6 直放站故障现象

直放站故障包括覆盖区无信号、信号变弱、通话质量差、手机上线困难、上行干扰基站、监控问题等。

1. 信源问题

（1）信源小区主导信号不明显。直放站放大无主导信号，在直放站覆盖区的信号会来回切换、通话断续不清，甚至掉话。

（2）信源小区故障：影响直放站覆盖区也不能通话。

（3）施主信源同、邻频干扰：影响直放站覆盖区通话断续不清晰，甚至掉话等现象。

（4）信源小区改频或天线做调整：如直放站未及时随着调整，会引起直放站覆盖区无信号、信号变弱、通话质差、掉话等现象。

（5）重叠覆盖或其他小区干扰：如直放站放大的施主信源小区信号，在覆盖区也有基站信号覆盖或与其他小区有同、邻频干扰，从而导致直放站覆盖区会通话断续、不清晰。

（6）信源切换关系未做好：如直放站放大的施主信源小区信号，在覆盖区与其他小区未做切换关系，从而影响直放站覆盖区通话时发生切换导致掉话现象。

（7）信源是反射信号：如直放站放大的施主信源小区是反射的信号，一般用手机测试的 TA 值较大（一般大于 20），从而影响直放站覆盖区信号不稳定，手机上线困难。

2. 设备问题

（1）电源模块故障：直放站覆盖区无信号。

（2）主机下行模块增益不足或无增益：如下行低噪放、下行选频功放模块、下行功放模块产生故障，则会引起覆盖区信号变弱或无信号，以及通话断续不清晰，甚至掉话现象。

（3）主机上行模块增益不足或无增益：如上行低噪放、上行选频功放模块、上行功放模块，则会引起覆盖区有信号，手机较难打电话或打不了电话，甚至与其他小区切换会产生掉话现象。

3. 天馈线系统问题

（1）接收天馈线系统异常：如天馈线及接头进水或被压扁，引起驻波高（Site master 测试标准为 1.5 以下），导致主机接收信号变弱，从而影响覆盖区信号变弱，手机上线困难，通话质量差。

（2）用户天馈线系统异常：如天馈线及接头进水或被压扁，引起驻波高（Site master 测试标准为 1.5 以下），导致主机放大信号被全反射掉，从而引起覆盖区信号变弱。

4. 开通调试问题

（1）直放站上、下行增益调试不平衡：会引起覆盖区通话断续或单通。

（2）主机接收信号过强或输出功率过强：引起主机饱和失真（ALC 起控）或交调过大，下行会导致覆盖区通话质量差，上行会干扰基站。

（3）直放站设置的频点与施主信源不对应：如信源频点为 8/23/45/62/81/90，宽带机设置带宽为 1~85,则滤掉 90,选频机设置的频点为 8/23/45/81/90,则无 62 频点放大,会引起覆盖区通话断续或单通,甚至掉话等现象。

(4) 直放站系统自激:引起覆盖区下行有信号不能打电话,或上行干扰基站。

5. 光路问题(只针对光纤直放站)

(1) 近端至远端的光路故障:如断开、光路损耗过大,会引起覆盖区无信号、信号弱、手机上线困难、通话断续等现象。

(2) 近端至远端的上、下行光路调试不平衡:会引起覆盖区手机通话断续、单通等现象。

(3) 远程检测:通过监控中心查询主机的工作状态。

① 直接查询主机的工作状态,是否有告警出现,从而可以知道主机内的模块的工作情况。

② 查询上、下行输出功率的参数判断系统是否出现自激,再从 TCH 输出参数的变化规律判断频率设置是否正确。

③ 通过更换通道设置,判断通道工作状态。核对设置的频率及其他参数设置。

习　题

1. 填空题

(1) "三不伤害"的内容指_____。

(2) 在隧道内或瞭望条件不良处作业时,不准_____,作业时应设专人担任瞭望防护工作,注意来往列车。工具、设备严禁侵入限界。

(3) 处理故障应做到"三清",即_____。

(4) 横越铁路要认真执行_____,严禁抢越股道。严禁在钢轨、枕木上或车下坐卧避雨、乘凉、休息。

(5) 国家规定的安全色有_____四种颜色。

2. 问答题

(1) "三不放过"的内容是什么?

(2) 什么是事故隐患,什么是重大事故隐患?

3. 案例分析

用户投诉有杂音现象,试分析可能的原因。

第 7 章　公网移动通信系统

本章介绍了 CDMA 系统、WCDMA 系统、CDMA 2000 系统、TD-SCDMA 系统、LTE 系统,通过对这些公网移动通信系统的了解,可发现 GSM-R 系统的下一代网络是 LTE-R。

7.1　CDMA 系统

根据理论分析,CDMA 蜂窝移动通信系统与 FDMA 模拟蜂窝通信系统或 TDMA 数字蜂窝通信系统相比具有更大的通信量。

CDMA 蜂窝通信系统的全部用户共享一个无线信道,用户信号的区分只是所用码型的不同。故当蜂窝通信系统的负荷满载时,另外增加少数用户,只会引起话音质量的轻微下降,或者说信噪比稍微降低,而不会出现阻塞现象。这种现象和 FDMA 蜂窝通信系统或 TDMA 蜂窝通信系统都不相同。在 FDMA 系统和 TDMA 系统中,当全部频道或时隙被占满以后,哪怕只增加一个用户也不可能。CDMA 蜂窝通信系统的这种特征,使系统的容量和质量之间存在一种"软"的关系。在业务高峰期间,有可能在一定程度上,稍微降低系统的误码性能,以适当增多系统的用户数,即短时间内提供稍多的可用信道数。

在其他蜂窝通信系统中,当用户进行小区切换时,如找不到可用频道或时隙时,通信必然中断。CDMA 蜂窝通信系统可以避免发生类似的现象,软容量特性使系统可以支持过载切换的用户,直到切换成功,只是其他用户的通信质量可能受到一些影响,再加上小区切换时,只需改变码型,用不着切换频率,相对而言,管理与控制比较简单,所以说,CDMA 蜂窝通信系统具有"软切换"能力。

CDMA 蜂窝通信系统可以充分利用人类对话的不连续特性,实现话音激活技术以提高系统的通信容量。

CMDA 系统的特点总结如下。

(1) 根据理论分析,CDMA 蜂窝系统通信容量是模拟蜂窝系统(AMPS)的 20 倍或 GSM 数字蜂窝系统的 4 倍。

(2) CDMA 蜂窝系统的全部用户共享一个无线信道,用户信号的区分只靠所用码型的不同,因此当蜂窝系统的负荷满载时,另外增加少数用户,只会引起话音质量的轻微下降(或者说信干比稍微降低),而不会出现阻塞现象。

(3) CDMA 蜂窝通信系统具有"软切换"功能。

(4) CDMA 蜂窝系统可以充分利用人类对话的不连续特性来实现话音激活技术,以提高系统的通信容量。

(5) CDMA 蜂窝通信系统的功率控制。

(6) CDMA 蜂窝系统以扩频技术为基础,因而它具有扩频通信系统所固有的优点。

7.1.1 扩频技术

扩频是把信息的频谱扩展到宽带中进行传输的技术。要想实现码分多址只有通过扩频技术,把用户要传输的信号变成具有独立码型的信号得以实现码分。适用于码分多址(CDMA)蜂窝通信系统的扩频技术是直接序列扩频(DSSS)或简称直扩。扩频技术用于通信系统具有抗干扰、抗多径、隐蔽、保密和多址能力;所谓直接序列扩频,就是在发端直接用具有高码率的扩频码序列对信息比特流进行调制,从而扩展信号的频谱,在接收端,用与发送端相同的扩频码序列进行相关解扩,把展宽的扩频信号恢复成原始信息。一种直接序列扩频技术是使用异或运算将数字信息流与扩展码位流结合起来。图7.1为直接序列扩频调制框图,图7.2为直接序列扩频的解调框图。

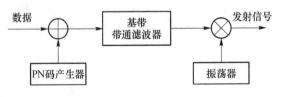

图7.1 直接序列扩频调制框图

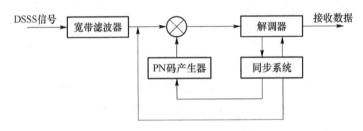

图7.2 直接序列扩频解调框图

例如,在发射端将"1"用11000100110代替,而将"0"用00110010110去代替,这个过程就实现了扩频,而在接收机处只要把收到的序列为11000100110的恢复成"1",为00110010110的恢复成"0",这就是解扩。这样信源速率就被提高了11倍,同时也使处理增益达到10 dB以上,从而有效地提高了整机信噪比,图7.3为直扩系统的组成与原理框图。

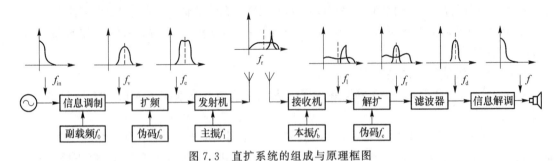

图7.3 直扩系统的组成与原理框图

7.1.2 CDMA系统的发展与结构

1. CDMA系统的发展

CDMA技术早已在军用抗干扰通信研究中得到广泛应用,1989年11月,美国Qualcomm(高通)公司在美国的现场试验证明CDMA用于蜂窝移动通信的容量大,1995年香港和美国的 CDMA 公用网开始投入商用。1996 年韩国用从美国购买 Q-CDMA 生产许可证,自己生产的 CDMA 系统设备开始大规模商用。无线通信在未来的通信中起着越来越重要的作用,CDMA 技术已成为第三代蜂窝移动通信标准的无线接入技术。CDMA 蜂窝移动通信系统的技术标准经历了 IS-95A、IS-95B、CDMA2000、1X/EV-DO 和 1X/EV-DV 几个发展阶段。

2. CDMA 系统的结构

CDMA 系统的典型结构如图 7.4 所示。由图可见,CDMA 系统是由若干个子系统或功能实体组成。其中基站子系统(BSS)在移动台(MS)和网络子系统(NSS)之间提供和管理传输通路,特别是包括了 MS 与 CDMA 系统的功能实体之间的无线接口管理。NSS 必须管理通信业务,保证 MS 与相关的公用通信网或与其他 MS 之间建立通信,也就是说 NSS 不直接与 MS 互通,BSS 也不直接与公用通信网互通。MS、BSS 和 NSS 组成 CDMA 系统的实体部分。操作系统(OSS)为运营部门提供一种手段来控制和维护这些实际运行部分。

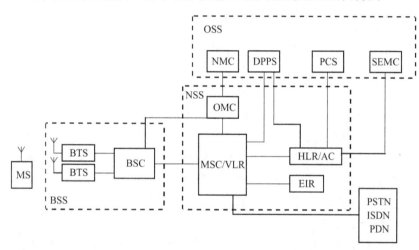

OSS:操作子系统　　　　　BSS:基站子系统　　　　　NSS:网络子系统
NMC:网络管理中心　　　　DPPS:数据后处理系统　　　SEMC:安全性管理中心
PCS:用户识别卡个人化中心　OMC:操作维护中心　　　　MSC:移动交换中心
VLR:拜访位置寄存器　　　　HLR:归属位置寄存器　　　AC:鉴权中心
EIR:移动设备识别寄存器　　BSC:基站控制器　　　　　BTS:基站收发信台
PDN:公用数据网　　　　　　PSTN:公用电话网　　　　　ISDN:综合业务数字网
MS:移动台

图 7.4　CDMA 系统结构

(1) 移动台

MS 是公用 CDMA 移动通信网中用户使用的设备,也是用户能够直接接触的整个 CDMA 系统中的唯一设备。

除了通过无线接口接入 CDMA 系统的通常无线和处理功能外,MS 必须提供与使用者之间的接口,如完成通话呼叫所需要的话筒、扬声器、显示屏和按键,或者提供与其他一些终端设备之间的接口,如与个人计算机或传真机之间的接口,或同时提供这两种接口。因此,根据应用与服务情况,MS 可以是单独的移动终端(MT)或者是由移动终端直接与终端设备(TE)传真机相连接而构成,或者是由移动终端通过相关终端适配器(TA)与终端设备相连接而构成,如图 7.5 所示,这些都归类为 MS 的重要组成部分之一———移动设备。

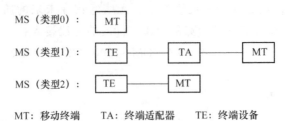

图 7.5 移动台的功能结构

CDMA 手机以前不支持 UIM 卡,号码和手机捆绑在一起,更换号码必须更换手机,或对手机重新写码。现在机卡分离的 CDMA 早已研制成功,UIM 卡和 GSM 手机的 SIM 卡一样,它包含所有与用户有关的和某些无线接口的信息,其中也包括鉴权和加密信息。CDMA 系统的机卡分离促进了 CDMA 系统的大力发展。

(2) 基站子系统(BSS)

BSS 是 CDMA 系统中与无线蜂窝关系最直接的基本组成部分。它通过无线接口直接与移动台相接,负责无线发送接收和无线资源管理。另一方面,基站子系统与网络子系统(NSS)中的移动交换中心(MSC)相连,实现移动用户之间或移动用户与固定网络用户之间的通信连接,传送系统信号和用户信息等。当然,要对 BSS 部分进行操作维护管理,还要建立 BSS 与操作子系统(OSS)之间的通信连接。

基站子系统是由基站收发信台(BTS)和基站控制器(BSC)这两部分的功能实体构成。实际上,一个基站控制器根据话务量需要可以控制数十个 BTS。BTS 可以直接与 BSC 相连接,也可以通过基站接口设备采用远端控制的连接方式与 BSC 相连接。

① 基站收发信台(BTS)

BTS 属于基站子系统的无线部分,由 BSC 控制,服务于某个小区的无线收发信设备,完成 BSC 与无线信道之间的转换,实现 BTS 与 MS 之间通过空中接口的无线传输及相关的控制功能。

② 基站控制器(BSC)

BSC 是基站子系统的控制部分,起着 BSS 的变换设备的作用,即各种接口的管理,承担无线资源和无线参数的管理。

(3) 网络子系统(NSS)

NSS 主要包含有 CDMA 系统的交换功能和用于用户数据与移动性管理、安全性管理所需的数据库功能,它对 CDMA 移动用户之间通信和 CDMA 移动用户与其他通信网用户之间通信起着管理作用。NSS 由一系列功能实体构成,整个 CDMA 系统内部,即 NSS 的各功能实体之间和 NSS 与 BSS 之间都通过符合 CCITT 信令系统 No.7 协议和 CDMA 规范的 7 号信令网络互相通信。

① 移动交换中心(MSC)

MSC 是网络的核心,它提供交换功能及面向系统其他功能实体:基站子系统(BSS)、归属位置寄存器(HLR)、鉴权中心(AC)、移动设备识别寄存器(EIR)、操作维护中心(OMC)和面向固定网(公用电话网 PSTN、综合业务数字网 ISDN、分组交换公用数据网 PSPDN、电路交换公用数据网 CSPDN)的接口功能,把移动用户与移动用户、移动用户与固定网用户互相连接起来。

MSC 可从三种数据库,即归属位置寄存器(HLR)、拜访位置寄存器(VLR)和鉴权中心(AC)中获取处理用户位置登记和呼叫请求所需的全部数据。反之,MSC 也根据其最新获取的信息请求更新数据库的部分数据。

MSC 可为移动用户提供一系列业务。

电信业务包括以下几种。

- 语音业务:话音编码器采用 EVRC。为了支持长城网的旧用户,在原来开通了长城网的地区还支持 8K QCELP。
- 短消息业务:提供移动台发送短消息业务、移动台接收短消息业务;还提供小区广播短消息业务。
- 承载业务:提供 IWF 的电路型数据业务和基于 Simple IP 和 Mobile IP 的分组数据业务。
- 补充业务:如遇忙呼叫前转(CFB)、隐含呼叫前转(CFD)、无应答呼叫前转(CFNA)、无条件呼叫前转(CFU)、呼叫转移(CT)、呼叫等待(CW)、主叫号码识别显示(CNIP)、主叫号码识别限制(CNIR)、会议电话(CC)、消息等待通知(MWN)、三方呼叫(3WC)、取回语音信息(VMR)等。
- 智能业务:如预付费业务(Pre-Paid Charging)、虚拟专用网(VPN)、被叫集中付费电话(Freephone)等。
- 增值业务:CDMA 网络提供信箱留言、信箱留言操作、自动应答、定时邮送、留言通知和布告栏等业务;CDMA 网络提供面向应用的无线数据,如天气预报、股市信息等短信息业务。
- IP 电话业务:CDMA 网络提供 IP 电话业务。

当然,作为网络的核心,MSC 还支持位置登记、越区切换和自动漫游等移动特征性能和其他网络功能。

对于容量比较大的移动通信网,一个网络子系统可包括若干个 MSC、VLR 和 HLR,为了建立固定网用户与 CDMA 移动用户之间的呼叫,无须知道移动用户所处的位置。此呼叫首先被接入到入口移动交换中心,称为 GMSC,入口交换机负责获取位置信息,且把呼叫转接到可向该移动用户提供即时服务的 MSC,称为被访 MSC(VMSC)。因此,GMSC 具有与固定网和其他 NSS 实体互通的接口。目前,GMSC 功能就是在 MSC 中实现的。根据网络的需要,GMSC 功能也可以在固定网交换机中综合实现。

② 拜访位置寄存器(VLR)

VLR 是服务于其控制区域内移动用户的,存储着进入其控制区域内已登记的移动用户相关信息,为已登记的移动用户提供建立呼叫接续的必要条件。VLR 从该移动用户的归属位置寄存(HLR)处获取并存储必要的数据。一旦移动用户离开该 VLR 的控制区域,则重新在另一个 VLR 登记,原 VLR 将取消临时记录的该移动用户数据。因此,VLR 可看作为一个动态用户数据库。

VLR 功能总是在每个 MSC 中综合实现的。

③ 归属位置寄存器(HLR)

HLR 是 CDMA 系统的中央数据库,存储着该 HLR 控制的所有存在的移动用户的相关数据。一个 HLR 能够控制若干个移动交换区域以及整个移动通信网,所有移动用户重要的静态数据都存储在 HLR 中,这包括移动用户识别号码、访问能力、用户类别和补充业务等数据。HLR 还存储且为 MSC 提供关于移动用户实际漫游所在的 MSC 区域相关动态信息数据。这样,任何入局呼叫可以即刻按选择路径送到被叫的用户。

④ 鉴权中心(AC)

CDMA 系统采取了特别的安全措施,例如用户鉴权、对无线接口上的话音、数据和信号信息进行保密等。因此,AC 存储着鉴权信息和加密密钥,用来防止无权用户接入系统和保证通过无线接口的移动用户通信的安全。

AC 属于 HLR 的一个功能单元部分,专用于 CDMA 系统的安全性管理。

⑤ 移动设备识别寄存器(EIR)

EIR 存储着移动设备的电子序列号(ESN),通过检查白色清单、黑色清单或灰色清单这三种表格,在表格中分别列出了准许使用的、出现故障需监视的、失窃不准使用的移动设备的 ESN,使得运营部门对于不管是失窃还是由于技术故障或误操作而危及网络正常运行的 MS 设备,都能采取及时的防范措施,以确保网络内所使用的移动设备的唯一性和安全性。

(4) 操作子系统(OSS)

OSS 需完成许多任务,包括移动用户管理、移动设备管理以及网络操作和维护。

移动用户管理可包括用户数据管理和呼叫计费。用户数据管理一般由归属位置寄存器(HLR)来完成这方面的任务,HLR 是 NSS 功能实体之一。用户识别卡(UIM)的管理也可认为是用户数据管理的一部分,但是,作为相对独立的用户识别卡的管理,还必须根据运营部门对 UIM 的管理要求和模式采用专门的 UIM 个人化设备来完成。呼叫计费可以由移动用户所访问的各个移动交换中心 MSC 和 GMSC 分别处理,也可以采用通过 HLR 或独立的计费设备来集中处理计费数据的方式。

移动设备管理是由移动设备识别寄存器(EIR)来完成的,EIR 与 NSS 的功能实体之间是通过 SS7 信令网络的接口互联,为此,EIR 也归入 NSS 的组成部分之一。

网络操作与维护是完成对 CDMA 系统的 BSS 和 NSS 进行操作与维护管理任务的,完成网络操作与维护管理的设施称为操作与维护中心(OMC)。从电信管理网络(TMN)的发展角度考虑,OMC 还应具备与高层次 TMN 进行通信的接口功能,以保证 CDMA 网络能与其他电信网络一起纳入先进、统一的电信管理网络中进行集中操作与维护管理。直接面向 CDMA 系统 BSS 和 NSS 各个功能实体的操作与维护中心归入 NSS 部分。

可以认为,操作子系统(OSS)已不包括与 CDMA 系统的 NSS 和 BSS 部分密切相关的功能实体,而成为一个相对独立的管理和服务中心。主要包括网络管理中心(NMC)、安全性管理中心(SEMC)、用于用户识别卡管理的个人化中心(PCS)、用于集中计费管理的数据后处理系统(DPPS)等功能实体。

由此可见,CDMA 系统与 GSM 系统的系统结构基本一样,所以在协议和接口方面也都类似,这里就不重复说明。主要区别还是在接口,GSM 采用的是 TDMA/FDMA/FDD,而 CDMA 采用的是 CDMA/FDD。

7.1.3 CDMA 系统的逻辑信道

CDMA 系统的逻辑信道由正向传输逻辑信道和反向传输逻辑信道组成。由图 7.6 可见正向信道是由 BS 到 MS,包括导频信道、同步信道、寻呼信道和正向业务信道,反向信道是由

MS 到 BS，包括接入信道和反向业务信道。

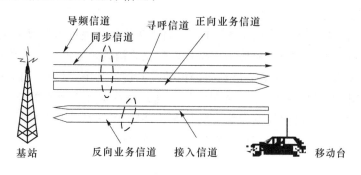

图 7.6　CDMA 系统信道示意图

1. 正向信道

(1) 导频信道

基站使用导频信道为所有的移动台提供基准。导频信号是一种未调制的直接序列扩频 (DSSS) 信号。所有基站的导频信号使用相同的 PN 序列，可以通过唯一对应的时间偏移来识别每一个基站。

主要功能包括：移动台用它来捕获系统；提供时间与相位跟踪的参数；用于使所有在基站覆盖区中的移动台进行同步和切换；导频相位的偏置用于扇区或基站的识别。

(2) 同步信道

同步信道是一种经过编码、交织和调制的扩频信号，它主要传输同步信息（还包括提供移动台选用的寻呼信道数据率），移动台利用导频信道和同步信道可以得到起始时间同步。

同步信道消息包括以下信息：该同步信道对应的导频信道的 PN 偏置；系统时间；长码状态；系统标识；网络标识；寻呼信道的比特率。

(3) 寻呼信道

寻呼信道用来向移动台发送控制信息。在呼叫接续阶段传输寻呼移动台的信息。移动台通常在建立同步后，接着就选择一个寻呼信道（也可以由基站指定）来监听系统发出的系统信息和指令，在移动台接入信道的接入请求完成之后可对信息进行确认。在需要时，寻呼信道可以改作业务信道使用，直至全部用完。寻呼信道信息的形式类似于同步信道信息。

(4) 正向业务信道

正向业务信道共有四种传输速率（9 600、4 800、2 400、1 200 bit/s）。业务速率可以逐帧 (20 ms) 改变，以动态地适应通信者的话音特征。在业务信道中，还要插入其他的控制信息，如链路功率控制和过区切换指令等，正向业务信道还连续不断地发送链路功率控制子信道信息，每 1.25 ms 发送 1 bit（"0"或"1"），"0"表示移动台将平均输出功率提高 1 dB，"1"表示移动台将平均输出功率降低 1dB，实际速率 800 bit/s，以调整移动台的发射功率。

2. 反向传输逻辑信道

(1) 接入信道

移动台使用接入信道给基站发送控制信息，移动台也可以使用接入信道发送非业务信息，提供移动台到基站的传输通路；接入信道和正向传输中的寻呼信道相对应，传送指令、应答和其他有关的信息；所有接入同一系统的移动台共用相同的频率分配，接入信道是一种分时隙的随机接入信道，允许多个用户同时抢占同一接入信道（竞争方式）；每个寻呼信道所支撑的接入信道数最多可达 32 个，编号从 0~31。基站可通过每个移动台的接入代码序列信息来进行识别。

(2) 反向业务信道

与正向业务信道的特点和作用基本相同,反向业务信道处理过程类似于接入信道,最主要的不同是反向业务信道(基本代码)使用数据猝发随机化函数发生器。通过数据猝发随机化函数发生器利用话音激活性,实现减少语音寂静区的反向链路功率,基站反向业务信道接收机在 1.25 ms 的时间间隔内(相当于 24 个调制码元宽度),对特定移动台来的信号强度进行估值,并根据此估值来确定正向功率控制子信道的控制比特取"0"还是取"1",然后采用插入技术,把此控制比特嵌入正向业务信道的正向功率控制子信道中传输。

7.1.4 CDMA 系统的功率控制

功率控制技术是 CDMA 系统的核心技术。功率控制分为正向(下行)功率控制和反向(上行)功率控制,反向功率控制又可分为仅由移动台参与的开环功率控制和移动台、基站同时参与的闭环功率控制。

功率控制的原则:当信道的传播条件突然改善时,功率控制应做出快速反应(如在几微秒时间内),以防止信号突然增强而对其他用户产生附加干扰;相反,当传播条件突然变坏时,功率调整的速度可以相对慢一些。也就是说,宁愿单个用户的信号质量短时间恶化,也要防止许多用户都增大背景干扰。

1. 反向功率控制

反向链路功率控制影响接入和反向业务信道。在发起呼叫和对抗大的路径损耗波动时,使用反向链路功率控制建立链路。

反向功率控制分为由移动台参与的开环功率控制(自动功率控制)和移动台、基站同时参与的闭环功率控制。

(1) 反向开环功率控制

反向开环功率控制也称上行链路开环功率控制。其主要要求是使任一移动台无论处于什么位置,其信号在到达基站的接收机时,都具有相同的电平,而且刚刚达到信干比要求的门限。进行反向开环功率控制的办法是移动台接收并测量基站发来的导频信号强度,并估计正向传输损耗,根据这种估计来调节移动台的反向发射功率。如果接收信号增强,就降低其发射功率;接收信号减弱,就增加其发射功率,移动台的开环功率控制是一种快速响应的功率控制,其响应时间仅有几微秒,动态范围约为 80 dB。它完全是一种移动台自己进行的功率控制。

(2) 反向闭环功率控制

指移动台根据基站发送的功率控制指令(功率控制比特携带的信息)来调节移动台发射功率的过程,其本身具有较快的响应时间使得它能够在实际应用中比反向开环功率控制有优先权,功率控制比特要在正向业务信道的功率子信道上连续地进行传输。每个功率控制比特使移动台增加或降低功率 1 dB。基站测量所接收到的每一个移动台的信噪比,并与一个门限值相比较,其测量周期为 1.25 ms。以决定发给移动台的功率控制指令的是增大或减小它的发射功率。移动台将接收到的功率控制指令与开环功率估算相结合,来确定移动台闭环控制应发射的功率。在反向闭环功率控制中,基站起着重要的作用。

2. 正向功率控制

正向功率控制也称下行链路功率控制,主要是为了减少下行链路的干扰。这不仅限制小区内的干扰,而且对减少其他小区/扇区的干扰尤其有效。通过调整基站向移动台发射的功率,使任意移动台无论处于小区中的任何位置,收到基站的信号电平都刚刚达到信干比所要求的门限值。

7.1.5 CDMA 系统的切换方式

当用户在通话时,从一个小区穿越到另一个小区时,要使通话不中断,在新旧基站间要瞬间切换信道,CDMA 系统中有四种切换方式。

1. 软切换

软切换仅仅能用于具有相同频率的 CDMA 信道之间,软切换提供在基站边界处的正向业务信道和反向业务信道的路径分集,就可以获得分集增益,这意味着总的系统干扰的减少,提高了系统的平均容量,从而保证通信质量,减少了移动台发射功率,延长了电池的使用时间,也就延长了通话时间。

2. 更软切换

切换发生在同一基站具有相同频率的不同扇区之间。移动台与同一基站的不同扇区保持通信。基站 RANK 接收机将来自不同扇区分集式天线话音帧中最好的帧合并为一个业务帧。

3. 硬切换

切换中,移动台先中断与原基站的联系,再与新基站取得联系。硬切换一般发生在不同频率的 CDMA 信道间。如同一移动交换中心(MSC)中的切换、不同 MSC 之间的切换。

4. CDMA 系统到模拟切换

切换中,移动台从 CDMA 业务信道转到模拟话音信道。

7.2 3G 系统

第三代移动通信系统能提供多种类型、高质量的多媒体业务,能实现全球无缝覆盖,具有全球漫游能力,可与固定网络相兼容,并可以小型便携式终端在任何时候、任何地点进行任何种类的通信。由于其诸多的优点,吸引了全世界各个运营商、生产厂家与广大用户。第三代移动通信的优越性逐步替代 GSM 系统,它的特点如下所示。

- 高速率。数据速率可从几 kbit/s 到 2 Mbit/s;高速移动时为 144 kbit/s;慢速移动时为 384 kbit/s;静止时为 2 Mbit/s。
- 多媒体化。提供高质量的多媒体业务,如话音、可变速率数据、活动视频和高清晰图像等多种业务,实现多种信息一体化。
- 全球性。采用公用频段,全球漫游。是一个覆盖全球的、具有高度智能和个人服务特色的移动通信系统。
- 综合化。多环境、灵活性,能把现存的寻呼、无绳电话、蜂窝(宏蜂窝、微蜂窝、微微蜂窝)、移动卫星等通信系统综合在统一的系统中(具有从小于 50 m 的微微小区到大于 500 km 的卫星小区),与不同网络互通,提供无缝漫游和业务一致性。
- 平滑过渡和演进。与第二代系统共存和互通,开放结构,易于引入新技术。
- 业务终端具有多样化的特征。终端既是通信工具,又是一个计算工具和娱乐工具。
- 智能化。主要表现在优化网络结构方面(引入智能网概念)和收发信机的软件无线电化。

7.2.1 IMT-2000 系统

第三代移动通信系统最早由国际电信联盟(ITU)于 1985 年提出,曾被称为未来公众陆地移动通信系统(Future Public Land Mobile Telecommunication System,FPLMTS)。后来考虑到该系统将于 2000 年左右进入商用市场,并且其工作的频段在 2 000 MHz,故于 1996 年正式更名为 IMT-2000(International Mobile Telecommunication-2000)。2000 有三层意思:2000 年、2 000 MHz 的工作频带和 2 000 kbit/s(即 2Mbit/s)。目前国际上 3G 系统的标准包括:WCDMA、CDMA2000 和 TD-SCDMA。图 7.7 为 3G 系统的演进示意图。

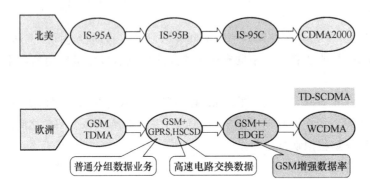

图 7.7　3G 系统的演进示意图

WCDMA 即 Wideband CDMA,也称为 CDMA Direct Spread。其支持者主要是以 GSM 系统为主的欧洲厂商,日本公司也或多或少参与其中,包括欧美的爱立信、阿尔卡特、诺基亚、朗讯、北电,以及日本的 NTT、富士通、夏普等厂商。这套系统能够架设在现有的 GSM 网络上,对于系统提供商而言可以较轻易地过渡,而 GSM 系统相当普及的亚洲对这套新技术的接受度预料会相当高。因此 WCDMA 具有先天的市场优势。

CDMA 2000 也称为 CDMA Multi-Carrier,由美国高通公司为主导提出,摩托罗拉、朗讯和后来加入的韩国三星都有参与,韩国现在成为该标准的主导者。这套系统是从窄频 CDMA One 数字标准衍生出来的,可以从原有的 CDMA One 结构直接升级到 3G,建设成本低廉。但目前使用 CDMA 的地区只有日、韩和北美,所以 CDMA 2000 的支持者不如 WCDMA 多。不过 CDMA 2000 的研发技术却是目前各标准中进度最快的。

TD-SCDMA 该标准是由中国独自制定的 3G 标准,1999 年 6 月 29 日,中国原邮电部电信科学技术研究院(大唐电信)向 ITU 提出。该标准将智能无线、同步 CDMA 和软件无线电等当今国际领先技术融于其中,在频谱利用率、对业务支持具有灵活性、频率灵活性及成本等方面有独特优势。

7.2.2 三种技术的发展

CDMA2000、WCDMA 和 TD-SCDMA 同属 3G 的主流技术标准,但在技术上 CDMA2000 和 WCDMA 是 FDD 的标准,而 TD-SCDMA 则是一个 TDD 标准。WCDMA 和 CDMA2000 都满足 IMT-2000 提出的全部技术要求,包括支持高比特率多媒体业务、分组数据和 IP 接入等。这两种系统的无线传输技术均基于 DS-CDMA,作为多用户接入技术,单就技术来说,WCDMA 和 CDMA2000 在技术先进性和发展成熟度上各具优势,但总体来看,WCDMA 似乎更胜一筹,各家电信企业也因此更加倾向于采用该标准。另外,在传统网络基础和市场推广上,WCDMA 占据着更大的优势。由于全球移动系统有 85% 都在用 GSM 系统,而 GSM 向 3G 过渡的最佳途径就是历经 GPRS 演进到 WCDMA,所以传统网络上的绝对优势使得 CDMA2000 难以对 WCDMA 形成真正的挑战。TD-SCDMA 技术的优点是能够为网络运营商提供从第二代网络向通过现有的传输链接提供第三代业务网络的渐进、无缝的转换,频谱的利用率可能会比普通 GSM 高出 3~5 倍,这些技术优势将会给运营商和终端 OEM 带来较以往更连贯的经营模式,并能够缩短类似 3G 业务的面市时间,促进应用和内容的开发,后者是实现 ARPU 增长的关键因素。作为 ITU-T 接受的低码片率 TDD 世界级标准,能够在一个移动连接过程中大幅度地调节分配给上行链路和下行链路通信的时间比例,是 TD-SCDMA 的一个独一无二的性能。这种特性最大限度地提高了频谱的利用率,对于在亚太区呈现增长态势的移动互联网应用,频谱是一个紧缺的宝贵资源。

1. CDMA2000 主要优劣势分析

CDMA2000 的优点主要是产品成熟度较高,近期建网成本可能稍低;其次非核心频段的产品已大规模商用,有成熟的组网经验,网规网优也比较容易;CDMA 2000 1X 商用终端种类较多,已经超过 300 种。当然 CDMA2000 也有缺点,这主要包括:第一,将来的规模效应较小;第二,全球漫游能力有一定的局限性,尤其在欧洲;第三,核心频段上的产品尚未成熟;第四,必须采用 GPS 同步,所以存在一定的风险。

2. WCDMA 主要优劣势分析

WCDMA 的优势首先是规模效应大,全球漫游能力强,因为 GSM 网络用户占移动用户的 70% 以上,116 家获得 3G 牌照的运营商中的绝大多数(114 家)选择了 WCDMA;第二,WCDMA 已有核心网基于 R4 软交换构架的商用产品,向全 IP 网络演进的路线明确;第三,WCDMA 可以采用异步和同步方式,风险小。WCDMA 劣势主要表现在:第一,标准和产品成熟度较低,版本更新频繁;第二,目前商用终端种类 10 种左右,相对较少,并且互操作性有待验证;第三,目前商用用户较少,市场有待进一步培育。

3. TD-SCDMA 主要优劣势分析

与 WCDMA 和 CDMA2000 共享的频分双工 FDD 模式不同的是,TD-SCDMA 所用的时分双工 TDD 技术是国际电联选用的 3 种 3G 标准中唯一的 TDD 技术,TD-SCDMA 组网可以采用 TSM 和 LCR 两种方式。这使 TD-SCDMA 在某种程度上具有不可替代的优越性,它不是其他制式的补充。TD-SCDMA 无线接入网可部署在现有的 GSM 核心网基础上,这种方式已由 CWTS 制订为 TSM 标准。TSM 可以采用混合组网和独立组网两种方式。TSM 混合组网时,其核心网设备使用现有的 GSM 核心网设备,无线子系统以 A/Gb 接口接入核心网设备,TSM 独立组网时,则需要新建 TSM 核心网设备,一般是 GSM 核心网设备。

当然，与前两种标准相比，尤其是与 WCDMA 相比，TD-SCDMA 也有"尚显稚嫩"的地方。比如，在对 CDMA 技术的利用方面，TD-SCDMA 因要与 GSM 的小区兼容，小区复用系数为3，降低了频谱利用率。又因为 TD-SCDMA 频带宽度窄，不能充分利用多径，降低了系统效率，实现软切换和软容量能力较困难。另外，TD-SCDMA 系统要精确定时，小区间保持同步，对定时系统要求高。

7.2.3 第三代移动通信系统的关键技术

第三代移动通信系统确实给人们展示了一个美好的通信前景，但这些美好前景的实现要以克服第三代移动通信系统所面临的技术难题为前提。以下就是第三代移动通信的新技术。

- 软件无线电技术：基本思想是高速模数和数模转换器尽可能靠天线处理，所有基带信号处理都用软件方式替代硬件实施。
- 智能天线阵技术：可以提高第三代移动通信系统的容量及服务质量。能够以较低的代价换得无线覆盖范围、系统容量、业务质量、抗阻塞和掉话等性能的显著提高。
- 多用户检测技术：为了消除多址干扰影响，利用其他用户的已知信息去消除多址干扰的多用户检测技术。
- 多层网络结构：第三代移动通信系统不可能是一个单一的系统，它应该是一组系统和子系统（包括现在的系统和未来的系统）的不同组合。
- 智能协议：未来移动通信希望自适应移动通信系统结构，自适应移动控制和资源管理，使之能适应不同地区、不同时间、不同环境的通信需求。

7.3 4G 系统

4G 是第四代移动通信及其技术的简称，是集 3G 与 WLAN 于一体并能够传输高质量视频图像且图像传输质量与高清晰度电视不相上下的技术产品。4G 系统能够以 100 Mbit/s 的速度下载，比拨号上网快 2 000 倍，上传的速度也能达到 20 Mbit/s，并能够满足几乎所有用户对于无线服务的要求。第四代移动通信系统超越标准可以在不同的固定、无线平台和跨越不同的频带网络中提供无线服务，可以在任何地方用宽带接入互联网（包括卫星通信和平流层通信），能够提供定位定时、数据采集、远程控制等综合功能。此外，第四代移动通信系统是多功能集成的宽带移动通信系统，是宽带接入 IP 系统。

4G 系统主要具有以下特点。

(1) 高速率，高容量。对于大范围高速移动用户（250 km/h），数据速率为 2 Mbit/s；对于中速移动用户（60 km/h），数据速率为 20 Mbit/s；对于低速移动用户（室内或步行者），数据速率为 100 Mbit/s。4G 系统容量至少是 3G 系统容量的 10 倍以上。

(2) 网络频带更宽。每个 4G 信道将占有 100 MHz 频谱，相当于 WCDMA 3G 网络的 20 倍。

(3) 兼容性更加平滑。4G 接口开放，能够跟多种网络互联，并且具备很强的对 2G、3G 手机的兼容性，以完成对多种用户的融合；在不同系统间进行无缝切换，传送高速多媒体业务数据。

（4）灵活性更强。4G拟采用智能技术,可自适应地进行资源分配。采用智能信号处理技术对信道条件不同的各种复杂环境进行信号的正常收/发。

（5）具有用户共存性。能根据网络的状况和信道条件进行自适应处理,使低、高速用户和各种用户设备能够并存与互通,从而满足多类型用户的需求。

运营商或用户花费更低的费用就可随时随地地接入各种业务。

4G将突破蜂窝网的概念,发展以数字广带(Broad band)为基础的网络,成为一个集无线LAN和基站宽带网络的混合网络,这种基于IP技术的网络架构使得在3G、4G、W-LAN、固定网之间的漫游得以实现。

7.3.1 4G系统的关键技术

1. 正交频分复用(OFDM)

OFDM技术的主要思想就是在频域内将给定信道分成许多窄的正交子信道,在每个子信道上使用一个子载波进行调制,且各子载波并行传输,因此可以大大消除信号波形间的干扰。OFDM还可以在不同的子信道上自适应地分配传输负荷,这样可优化总的传输速率。OFDM技术还能对抗频率选择性衰落或窄带干扰。在OFDM系统中由于各个子信道的载波相互正交,于是它们的频谱是相互重叠的,这样不但减少了子载波间的相互干扰,同时又提高了频谱利用率。

2. 智能天线(SA)与多入多出天线(MIMO)技术

智能天线具有抑制信号干扰、自动跟踪以及数字波束调节等智能功能,被认为是未来移动通信的关键技术。智能天线成形波束能在空间域内抑制交互干扰,增强特殊范围内想要的信号,这种技术既能改善信号质量又能增加传输容量,其基本原理是在无线基站端使用天线阵和相关无线收发信机来实现射频信号的接收和发射。同时通过基带数字信号处理器,对各个天线链路上接收到的信号按一定算法进行合并,实现上行波束赋形。目前智能天线的工作方式主要有两种:全自适应方式和基于多波束的波束切换方式。

3. 软件无线电技术

软件无线电是利用数字信号处理软件实现无线功能的技术,能在同一硬件平台上利用软件处理基带信号,通过加载不同的软件,可实现不同的业务性能。其优点是:

- 通过软件方式,灵活完成硬件功能;
- 具有良好的灵活性及可编程性;
- 可代替昂贵的硬件电路,实现复杂的功能;
- 对环境的适应性好,不会老化;
- 便于系统升级,降低用户设备费用。

软件无线电技术被认为是可以将不同形式的通信技术有效联系在一起的唯一技术。在4G移动通信系统中,软件将会变得非常繁杂。

4. 基于IP的核心网

4G移动通信系统的核心网是一个基于全IP的网络,可以实现不同网络间的无缝互联。核心网独立于各种具体的无线接入方案,能提供端到端的IP业务,能同已有的核心网和PSTN兼容。核心网具有开放的结构,能允许各种空中接口接入核心网;同时核心网能把业务、控制和传输等分开。IP 与多种无线接入协议相兼容,因此在设计核心网络时具有很大的灵活性,不需要考虑无线接入究竟采用何种方式和协议。

7.3.2 4G 系统的标准

1. LTE

LTE(长期演进,Long Term Evolution)项目是 3G 的演进,它改进并增强了 3G 的空中接入技术,采用 OFDM 和 MIMO 作为其无线网络演进的唯一标准。主要特点是在 20 MHz 频谱带宽下能够提供下行 100 Mbit/s 与上行 50 Mbit/s 的峰值速率,相对于 3G 网络大大地提高了小区的容量,同时将网络延迟大大降低:内部单向传输时延低于 5 ms,控制平面从睡眠状态到激活状态迁移时间低于 50 ms,从驻留状态到激活状态的迁移时间小于 100 ms。并且这一标准也是 3GPP 长期演进(LTE)项目,是近两年来 3GPP 启动的最大的新技术研发项目,其演进的历史如下:

GSM→GPRS→EDGE→WCDMA→HSDPA/HSUPA→HSDPA+/HSUPA+→LTE 长期演进

数据速率(bit/s)是:

GSM:9 k→GPRS:42 k→EDGE:172 k→WCDMA:364 k →HSDPA/HSUPA:14.4 M→HSDPA+/HSUPA+:42 M →LTE:300 M

2. LTE-Advanced

LTE-Advanced 的正式名称为 Further Advancements for E-UTRA,它满足 ITU-R 的 IMT-Advanced 技术征集需求,是 3GPP 形成欧洲 IMT-Advanced 技术提案的一个重要来源。LTE-Advanced 是一个后向兼容的技术,完全兼容 LTE,是演进而不是革命,类似于 HSPA 和 WCDMA 之间的关系。

LTE-Advanced 的相关特性如下所示。

带宽:100 MHz。

峰值速率:下行 1 Gbit/s,上行 500 Mbit/s。

峰值频谱效率:下行 30 bit/(s·Hz),上行 15 bit/(s·Hz)。

3. WiMax

WiMax(Worldwide Interoperability for Microwave Access),即全球微波互联接入,WiMAX 的另一个名字是 IEEE 802.16。WiMAX 的技术起点较高,它所能提供的最高接入速度是 70 M,这个速度是 3G 所能提供的宽带速度的 30 倍。对无线网络来说,这的确是一个惊人的进步。WiMAX 逐步实现宽带业务的移动化,而 3G 则实现移动业务的宽带化,两种网络的融合程度会越来越高,这也是未来移动世界和固定网络的融合趋势。

4. HSPA+

HSPA+:高速下行链路分组接入技术,它符合 LTE 的长期演化规范,将作为 4G 网络标准与其他的 4G 网络同时存在,它将很有利于目前全世界范围的 WCDMA 网络和 HSPA 网络的升级与过度,成本上的优势很明显。对比 HSPA 网络,HSPA+ 在室内吞吐量约提高 12.58%,室外小区吞吐量约提高 32.4%,能够适应高速网络下的数据处理,将是短期内 4G 标准的理想选择。目前联通已经在着手相关的规划,T-Mobile 也开通了这个 4G 网络,但是由于 4G 标准并没有被 ITU 完全确定下来,所以动作并不大。

5. WirelessMAN-Advanced

WirelessMAN-Advanced 事实上就是 WiMax 的升级版,即 IEEE 802.11m 标准,802.16 系列标准在 IEEE 正式称为 WirelessMAN,而 WirelessMAN-Advanced 即为 IEEE 802.16m。其中,802.16m 最高可以提供 1 Gbit/s 无线传输速率,还将兼容未来的 4G 无线网络。802.16m 可在"漫游"模式或高效率/强信号模式下提供 1 Gbit/s 的下行速率。该标准还支持"高移动"模式,能够提供 1 Gbit/s 速率。

国际铁路联盟 UIC 计划从 2014 年开始进行 GSM-R 向 LTE-R 的演进工作,确保 GSM-R 的生命周期随电信技术的不断发展而获得延长。另一方面,鉴于 3G 技术使用频点太高,不满足铁路部门希望经济、实惠地实现在广泛地域内的大覆盖目标,而且在语音业务上 3G 技术与 2G 技术并没有本质区别等诸多因素,UIC 明确表示 3G 技术不适用于铁路。因此,未来 GSM-R 不会过渡到 3G,而是直接过渡到 4G LTE-R。

习 题

1. **填空题**
(1) 3G 的三个标准是_____、_____和_____。
(2) CDMA 的概念是_____。
(3) 正向是指_____,反向是指_____。
(4) 我国 GSM-R 系统的工作频段是上行_____和下行_____。
(5) CDMA 的切换方式有_____、_____、_____和_____。

2. **简述题**
(1) CDMA 的特点有哪些?
(2) 3G 的速度最高能达到多少,4G 系统的速度呢?
(3) 简述 GSM-R 的下一代系统是什么,为什么?
(4) 简述三种 3G 技术的发展。
(5) CDMA 的逻辑信道有哪些?

第 8 章 实训指导

本章是实训环节,通过任务导入设置一个情境,介绍 BTS、BSC 设备,并对 BSS 数据进行配置,能让读者从仿真软件中直观地掌握设备的结构及连线情况。

8.1 认识 BSC 设备

8.1.1 任务导入及教学要求

情境导入:武广高速铁路开通后,根据实践情况,需新增一组 BSS 系统,采用的设备为中兴通讯公司的 ZXG10-BSC(V6.0)和 ZXG10 B8018。由厂家安装好设备后,要求维护人员认识 BSC 和 BTS 相关设备和连线,掌握设备单板的功能并熟悉连线类型。

1. 实训目的

本次实训主要解决上述问题。通过走进 BSS 机房,认识 BSC 设备,可以掌握以下内容:
(1) 能解释 iBSC 在网络中的位置。
(2) 能叙述 ZXG10-BSC(V6.0)IBSC 系统各项指标及对外连接方式。
(3) 认识 ZXG10-IBSC 硬件结构组成并熟悉其功能。
(4) 对 ZXG10-IBSC 组网方式和系统配置有一定的了解。

2. 实训要求

(1) 严格遵守实验室要求,爱护试验设备,遵守操作规范。
(2) 熟记机房日常检修八字诀。
听:听异常声响;听告警声音。
看:看机房门窗;看机房环境;看机房照明;看设备显示;看地沟盖板;看设备外观。
查:查消防设施;查台账资料;查备品备件;查工具仪表;查环境卫生;查接头强度;查设备地线;查线缆标牌,查录音记录。
整:整地沟缆线;整柜内配线;整插接强度;整设备标牌。
测:测交流电压;测备用通道;测地线指标;测电池电压。
试:试通话质量;试交流倒换;试电池放电。
清:清地沟缆线;清地面杂物;清设备卫生;清台账记录;清工具仪表。
核:核动环网管;核传输网管;核 G 网网管。

8.1.2 教学内容 BSC 设备认知

1. 系统概述

(1) 系统背景

GSM 作为语音业务为主的第二代数字移动蜂窝通信系统在全世界范围内已经得到了广

泛的应用,但是随着移动通信技术的发展和业务的多样化,人们对移动数据业务的需求不断增加,对 GSM 设备提出了明显的数据业务需求,如 IP Gb 口、Iu 口对接,大容量的数据接口,与 3G 业务融合等。为满足以上需求,中兴通讯自主研发了 ZXG10 iBSC

(2) iBSC 在网络中的位置

XG10iBSC(V6.2)在网络中的位置如图 8.1 所示。ZXG10iBSC(V6.2)属于 GERAN (GSM/EDGE 地面无线接入网络)的一部分,GERAN 无线网络包括一个或多个基站子系统(BSS),一个 BSS 由一个 BSC 和一个或多个 BTS 组成。BSC 和 BTS 之间通过 Abis 接口相连,BSC 之间、BSC 和 RNC 之间可以通过地 Iur-g 接口相连。

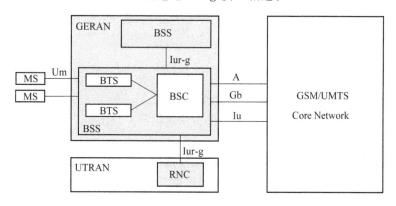

图 8.1　iBSC 在网络中的位置

GERAN 与 CN 间通过 A/Gb/Iu 接口相连。GERAN 有两种工作模式:A/Gb 模式和 Iu 模式,GERAN 可以同时工作在两种模式下。此时,2G 的移动台采用 A/Gb 工作模式,支持 Iu 模式的移动台采用何种工作模式由 GERAN 和移动台共同决定。

(3) 系统功能

ZXG10iBSC(V6.2)支持 GSM phaseⅡ＋标准中规定的基站控制器的业务功能,同时兼容 GSM phaseⅡ 标准,主要功能如下:

① 支持 GSM900、GSM850、GSM1800 和 GSM1900 网络。

② 支持协议规定的基站管理功能,可以管理 ZXG10-BTS 系列产品的混合接入。

③ 通过前后台接口与 iOMCR 连接,实现对 BSS 的操作维护管理。

④ 支持多种业务种类:电路型语音业务、电路型数据业务、短消息业务(支持中文短消息)、GPRS 业务等。

⑤ 支持信道管理功能,包括地面信道管理、业务信道管理和控制信道管理。

⑥ 支持跳频功能和连续非发射(DTX)和语音激活监测(VAD)。

⑦ 支持多种切换。支持同步切换、非同步切换和伪同步切换。支持 900 MHz 频段内、1 800 MHz 频段内、900 MHz 和 1 800 MHz 频段间的切换。能处理切换测量并切换。

⑧ 支持 MS 和 BTS 的 6 级静态、15 级动态功率控制,支持基于接收质量的快速功率控制。

⑨ 支持 2G/3G 系统间切换。支持 CS 业务下 3G 到 2G 切入/切出功能。

⑩ 支持丰富的接口类型。ZXG10iBSC 可支持 STM-1 接口、FE 接口和 E1 接口。

(4) 系统特点

ZXG10iBSC(V6.00)是中兴通讯自行研制开发的大容量基站控制器,具有以下特点:采用全 IP 的硬件平台、容量大;处理能力强、提供标准的 A 接口;模块化设计、扩容方便;组网方式灵活;可靠性高等。

2. 系统指标

(1) 物理指标

① 外观尺寸:2 000 mm × 600 mm × 800 mm(高 × 宽 × 深)。

② 整机重量:ZXG10iBSC单机柜总重量不超过350 kg。

(2) 电源指标

① 供电范围:ZXG10iBSC输入电压额定值:-48 VDC;直流电压波动范围:-40 VDC~-60 VDC。

② 功耗指标:ZXG10iBSC单机柜满配最大功耗2 200 W;ZXG10iBSC双机柜满配最大功耗5 200 W。

(3) 环境要求

① 接地要求

接地方式:机柜同时提供上接地和下接地两种方式。

接地电阻:机柜搭接电阻0.1Ω~0.3Ω;机房接地电阻<1Ω。

② 温湿度要求

工作温度:长期工作温度0℃~40℃;短期工作温度-5℃~45℃。

相对湿度:长期工作相对湿度20%~90%;短期工作相对湿度5%~95%。

(4) 接口指标

ZXG10iBSC对外连接说明见表8.1所示,各接口指标说明见表8.2所示。

表8.1 ZXG10 iBSC 对外连接方式

连接方式	A口(连接MSC)	Abis口(连接BTS)	Gb接口(连接SGSN)	前后台接口
STM-1	√	×	×	×
FE	√	√	√	√
E1	√	√	√	×

表8.2 ZXG10 iBSC 接口指标

接口		单机柜配置	双机柜配置(最大容量)
A接口		224路E1或4路STM-1	672路E1或12路STM-1
Abis接口(连接BTS)	采用E1传输时	208条	624条
	采用FE和E1传输	104条E1+4条FE	312条E1+12条FE
	采用FE传输时	4	12
Gb接口流量(连接SGSN)(Mbit/s)	A口采用E1方式	32条	96条
	A口采用STM-1方式	32条	160条

(5) 容量指标

A接口最大容量为672路E1或12路STM-1;Gb接口最大容量为160 Mbit/s(A口采用STM-1方式时)或96 Mbit/s(A口采用E1方式时)。No.7链路最大数量为16条64 bit/s链路或者2条2 Mbit/s No.7链路。系统最大载频数量为3 072个。系统最大站点数量为1 536个。BHCA:4 200k,最大话务量为15000Erl。

ZXG10iBSC(V6.00)硬件系统总体框图如图8.2所示。逻辑上,ZXG10iBSC(V6.00)系

统可以分为6个单元,各单元功能如下:
- 接入单元为iBSC系统提供A接口、Abis接口和Gb接口的接入处理。iBSC系统的接入单元具体包括A接口单元(AIU)、Abis接口单元(BIU)、Gb接口单元(GIU)等;
- 交换单元为系统提供一个大容量、无阻塞的交换平台;
- 处理单元实现系统控制面和用户面的上层协议处理;
- 操作维护单元完成对iBSC系统的管理,并提供全局配置数据存储、前后台接口;
- 外围设备监控单元完成对iBSC机柜电源和环境的检测与告警,并对机柜风扇进行检测与控制;
- TC单元完成码型变换和速率适配。

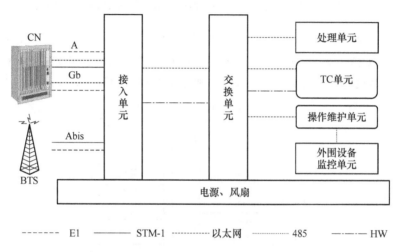

图 8.2　ZXG10iBSC(V6.00)硬件系统总体框图

3. 认识 ZXG10-IBSC 硬件结构

在虚拟机房中打开机柜,如图8.3所示,打开机柜可以看到IBSC的正面和背面,业务插槽的前插板和后插板如图8.4所示。

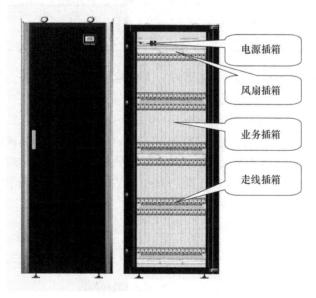

图 8.3　IBSC 机柜

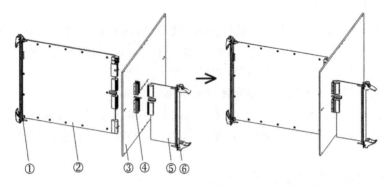

①前插单板面板 ②前插单板 ③背板 ④插槽 ⑤后插单板 ⑥后插单板面板

图 8.4 业务插槽的前插板和后插板

ZXG10 iBSC(V6.20)系统包括三种机框:控制框、资源框和分组交换框。机框的位置如图 8.5 所示。2 号机柜根据实际情况增加。各机框的功能说明见表 8.3 所示。

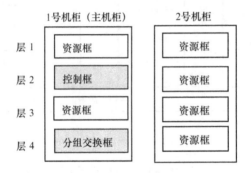

图 8.5 各机框的位置

表 8.3 各机框的分类和功能

机框类型	功能
控制框	完成系统的全局操作维护功能、全局时钟功能、控制面处理以及控制面以太网交换功能
资源框	完成系统的接入,构成各种通用业务处理子系统
分组交换框	为系统提供大容量无阻塞的 IP 交换平台

机框内配置单板,单板根据装配关系可以分为前插单板和后插单板。前插单板和后插单板通过插槽插在背板上,前插单板面板上安装显示单板运行状态的指示灯,后插单板辅助前插单板,引出对外信号接口(光纤从前插单板面板引出)及调试口,实现同一机架不同机框之间、不同机架之间以及系统对外部网元的连接。ZXG10 iBSC(V6.20)系统中的单板说明见表 8-4 所示。

ZXG10 iBSC(V6.20)软件系统由前台软件和后台软件两部分组成。前台软件运行在 ZXG10 iBSC 设备上,后台软件运行在网管服务器和客户端上。ZXG10 iBSC 软件架构如图 8.6 所示。

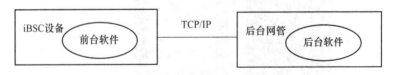

图 8.6 ZXG10 iBSC 软件架构

表 8.4 ZXG10 iBSC 单板列表

单板标识	中文含义	功能简介	单板功能名	对应后插板
GIPI	千兆 IP 接口板	为 iBSC 系统提供 GE 接口,每块 GIPI 板提供 1 个千兆对外电口或光口,1 个对内用户面千兆电接口	IPBB、IPAB、IPGB	RGER
BIPI	BSC IP 接口板	为 iBSC 系统提供 FE 接口,每块 BIPI 板提供 4 个 FE 口	IPBB、IPAB、IPGB	RMNIC
EIPI	E1 IP 接口板	提供 E1 的 IP 接入	EIPI	—
CHUB	控制面互联板	CHUB 和 UIMC/UIMU 板配合,负责系统内部控制面数据流的交换和汇聚	CHUB	RCHB1、RCHB2
CLKG	时钟产生板	完成 iBSC 系统时钟功能	CLKG	RCKG1、RCKG2
ICM	集成时钟模块	完成 iBSC 系统时钟功能,带有 GPS 收发器	ICM	RCKG1、RCKG2
CMP	控制处理板	完成 PS/CS 域的业务呼叫控制管理,BSSAP、BSSGP 等子层及系统自身的资源管理	CMP	—
DTB	数字中继板	每块 DTB 板提供 32 路 E1 接口	DTB	RDTB
GLI	千兆线路接口板	为各资源框互联提供接口和处理功能	GLI	—
GUP2	GSM 通用处理板	实现码型变换、TDM 包和 IP 包转换、用户面协议处理、RTP 协议处理及打包功能	BIPB2、AIPB DRTB2、UPPB2 TIPB2	—
GUP	GSM 通用处理板	实现 Abis 接口处理、码型变换和速率适配功能	BIPB、DRTB TIPB、UPPB	—
OMP	操作维护处理板	完成系统全局处理,对外提供一个 FE 接口和操作维护系统连接;直接或间接监控和管理系统中的单板	OMP	RMPB
PSN	分组交换网板	完成大容量的用户数据交换	PSN	—
SDTB2	光数字中继板	提供 2 个 155 M 的 STM-1 标准接口	SDTB2	RGIM1
SDTB	光数字中继板	提供 1 个 155 M 的 STM-1 标准接口	SDTB	RGIM1
SPB2	信令处理板	实现信令处理功能和对外 E1 接口功能	SPB2、GIPB2、LAPD2	RSPB
SPB	信令处理板	可实现信令处理和对外接口功能	SPB、GIPB、LAPD	RSPB
SBCX	服务器单板	保存 OMP 需要存放的一些文件	SVR	RSVB
UIMC	控制面通用接口模块	负责为控制框和分组交换框提供交换平台	UIMC	RUIM2、RUIM3
GUIM	千兆通用接口模块	负责为资源框提供内部交换平台	GUIM	RGUM1、RGUM2
UIMU	用户面通用接口模块	负责为资源框提供内部交换平台	UIMU	RUIM1

(1) 控制框

控制框是 ZXG10 iBSC 的控制核心,完成对整个系统的管理和控制,同时提供 iBSC 系统的控制面信令处理,并负责系统的供给和时钟同步功能。每个 iBSC 系统必须配一个控制框。控制框必须位于1号机2号框。

① 机框

控制框的背板采用 BCTC,包括 OMP,CMP,CLKG,UIMC,SVR,CHUB 等单板。控制框位于机架的第二层业务插箱位置,负责本机架的控制面信令处理,操作维护处理以及时钟等功能,用于构成系统分布式处理平台。

控制框配置如图 8.7 所示,相关说明如表 8.5 所示

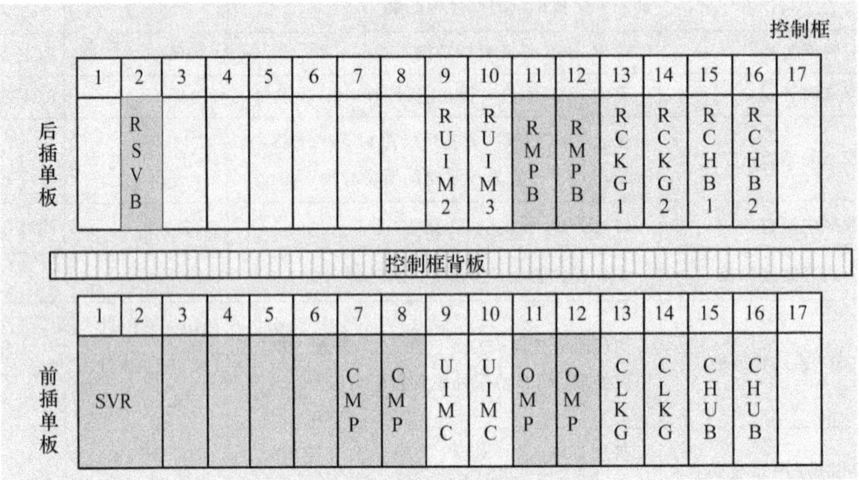

图 8.7 控制框配置示意图

表 8.5 控制框单板列表

前插单板	后插单板	背板
操作维护处理板(OMP)	MPB 后插板(RMPB)	控制框背板(BCTC)
呼叫控制处理板(CMP)	—	
控制面通用接口模块(UIMC)	UIM 后插板 2(RUIM2)	
	UIM 后插板 3(RUIM3)	
控制面互联板(CHUB)	CHUB 板后插板 1(RCHB1)	
	CHUB 板后插板 2(RCHB2)	
时钟产生板(CLKG)	CLKG 后插板 1(RCKG1)	
	CLKG 后插板 2(RCKG2)	
服务器板(SVR)	SVR 后插板(RSVB)	

控制框内单板配置说明如下:
- OMP 单板 2 块,主备配置,固定插在 11~12 槽位,必须配置;
- CMP 单板 2~10 块,可以插在 1~8 槽位和 13~16 槽位,数目根据配置容量可选;
- CLKG 单板 2 块,主备配置,固定插在 13~14 槽位,必须配置;

- CHUB 单板 2 块,主备配置,固定插在 15~16 槽位,必须配置;
- SVR 单板 1 块,固定插在 2~8 槽位,必须配置;
- UIMC 单板 2 块,主备配置,固定插在 9~10 槽位,必须提供,必须配置;
- RUIM2 单板 1 块,固定插在 9 槽位,必须提供;
- RUIM3 单板 1 块,固定插在 10 槽位,必须提供;
- RMPB 单板 2 块,固定插在 11,12 槽位,必须提供;
- RCKG1 单板 1 块,固定插在 13 槽位;RCKG2 单板 1 块,固定插在 14 槽位;
- RCHB1 单板 1 块,固定插在 15 槽位;RCHB2 单板 1 块,固定插在 16 槽位。

② 原理

机框间信号交互:在 iBSC 系统中,可配一对时钟产生板(CLKG)。通常将 CLKG 配在控制框,然后通过电缆向分组交换框和各资源框分发系统时钟。OMP、SVR 单板通过 HUB 与 iOMCR 连接,并实现内、外网段的隔离。CHUB 单板作为控制流汇接中心,实现分组交换框、资源框和控制框控制流汇接。

机框内信号处理:BCTC 背板用于承载信令处理板和各种主控制模块,完成控制面的汇接和处理,并在多框设备中构成系统的分布处理平台。UIMC 单板是控制框的信令交换中心,用以完成各模块间的信息交换。

OMP 单板实现整个系统操作维护相关的控制(包括操作维护代理)。OMP 单板是 ZXG10iBSC 操作维护处理的核心,直接或间接监控和管理系统中的单板,提供以太网和 RS485 两种接口对系统单板进行配置管理。SVR 通过 HUB 连接 iOMCR,保存 OMP 需要存放的一些文件,并对这些文件按照 iOMCR 所要求的格式进行组织。CMP 板连接在控制面交换单元上,负责完成所有控制面的协议处理。

③ 单板

- CMP 单板(控制处理板)主要功能:PS/CS 域的无线业务呼叫控制处理、协议处理及系统自身的分布式资源管理。
- OMP(操作维护处理)单板负责处理全局过程并实现整个系统操作维护相关的控制(包括操作维护代理),连接 OCM-R,隔离内外网段。
- UIMC(控制面通用控制接口板):实现控制框内部的以太网二级交换功能,同时对内提供一个 GE 口,用于在控制框内与 CHUB 单板连接。实现框内单板时钟分发(8k/16M)。提供对其他单板复位功能。
- CLKG 单板:CLKG 单板负责系统的时钟供给和外部同步功能。支持主备倒换功能。
- CHUB 单板:CHUB 和 UIMU/UIMC 板配合,负责系统内控制面数据流的交换与汇聚。
- SVR 单板:SVR 是位于前台机架上的刀片式服务器,在系统中的作用是保存 OMP 需要存放的一些性能分析和告警数据,并对这些数据按照 iOMCR 所要求的格式组织。方便后台定制查询前台消息。

(2) 交换框

分组交换框为 iBSC 系统内部各功能实体的用户面数据提供 IP 交换功能,并能根据不同的用户提供相应的 QoS 功能。每个 iBSC 系统至少配一个分组交换框。配置于主机柜的第四层。

① 机框

交换框提供系统的一级 IP 交换平台，供多资源框用户面扩展用。交换框主要包括背板 BPSN、单板 GLI、PSN 和 UIMC 等单板。交换框配置如图 8.8 所示，相关说明如表 8.6 所示。

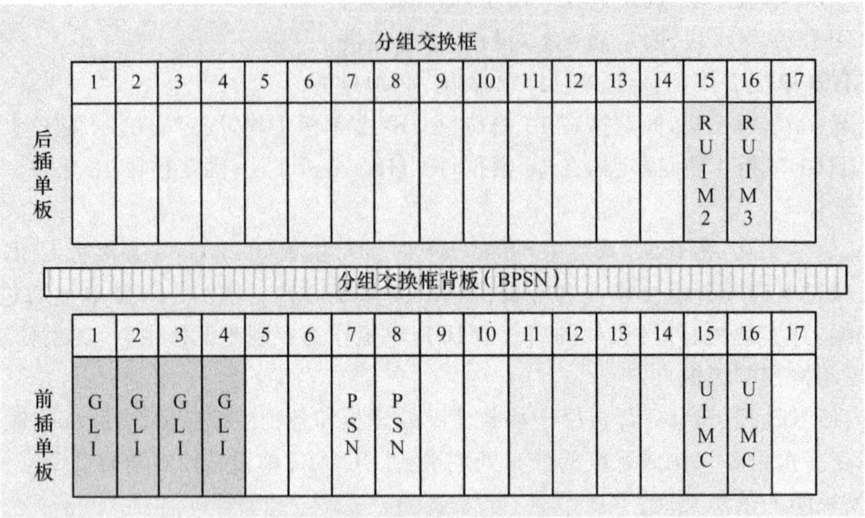

分组交换框

	1	2	3	4	5	6	7	8	9	10	11	12	13	14	15	16	17
后插单板															RUIM2	RUIM3	
分组交换框背板（BPSN）																	
	1	2	3	4	5	6	7	8	9	10	11	12	13	14	15	16	17
前插单板	GLI	GLI	GLI	GLI			PSN	PSN							UIMC	UIMC	

图 8.8 分组框配置示意图

表 8.6 分组框单板列表

前插单板	后插单板	背板
分组交换网板（PSN）		分组交换网背板（BPSN）
千兆线路接口板（GLI）	—	
控制面通用接口模块（UIMC）	UIM 后插板 2（RUIM2）	
	UIM 后插板 3（RUIM3）	

交换框内单板配置说明如下：
- UIMC 单板 2 块，完成分组交换框控制面交换功能。固定插在 15～16 槽位，必须提供；
- PSN 单板 2 块，完成线卡间数据交换功能。固定插在 7～8，必须提供；
- GLI 单板 2～8 块，完成 GE 线卡功能。可以插在 1～4 和 11～14 槽位，数目根据配置容量可选，必须成对出现；配置时按从左往右增加的原则进行。

相关后插板配置说明如下：
- RUIM2 单板 1 块，固定插在槽位 15，必须提供；
- RUIM3 单板 1 块，固定插在槽位 16，必须提供。

② 原理

分组交换框提供了 iBSC 内部的分组交换功能，下面介绍分组交换框是怎样提供这些功能的。

机框间信号交互：各资源框通过 UIMU 板前面板的光口和交换框的 GLI 相连。控制框通过 CHUB 单板对应的后插板 RCHB1 和 RCHB2 与交换框的 UIMC 相连。时钟信号通过 CLKG 后插板 RCKG1 和 RCKG2 与交换框的 UIMC 相连，实现时钟传送。

机框内信号处理：分组交换框通过 GLI 接入用户面数据进行相应处理，然后通过背板的高速信号线将数据发送到分组交换网络板 PSN 完成交换，最后 GLI 从分组交换网络板 PSN 接收交换后的数据，完成相应处理，发送到目的端口。

UIMC 的交换是以以太网总线作为子系统内部控制总线，连接子系统各模块，实现路由信息分发收集、系统的配置维护管理，同时实现高层协议和信令数据的传递。

③ 单板

• GLI 单板在 iBSC 系统中位于一级交换子系统中，完成物理层适配、IP 包查表、分片、转发和流量管理功能，处理双向 2.5 Gbit/s 线速处理转发，实现和各资源框的接口以及对外接口功能。

• PSN(分组交换网板)单板：包交换单板，提供双向各 40 Gbit/s 用户数据交换能力；是媒体面数据的核心交换。

• UIMC(控制面通用接口模块)和控制框 UIMC 相同，用于 BPSN 框控制流以太网数据交换和汇接到处理器框。

(3) 资源框

资源框作为通用业务框，可混插各业务处理单板，构成各种通用业务处理子系统。资源框可配置 Abis 接口单元、A 接口单元、PCU 单元、TC 单元。两个资源框构成一个资源单板配置基本单元(Resources board Configuration Basal Unit，RCBU)，系统扩容时，增加 RCBU 即可。

① 机框

RCBU 包含 AIU(A 接口单元)、BIU(Abis 接口单元)、TCU(码型变换和速率适配单元)、GIU(Gb 接口单元)单元，一个 RCBU 支持的系统容量如下所示。

• 载频：1024 TRX；

• Abis 口：208 条 E1(在支持 IP Abis 情况下，支持 E1 和 FE 两种接口，以 E1 和 FE 各接入 512 载频的情况下，可以支持 104E1 和 4 个 FE)；

• A 口：224 条 E1 或者 4 条 STM-1；

• Gb 口：32 Mbit/s，由两个 BUSN 机框实现。

资源框的位置没有特殊限制，在 1 号机柜一般配置于第一层或第三层，在 2 号机柜可位于任意层。资源框有多种配置，此处以 Abis 接口采用 FE+E1、A 接口采用 E1 为例。

资源框配置如图 8.9 所示，相关说明如表 8.7 所示。

前插板

1	2	3	4	5	6	7	8	9	10	11	12	13	14	15	16	17
DTB	DTB	GUP	DTB	GUP	GUP	BIPI	BIPI	UIMU#C	UIMU#C	GUP	UPPB	SPB BIPI	DTB	GUP	SPB	GUP
SPB	DTB	DTB	DTB	GUP	GUP	GUP	GUP	UIMU#C	UIMU#C	GUP	GUP	GUP	DTB	SPB	GUP	DTB

后插板

1	2	3	4	5	6	7	8	9	10	11	12	13	14	15	16	17
RDTB	RDTB		RDTB			RMNIC	RMNIC	RUIM1	RUIM1			RSPB RMNIC	RDTB		RSPB	
RSPB	RDTB	RDTB	RDTB					RUIM1	RUIM1				RDTB	RSPB		RDTB

图 8.9　资源框配置示意图

表 8.7 资源框单板列表

	单板	数量	备注
BIU	DTB	6/3	每块 DTB 提供 32 条口 E1,在采用 IP 方式时,需要 3 块 DTB 单板
	BIPI	2	仅仅在 IP Abis 情况下使用,一对 BIPI 提供 4 个 FE
	SPB	2	处理 LAPD 链路,每板按照 256 条处理能力,提供 8 条 E1
	VTCD(GUP)	3	按照每块 VTCD 处理 342 载频处理能力计算
AIU	DTB/SDTB	6/4	E1 方式时,DTB 和 SPB 一起共提供 224 条 E1 的 A 接口。采用光接口时,提供 4 条 STM-1
	SPB	2	负荷分担方式处理 7 号信令,提供 32 条 E1 接口
	VTCD(GUP)	9	TC 功能,平均按照每块 VTCD 支持 60 路
GIU	SPB	1	E1 接入方式下,GPRS 业务帧中继和接入,每块单板流量 32 Mbit/s
	BIPI	1	FE 接入方式下,GPRS 业务帧中继和接入,每块单板流量 64 Mbit/s
	VTCD(UPPB)	1	每 DSP 处理 160 路 16 k 流量,每单板处理 35.8 Mbit/s 流量

② 原理

机框间信号交互:UIMU 单板提供对外连接资源框的控制以太网通道,与控制框的控制流汇接中心 CHUB 单板互联。UIMU 单板与分组交换框的 GLI 单板互联,实现不同资源板之间的一级交换。DTB、SPB 单板提供 E1 接口,SDTB 板提供 STM-1 接入。BIPI 提供 FE 接入。控制框的 CLKG 单板通过线缆向各资源分发系统时钟。

机框内信号处理:BUSN 作为资源框背板,可以混插各种业务处理模块,构成通用业务处理子系统。UIMU 是资源框各种数据的汇接和交换中心,用以完成各种模块间的信息交换。UPBB 完成用户面相关无线协议处理。GUP 实现 TC 码型变换和速率适配、TDM 到 IP 包的转换。

③ 单板

• 用户面通用媒体接口板(UIMU)主要完成资源框内部以太网二级交换、电路域时隙复接交换、资源框管理等功能;同时提供资源框对外接口。

• SPB(信令处理板)单板对外提供 16 路 E1/T1 接口;含有 4 个 CPU 处理单元;可用作逻辑单板,LAPD、信令处理板 SPB 和 Gb 接口处理板 GIPB 等。

• GUP(GSM 通用处理板)根据实现的功能不同,GUP 板可作为两种功能板:Abis 接口处理板 BIPB 和双速率变换板 DRTB。

• DTB(数字中继板)单板:提供 32 条 E1/T1 接入;支持 75Ω 同轴、120Ω 双绞线接入;线路时钟提取。

④ 接口单元实现

Abis 接口单元(E1 Abis):由 DTB、SPB 和 GUP 板组成,DTB 单板作为接口板,通过对外 E1 接口接入 BTS 过来的数据;SPB 实现 LAPD 协议处理;GUP 搜索每个信道的 20 ms TRU 帧(或 PCU 帧),再按每个信道的 TRU 帧(PCU 帧)转换为 IP 包送到 TCU(UPU)处理。下行方向反之。A 接口单元(AIU):语音信道 DTB/SDTB 和 SPB 板 E1 接入后经过本资源框 UIMU 上的 T 网交换到 TCU。

7 号信令时隙原则上通过 SPB 板的 E1 接入,直接送到本 SPB 上的 CPU 完成 MTP2 处理,然后组成 IP 包通过控制面交换网送到 CMP;也可以从本框上 DTB/SDTB 接入,再通过本资源框 UIM 上的 T 网交换到 SPB 上处理。

Gb 接口单元(GIU):E1 接口时,采用 SPB 板实现,每块 SPB 板提供 16 条 E1,Gb 口采用 IP 承载时(R5 中增加),物理上采用 BIPI(MNIC)板做 IP 接口单板,每个 BIPI 对外提供 4 个 FE 口。

PCU 单元:E1 接口时,采用 SPB 板+UPPB 板实现;从 Abis 口来的 PCU 帧通过 PSU 交换到 PCU 单元,由 UPPB 实现 BSSGP 和 RLC/MAC 协议的处理,由 SPB 实现 FR 协议的处理并提供 E1 接口;FE 接口时,采用 BIPI 板+UPPB 板实现;一块 SPB 板处理能力为 32 Mbit/s,一块 BIPI 处理能力为 64 Mbit/s,相当于两块 SPB 板的处理能力。

(4) 单板通用常识

① 单板前插板和后插板

后插板是无源单板,方便从背板引线(主要是电缆,如 E1、网线等)和对应前插板配对使用。前插板是处理资源实体单板,所有系统光纤从前面板出。

② 前插板通用指示灯

所有前插板(除 SVR)都有 RUN/ENUM/ACT/ALM 四个指示灯,表示单板工作状态。单板面板通用指示灯含义如表 8.8 所示。

表 8.8 单板面板通用指示灯含义

灯名	颜色	含义	说明
RUN	绿	运行指示灯	常亮:通电且单板故障 快闪:正常运行,加载数据 慢闪:正常运行 常灭:无电或故障
ALM	红	告警指示灯	常亮:告警 常灭:正常
ENUM	黄	拔板指示灯	常亮:表示微动开关打开;单板插板不到位,没有下载版本 灯 5 Hz 闪烁(快闪):表示微动开关告警;单板运行中,微动开关被打开,告警 灯 1 Hz 闪烁(慢闪):表示可以拔板;单板运行中,微动开关被打开,单板为备用或者让出资源,可以拔板 常灭:表示微动开关正常
ACT	绿	主备指示灯	灯亮:表示单板主用 灯灭:表示单板备用

8.1.3 技能训练

1. 列表说明 ZXG10 iBSC 对外连接方式及接口指标。
2. 画出 ZXG10iBSC(V6.00)硬件系统总体框图,写出单元的功能。
3. 画出 ZXG10iBSC(V6.00)机架的基本配置图,对照 ZXG10iBSC(V6.00)设备中各机框及各机框的单板,写出各单板的功能。
4. 观察开机过程中和正常工作时各单板的指示灯状态,跳线连接,用表格的形式写出各单板的类型、名称、所属单元、可插槽位、工作状态。
5. 观察 ZXG10 iBSC 设备之间的连线并填写下表。

层	机框名称	单板名称	简单说明连线单板类型及连线方向	接口类型及物理连线类型
第一层	资源框	SPB 为信令处理板，对应的后插板为 RSPB	RSPB 板有两根连接线，一根连到_____，一根连到_____层框	接口类型：_____ 物理连线：_____
第二层	控制框	CHUB 为_____，对应的后插板为_____	RCHB 板连线，连到第_____层、第_____层、第_____层机框	物理连线为_____
		CLKG 为_____，对应的后插板为_____	RCKG 连线到第_____层、第_____层、第_____层机框	物理连线为_____
		OMP 为_____，对应的后插板为_____	OMP 板连线到_____，另一根连线到_____	物理连线为_____和_____
第三层	资源框	SPB 为_____，对应的后插板为_____	RSPB 版有三根连线，一根连到_____，一根连到_____，一根连到_____	接口类型：_____ 物理连线为_____
第四层	交换框	GLI 为_____	GLI 两个光口连到第一层机框_____，两个光口连到第三层机框_____	物理连线为_____

8.2 认识 BTS 设备

8.2.1 任务导入及教学要求

情境导入：武广高速铁路开通后，根据实践情况，需新增一组 BSS 系统，采用的设备为中兴通讯公司的 ZXG10-BSC(V6.0)和 ZXG10 B8018。由厂家安装好设备后，要求维护人员认识 BSC 和 BTS 相关设备及连线，掌握单板组成的功能并熟悉连线类型。

1. 实训目的

本次实训主要解决上述后三个问题。通过走进 BSS 机房，认识 BSC 设备，可以掌握以下内容。

(1) 熟悉 BTS 的概念、功能及在通信网中的位置。
(2) 能叙述 BTS 的通用结构与功能。
(3) 能解释 ZXG10 B8018 BTS 机柜的主要单板名称及功能。
(4) 能说明基站子系统的多种组网方式及优缺点。
(5) 能了解中兴 ZXG10 B8018、B8112 和 M8202 三种基站的适用范围。
(6) 能说明宏蜂窝小区、微蜂窝小区、微微蜂窝小区的适用范围，并能提出解决热点和盲点的措施。

2. 实训要求

(1) 严格遵守实验室要求，爱护试验设备，遵守操作规范。
(2) 熟记机房日常检修八字诀。

听：听异常声响；听告警声音。
看：看机房门窗；看机房环境；看机房照明；看设备显示；看地沟盖板；看设备外观。
查：查消防设施；查台账资料；查备品备件；查工具仪表；查环境卫生；查接头强度。

查设备地线；查线缆标牌，查录音记录。

整：整地沟缆线；整柜内配线；整插接强度；整设备标牌。

测：测交流电压；测备用通道；测地线指标；测电池电压。

试：试通话质量；试交流倒换；试电池放电。

清：清地沟缆线；清地面杂物；清设备卫生；清台账记录；清工具仪表。

核：核动环网管；核传输网管；核G网网管。

8.2.2 教学内容1 认识 ZXGG10 B8018

1. 系统概述

(1) 系统背景

ZXG10 B8018 是中兴通讯第三代基站产品，是一种室内宏蜂窝基站。

ZXG10 B8018 在 ZXG10-BTS(V2)第二代基站产品的基础上升级，采用了许多最新的技术，从软件、硬件、系统可靠性等多方面进行了较大改进。ZXG10 B8018 不仅保留了原 ZXG10-BTS(V2)的所有优点，而且还增加了许多新的功能和业务以满足市场的需要，ZXG10 B8018 的开发，更加丰富了中兴通讯系列化的基站产品，使得 ZXG10 系统具备更加灵活的组网方式，具有更强的市场竞争力。

ZXG10 B8018 主要适用于业务量密集的大中城市和中小城市的业务密集地区，如繁华商业区、机场等地，也适合中小城市和农村地区业务量较小地区的覆盖，通过合理的网络规划，也可适应各种不同的地域环境，如山区、丘陵、高速公路等。

(2) 系统简介

ZXG10 B8018 属于 GERAN(GSM/EDGE Radio Access Network)系统中基站子系统 BSS 中的无线收发信台，由基站控制器 BSC 控制，服务于某个小区。B8018 通过 Abis 接口与 BSC 相连，协助 BSC 完成无线资源管理，通过 Um 接口实现与移动终端的无线传输及相关控制功能。此外，还完成无线链路上的第一层协议和第二层协议以及相关的控制功能。ZXG10 B8018 在网络中的位置如图 8.10 所示。

(3) 主要功能

① ZXG10 B8018 支持 GSM Phase I/GSM Phase II/ GSM Phase II+标准，支持 GSM900、EGSM900、GSM850、GSM1800 和 GSM1900 工作频段，支持不同频段的模块共机柜。

② 支持 GPRS 的 CS1～CS4，EDGE 的 MCS1～MCS9 信道编码方式，并能根据监视和测量结果动态调整信道编码方式。

③ 支持多种类分集技术。

④ 支持跳频，提高系统抗瑞利衰落的能力。

⑤ 支持不连续发送 DTX 方式，减少发射机功率，降低空中信号总干扰电平。

⑥ 支持时间提前量 TA 的计算，支持超覆盖小区，小区覆盖半径理论上最大可 120 km。

⑦ 单机柜支持 18 个载频，单站点支持 54 个载频。

⑧ 灵活的 Abis 接口功能。

⑨ 支持 BTS 的测量报告预处理。支持基站功率控制：静态 6 级，动态 15 级。支持 GSM 规范规定的全部寻呼模式。支持同步切换、异步切换、伪同步切换和预同步切换。

⑩ 支持 DTRU(Dual-carrier TRU)，每个物理载频模块内含两个收发信机。

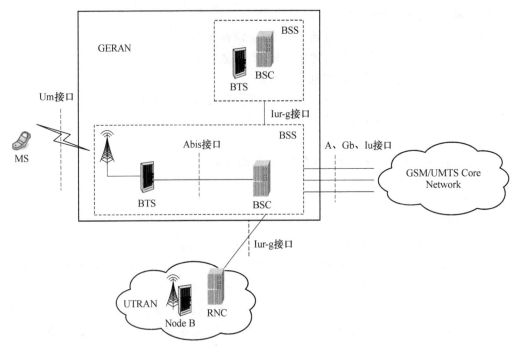

图 8.10 B8018 在 GSM/EDGE 无线接入网络中的位置

2. 硬件总体结构

在虚拟机房中打开 B8018 的机柜,如图 8.11 所示,B8018 机柜硬件组成如表 8.9 所示。

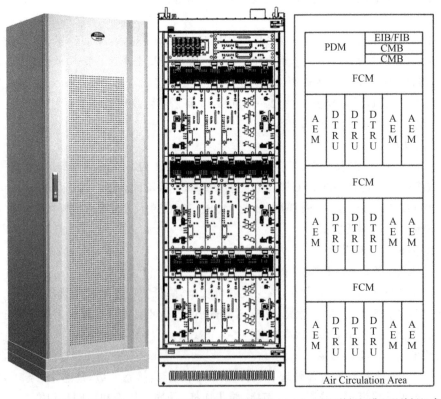

(a) B8018单机柜外观　(b) B8018单机柜满配置图　(c) B8018单机柜满配置单板组成

图 8.11 B8018 机柜

表 8.9　B8018 机柜硬件组成

英文简称及全称	中文名称	功能说明
BBCM; Control & Maintenance Backplane Board	控制框背板	BBCM 背板为控制操作维护单板（CMB）、Abis 接口板（EIB/FIB）单板之间信号互联提供可靠的物理连接通路，并提供相关接口
BBTR; Transceiver Backplane Board	载频插框背板	BBTR 背板主要为 DTRU 和 AEM 之间的信号提供可靠的物理互联通路。提供与 BBCM 背板的连接、提供与 FCM 的连接，主要提供相关接口
EIB; E1 Interface Board	E1 接口单板	EIB 主要提供 8 路 E1/T1 的线路阻抗匹配，IC 侧与线路侧的信号隔离，E1/T1 线路接口的线路保护，提供 E1/T1 链路旁路功能，并向 CMB 提供接口板类型信息
FIB; Fast-ethernet Interface Board	以太网接口单板	FIB 提供 Abis 以太网接入
CMB; Control & Maintenance Board	控制操作维护单板	控制与操作维护模块，完成 Abis 接口处理、基站操作维护、时钟同步及发生、内外告警采集处理等功能
DTRU; Dual-carrier Transceiver Unit	双载波收发信单元	收发信模块，完成无线信道的控制和处理、无线信道数据的发送与接收、基带信号在无线载波上的调制和解调、无线载波的发送与接收等功能
AEM; Antenna Equipment Module	天馈设备模块	天馈设备模块，主要完成空中信号的合路和分路等功能
PDM; Power Distribution Module	电源分配模块	电源分配模块，完成直流电源（-48V）到各模块的分配，并提供过载断路保护和基础电源输入的滤波
FCM; Fan Control Module	风机控制模块	风机模块，主要完成系统散热功能

ZXG10 B8018 基站中包括两种框，顶层机框和载频机框。

顶层插框包括 PDM 和控制框两部分。控制框主要实现接口转换、时钟产生、TDM 交换和系统控制等功能。PDM 主要负责 BTS 输入工作电源的滤波和分配。

载频插框有 3 层，每层实现的功能是一样的，包括：GSM 系统中无线信道的控制和处理，无线信道数据的发送与接收，基带信号在无线载波上的调制和解调，无线波的发送与接收，空中信号的合路和分路等。

（1）背板

顶层插框对应的背板是控制框背板 BBCM，顶层插框中 PDM 模块没有背板。载频插框对应的背板是载频框背板 BBTR。

① BBCM（Control & Maintenance Backplane Board）

BBCM 背板为控制操作维护单板（CMB）、Abis 接口板（EIB/FIB）单板之间信号互联提供可靠的物理连接通路，并提供下述接口：为各个单板/模块提供电源/接地接口；为外部环境监控提供接入通道；与三层 BBTR 背板子系统的互联接口。与每层载频框的互联信号主要包括：HW、时钟、开关电控制信号；提供一组到机顶的信号接口，主要包括：Abis 接口信号，并柜用的 60 ms 同步信号，机顶拨码开关信号。

② BBTR（Transceiver Backplane Board）

BBTR 背板主要为 DTRU 和 AEM 之间的信号提供可靠的物理互联通路。提供与 BBCM 背板的连接、提供与 FCM 的连接，主要提供下述接口：与 BBCM 背板的互联接口，主要包括信号 HW、时钟、开关电控制信号；与 FCM 的互联接口，主要提供+12V 电源和 FCM 的输出告警等；提供 DTRU 和 AEM 之间的物理连接通路，主要提供±12V 电源、告警等信号接口；提供送至机顶塔放的电源接口。

(2) 顶层插框

顶层插框通过侧耳与立柱在正面相连。顶层插框内可以安装 1 个 PDM、2 个 CMB 和 1 个 EIB(或 1 个 FIB)，其中 2 个 CMB、1 个 EIB(或 1 个 FIB)构成一个控制框。

(3) 单板

① 控制维护模块(CMB)

CMB 是 B8018 的控制维护模块。它完成 Abis 接口处理、交换处理、基站操作维护、时钟同步及发生、内外告警采集和处理、载频模块的开关电、CMB 模块主备热份等功能。

② 接口模块 EIB

EIB 主要提供 8 路 E1/T1 的线路阻抗匹配，IC 侧与线路侧的信号隔离，E1/T1 线路接口的线路保护，提供 E1/T1 链路旁路功能，并向 CMB 提供接口板类型信息。

③ 以太网接入模块

FIB 提供 Abis 口以太网接入。

④ 电源模块(PDM)

PDM 模块将输入到机柜的−48 V 电源分配到 CMB、DTRU 和 FCM 各个模块，依靠断路器提供过载断路保护，并实现电源滤波功能。

(4) 载频插框

载频插框又称为收发信框，通过侧耳与立柱在正面相连。每层载频插框可以安装 3 个 AEM 模块和 3 个 DTRU 模块。AEM 模块安装在载频插框的槽位 1、5、6，DTRU 安装在槽位 2、3、4。在 B8018 机柜中，载频插框有三层，每层实现的功能是一样的。载频插框主要实现 GSM 系统中无线信道的控制和处理、无线信道数据的发送与接收、基带信号在无线载波上的调制和解调、无线载波的发送与接收、空中信号的合路和分路等功能。

(5) 单板

① 双发信模块(DTRU)

对于不同的 GSM 系统，ZXG10 B8018 设计了不同的 DTRU 模块，DTRU 模块的具体分类如下：工作频段在 GSM900，模块命名为 DTRUG；工作频段在 GSM850，模块命名为 DTRUM；工作频段在 GSM1800，模块命名为 DTRUD。

DTRU 模块是 B8018 的核心模块，主要完成 GSM 系统中两路载波的无线信道的控制和处理、无线信道数据的发送与接收、基带信号在无线载波上的调制和解调、无线载波的发送与接收等功能。

DTRU 由四个功能单板组成：双载波收信机板 DTPB、双载波电源板 DPB、双载波功放板 DPAB、双载波无线载频板 DRCB。

DTRU 主要功能：

• 下行最大处理 2 载波的业务，完成速率适配、信道编码和交织、加密，产生 TDMA 突发脉冲，GMSK/8PSK 调制，完成两载波的数字上变频；

• 上行最大处理 2 载波的业务，实现两载波上行数字下变频，接收机分集合并、数字解调(GMSK 和 8PSK 解调，均衡)、解密、去交织、信道解码及速率适配，通过 HW 送给 CMB 处理；

• 单板电源接口(−48 V、−48 V 地、保护地、数字地)，具备电源防反接功能；

* 缓启动功能和智能下电功能。

DTRUG 面板有 1 个外部测试端口（ETP），3 个功放输出端口 TX 和 4 个接收输入端口 RX。

② 天馈模块

AEM 在系统中的位置如图 8.12 所示。

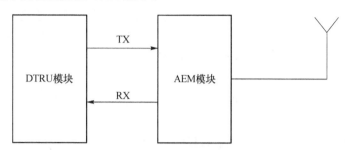

图 8.12　AEM 在系统中的位置示意图

AEM 模块的主要功能：实现多个载频发射信号的合路；提供发射频段从 BTS 到天线和接收频段从天线到 BTS 信号的双向通道；天线端口驻波比恶化时报警；对工作频段之外的干扰和杂散辐射进行抑制；完成灵活的载频配置；实现分集接收。

B8018 支持以下 4 种 AEM 模块：CDU（Combiner Distribution Unit）、CEU（Combiner Extension Unit）、CENU（Combner Extension Net Unit）、ECDU（"E"Combiner Distribution Unit）。

根据工作频段的不同，ZXG10 B8018 分别设计了 GSM900、EGSM900、GSM850、GSM1800 和 GSM1900 等多个频段的 AEM 模块。

③ 合路分路器（CDU）

CDU 支持一个 2 合 1 的合路器、一个 1 分 4 并带有 2 个扩展接收输出的低噪声放大器和一个内置的双工器，LAN 为低噪声放大器。

CDU 的主要功能是完成 2 路 TX 输入信号的合并，并将天线接收的上行信号经过低噪声放大器（Low Noise Amplifier，LNA）分为 4 路输出，同时提供 2 路输出扩展接口。TX 和 RX 信号经过 CDU 内部的双工器合并后接入天线。合路器的输出与双工器的输入在 CDU 的面板外部通过电缆连接（随机配送，现场可拆除或安装，以供灵活的载频配置使用）。

根据不同的工作频段，CDU 有 CDUG、BCDUG、CCDUG、RCDUG_8M、RCDUG_10M、CDUC、CDUD 和 CDUP 多种类型。除了 CDU 面板的名称，各种 CDU 的面板大致相同。

④ 增强合路分路器（ECDU）

ECDU 支持两个 1 分 2 分路器，并带有一个接收滤波器和一个内置的双工器，ECDU 模块内部包括一个收发共用通路和一个独立的接收通路，可满足单载频小区的收发合并及接收分集功能。根据不同的工作频段，ECDU 有 ECDUG、ECDUD、ECDUC 和 ECDUP 多种类型。除了面板的名称，各种 ECDU 的面板完全相同。

⑤ 合路扩展单元（CEU）

CEU 主要由两个 2 合 1 合路器与两个 1 分 2 分路器组成。CEU 是 BTS 天馈单元 AEM 的扩展模块，用于将 CDU 的 TX 信号合并端口从 2 个扩展到 4 个，同时扩展了 4 个 LNA 输出端口。该模块原则上可以用于小区载频数大于 4 载频时的天馈模块配置。

根据不同的工作频段,CEU 有 CEUG、CEUT、CEUD 和 CEUP 等多种类型。

⑥ 增强型合路扩展单元(CENU)

CENU 单元有 2 种,主要由两个 3 和 1 合路器与两个 1 分 4(另一种为 1 分 2)分路器组成。CENU 是 BTS 天馈单元 AEM 的另外一个扩展模块,主要用于小区载频数超过 8 的基站配置,实现单小区用一副天线的配置。该模块将 6 个载频合并成 2 路输出到 CDU,同时将 CDU 的一个 ERX 口扩展为 4 个(或 2 个)输出端口,提供相应数量的接收通道。

根据不同的工作频段,CENU 有 CENUG、CENUT、CENUD 和 CENUP 等多种类型。除了 CENU 面板的名称,各种 CENU 的面板大致相同。

(6) 机项介绍

B8018 机顶主要用于安装天线、电源开关、滤波器、接地柱插座及其他各种插座硬件。

8.2.3　教学内容 2　认识 ZXGG10-B8112

1. 系统概述

(1) 系统背景

ZXG10-B8112 是中兴通讯第三代基站产品,是一种室外型的宏蜂窝基站。ZXG10-B8112 在 ZXG10-BTS(V2)第二代基站产品的基础上升级,采用了许多最新的技术,从软件、硬件、系统可靠性等多方面进行了较大改进。ZXG10-B8112 不仅保留了原 ZXG10-BTS(V2)的所有优点,而且还增加了许多新的功能和业务以满足市场的需要,ZXG10-B8112 的开发,更加丰富了中兴通讯系列化的基站产品,使得 ZXG10 系统具备更加灵活的组网方式,具有更强的市场竞争力。

ZXG10-B8112 主要适用于业务量密集的大中城市和中小城市的业务密集地区,如繁华商业区、机场等地,也适合中小城市和农村地区业务量较小地区的覆盖,通过合理的网络规划,也可适应各种不同的地域环境,如山区、丘陵、高速公路等。

(2) 系统简介

ZXG10-B8112 属于 GERAN(GSM/EDGE Radio Access Network)系统中基站子系统 BSS 中的无线收发信台,由基站控制器控制,服务于某个小区。ZXG10-B8112 通过 Abis 接口与 BSC 相连,协助 BSC 完成无线资源管理,通过 Um 接口实现与移动终端 MS 的无线传输及相关控制功能。此外,还完成无线链路上的第一层协议和第二层协议以及相关的控制功能。

2. 硬件总体结构

在虚拟机房中打开 ZXG10-B8112 的机柜,如图 8.13 所示,机柜由机柜主体、机柜门、机顶、底座以及多层插框组成。其中机框包括天馈机框、载频机框、风机插箱和传输插箱。机柜主体是由立柱、外壳、机底和顶壳焊接而成的一个整体。

(1) 背板

天馈插框对应的背板是天馈插框背板(BOAEM),载频插框对应的背板是载频框背板(BOBTR)。BOAEM 主要为天馈接口单元 AEM 提供可靠的物理连接通路,主要提供以下对外接口:6 个 AEM 电源、物理通道、框告警在位等信息输入接口、塔放 TA 电源输出接口和接地接口。BOBTR 主要为 CMB、EIB、DTRU、EAM 提供可靠连接通路。

(2) 天馈插框

天馈插框通过侧耳与立柱在正面相连。天馈插框内可以安装 1 个 PDM 和 6 个 AEM 模块。

天馈插框主要实现空中信号的合路和分路，并提供 PDM 断路器开关。相应的单板介绍参见 B8018 的介绍。

(3) 载频插框

载频插框又称为收发信框，通过侧耳与立柱在正面相连。每层载频插框可以安装 6 个 DTRU、2 个 CMB、1 个 EIB(或 FIB) 和 1 个 EAM。

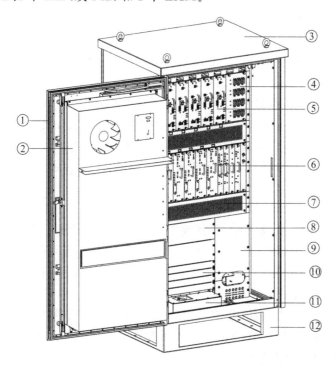

①前门 ②热交换器 ③机顶 ④PDM模块 ⑤天馈插框 ⑥载频插框
⑦风机插箱 ⑧传输插箱 ⑨外部接口框 ⑩假面板 ⑪底部接线盒 ⑫底座

图 8.13　整机结构图

载频插框主要实现 GSM 系统中无线信道的控制和处理、无线信道数据的发送与接收、基带信号在无线载波上的调制和解调、无线载波的发送与接收、空中信号的合路和分路等功能。相应单板介绍见 B8018 介绍。

① 环境监控模块(EAM)

EAM(Environment Alarm Module)是 ZXG10 B8112 环境监控模块，它完成对环境温度、湿度、前后门、防雷器、电源、热交换器以及风机等工作状态进行采集并上报给 CMB 模块，同时接收 CMB 下发控制数据，对风扇、热交换器等进行控制。

② 机底介绍

B8112 机底主要用于安装天线、电源开关、滤波器、接地柱插座及其他各种插座硬件。

8.2.4　教学内容3　认识 ZXGG10-M8202

1. 系统概述

M8202 是中兴通讯第三代系列化基站产品，它是一种室内和室外型的紧凑型基站，主要为市区吸收话务量、补盲和室内覆盖服务，能提高网络的容量、覆盖和服务质量。

M8202 在 ZXG10 第二代基站产品的基础上升级，不仅保留了原 ZXG10-BTS(V2)的所有优点，而且还增加了许多新的功能和业务以满足市场的需要，ZXG10-M8202 的开发更加丰富了中兴通讯系列化的基站产品，使得 ZXG10 系统具备更加灵活的组网方式，具有更强的市场竞争力。

2. 认识硬件

在虚拟机房的走廊上打开 M8202 的机柜，可以看到 M8202 的前门机架，M8202 主要由收发信模块、双工模块、电源模块和机底模块组成。

(1) 收发信模块

基站收发信模块主要由安装附件、M2TRU、CMB、MEIB 和 BBM2 组成。基站收发信模块在机箱外整体安装，然后作为整体装入机箱。

M2TRU 由双密度载频无线载频单元(dRCU)和双密度载频收发信处理单板(dTPB)组成，dTPB 与 dRCU 之间通过 4 个 80 芯的对插插座连接；M2TRU 通过安装附件与 BBM2 连接。

CMB 与 MEIB 两块单板之间通过 1 个 80 芯的插座对插相连。

BBM2 固定于安装附件上，背板的安装增加平垫弹垫以防止松脱。

其中单板介绍参见 B8018 的介绍。

(2) 双工器模块

MDUP 双工器模块内部集成 LNA 及滤波器、双工器、功率检测单元，双工器直接固定于散热器底板上。双工器模块面板如图 2.24 所示。双工器模块面板外部接头包含：一个 N 型天线接口、一个 SMA 型天线接口、一个 SMA 型 Tx 接口、4+2 个 SMA 型 Rx 输出接口、一个电源输入、一个告警信号输出接口。

MDUP 能够提供双工器的功能，将输入到 TX 端口的功率信号送到 ANT-N-1 端口，然后输出到 T/RX 天线；同时，将从 T/RX 天线上接收到的信号，通过 ANT-N-1 端口，经过滤波处理后，送到内部低噪声放大电路。

分集接收滤波器以及将分集接收到的信号，进行低噪声放大处理、ANT-N-1 端口的驻波检测和 LNA 电路的电流检测等。

(3) 电源模块

电源模块直接固定在散热底板上，其参考外形结构如图 2.25 所示，MPWR 为整个 M8202 的正常运行提供电源。MPWR 的供电通过和机箱面板的接口来完成，机箱面板为其提供交流 220 V、直流 −48 V、直流 −48 V 输入。同时 MPWR 还要通过背板为系统提供系统所需各种电源。

8.2.5 技能训练

1. 画出 BTS 的通用结构及简述组成部分的功能。
2. 填表比较三种基站的适用范围。

指标 类型	小区的覆盖半径	基站的发射功率	天线放置地方	适用范围
宏蜂窝小区				
微蜂窝小区				
微微蜂窝小区				

3. 画图 ZXG10-B8018 硬件结构图及机架图,并说明每块单板的功能。
4. 观察三种 ZXG10 BTS 设备组成及连线并填写下面表格的内容。
(1) ZXG10 B8018 适用室_____型的_____蜂窝站。

层	机框名称	单板数量/块	单板名称
第一层(前)	载频插框		
第二层(前)	载频插框		
第三层(前)	载频插框		
顶层	顶层插框		

(2) ZXG10 B8112 适用室_____型的_____蜂窝站。

层	机框名称	单板数量/块	单板名称
第一层(前)	( )插框		
第二层(前)	( )插框		
第三层(前)	( )插框		
底部	机底		

(3) ZXG10 M8202 适用室_____型的_____蜂窝站。

层	模块类型机框名称	单板数量/块	单板名称
第一层	收发信模块		
第二层(左)	双工器模块		MDUP 板
第二层(右)	电源模块		MPWR 板
底部	机底模块		无

8.3 BSS 数据配置基本操作

8.3.1 任务导入及教学要求

情境导入:武广高速铁路开通后,根据实践情况,需新增一组 BSS 系统,采用的设备为中兴通讯公司的 ZXG10-BSC(V6.0)和 ZXG10 B8018。要求维护人员认识 BSC 和 BTS 相关设备和连线,并掌握组成设备的功能和熟悉连线类型。在厂家安装好设备好后,前一任务要求维护人员认识 BSC 和 BTS 相关设备和连线,本任务要求完成后台数据配置,以保证 ZXG10-BSC(V6.0)和 ZXG10 B8018 能如期开通运行,工程部要求技术人员依据武广高速铁路实际情况合理分配 BSC 和 BTS 后台数据资源,正确设置 BSC 和 BTS 无线信息及参数,确保设备开通后能满足设计要求,同时也不会对原有站点干扰。

1. 实训目的

（1）了解仿真软件的作用。

（2）熟练掌握 BSS 仿真软件的基本操作。

（3）快速进入虚拟机房，并查看相关设备。

（4）能对配置的数据进行恢复和备份。

2. 实训要求

（1）严格遵守实验室要求，爱护试验设备，遵守操作规范。

（2）数据配置的注意事项。实际的数据配置是 BSC 系统的核心部分，在整个系统中起着非常重要的作用。数据配置的任何错误，都会严重影响系统的运行，因此要求数据操作员在配置和修改数据时要注意以下几点：

① 在整个数据配置之前，应先准备好系统运行的相关数据，数据应该是准确可靠的，并准备好一个完整的数据配置方案。好的方案不仅可以使数据更加清晰、有条理，并且可以提高系统的可靠性。

② 在做任何的数据修改之前，都应先备份现有的数据，修改完毕、把数据同步到 BSC 和基站侧并确认正确无误后，应该及时备份。

③ 从网管客户端中配置和修改的数据，要经过数据同步过程传送到 BSC 和基站侧才能起作用，对投入运行的系统数据进行修改，务必要仔细检查，确认无误后再传送，以防止错误数据干扰系统的正常运行。

④ 特别注意：仿真软件只是模拟教学，可随意改动，不过切忌在实际设备上随意改动。

8.3.2　教学内容　数据配置基本操作

1. 认识仿真软件

实验仿真教学软件的开发是基于现代通信工程教育的需求应运而生的，软件把大型网络通信系统的所有功能移植到个人计算机上，让每个学生在自己的计算机上就可以亲身体验真实的硬件环境，模拟操作主流的通信业务。

2. 进入仿真实验室

在装有 ZXG10 仿真软件的终端桌面上，双击"ZXG10VBOX1.1"图标，打开仿真软件，出现如图 8.14 所示的界面。

图 8.14　打开界面

单击图中文字进入仿真软件主页界面,如图 8.15 所示。在此界面中有两个选项:"实验仿真教学软件"和"ZXG10 随机资料"。单击"ZXG10 随机资料"进入 GSM-BSS 随机资料界面,仿真软件提供了帮助文档,在学习中遇到技术上的疑惑时可以从中得到解答。

图 8.15　仿真系统主页

3. 虚拟机房

进入仿真教学软件,可以看到一个虚拟机房,是在电脑上模拟出一个完整的 GSM 无线侧设备实习机房,在虚拟机房中有 4 种主要设备:ZXG10-IBSC 基站控制器起到管理整个无线侧设备作用,ZXG10 B8018BTS 基站收发信台作为无线侧基站提供无限传输,OMCR 网管服务器客户端是由普通电脑安装上网管软件对无线侧设备进行管理,虚拟手机用以进行模拟通话(此界面中无法直接使用)。机房中的闪光点分别是出口、B8018 基站的机柜门、B8018 基站的机顶门、IBSC 的机柜门以及 OMCR 网管客户端。单击 IBCS 如图 8.16 所示 IBSC 机柜的前门的后门。

图 8.16　iBSC

4. 虚拟天台

单击"电梯入口"进入虚拟天台,虚拟天台就是为了模拟出 ZXG10-B8112 实际工作环境而设置的,在虚拟天台上可以观察 ZXG10-B8112 基站,如图 8.17 所示。

5. 虚拟后台

虚拟后台实际上就是虚拟出一个完整的后台网管环境,模拟实际网管方便学生进行学习。

虚拟后台有两种打开方法,一种是在图 8.18 中单击虚拟服务器开关,进入虚拟后台,此种方法和实际打开后台网管的界面显示是一致的;另一种方法是直接在"ZXG10 网管实验仿真系统"界面上单击"虚拟后台"选项,虚拟后台如图 8.18 所示。

图 8.17　虚拟天台

图 8.18　虚拟后台

在虚拟后台桌面上有 7 个图标:用以启动 OMCR 的"run_svr 和 run"、启动信令追踪的"Single_server"和"Sigtrcw"、"虚拟手机"、"OMP 构建"、"信息查看"。

(1) ZXG10OMCR 系统

双击图标出现图 8.19 所示的界面,直接单击"确定"按键,进入操作维护界面,在桌面上方出现如图 8.20 所示的界面,后续实验都是在这个界面下进行的。

(2) 信令追踪系统

双击相应图标,打开信令追踪界面,使用信令追踪查出数据错误。

(3) 虚拟手机

双击虚拟手机,打开如图 8.21 所示的界面,完成数据配置后可使用虚拟手机测试。

(4) OMP 构建

此为数据配置中的一个步骤,在数据配置中介绍。

(5) 信息查看

双击打开相应图标,弹出如图 8.22 所示的对话框,查看各种数据以完成数据配置。

第 8 章 实训指导

图 8.19 启动 OMCR 系统

图 8.20 虚拟 OMCR 界面

图 8.21 虚拟手机

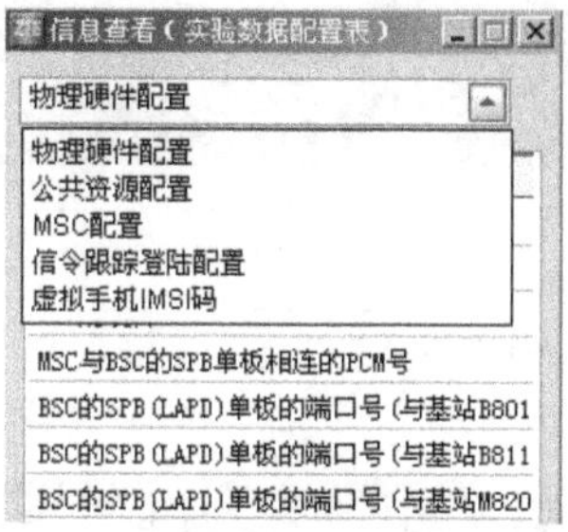

图 8.22 信息查看

· 165 ·

6. 模拟开局配置管理介绍

配置管理的主要作用是管理 BBS 的各种资源数据和状态，为系统正常运行提供所需要的各种数据配置，从根本上决定着 ZXG10 BBS 的运行模式和状态。数据配置是指在操作维护中心 ZXG10 NetNumen-G 和网元（包括 BSC、基站等）之间建立联系，使用户能够通过网管软件界面，操纵 BSS 中的管理对象进行数据配置。配置管理的内容主要包括子网、管理单元、全局资源、物理设备、局向配置、服务小区、动态数据管理、软件版本管理等。这是用仿真软件对配置过程进行模拟。

(1) 网管软件的启动和退出

由于我们使用的是仿真软件，所以启动软件的第一步是启动服务器。首先进入仿真软件的虚拟后台，然后双击桌面上的 run_svr 图标启动服务器，最后一行波浪线不动，说明服务器启动成功，如图 8.23 所示。第二步是启动客户端，双击模拟后台桌面上的 run 图标即可，如图 8.24 所示。出现 UMS Client 界面和登录界面，如图 8.25 所示。用户可以输入用户名、密码和服务器地址，目前系统默认用户名为"admin"，输入完毕后单击"确定"按键即可登录网管系统（仿真软件不需要输入）。

图 8.23 启动服务器成功界面图

图 8.24 "启动客户端"图标

图 8.25 UMS Client 界面

退出过程为,在网管系统界面,单击"系统→退出"子菜单,随后单击"确定"按键,退出网管客户端。

(2) 配置管理界面

① 进入配置管理界面:登录 ZXG10 NetNumen-G 客户端就要进入配置管理界面。单击菜单栏"视图→配置管理"进入"配置管理"界面,如图 8.26 所示。

图 8.26　进入配置管理界面方法

② 配置管理界面介绍:配置管理视图界面如图 8.27 所示。

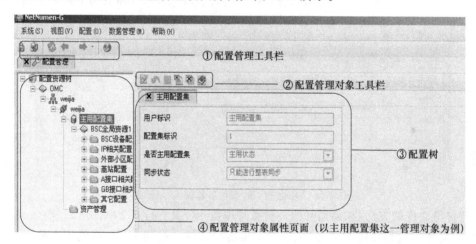

图 8.27　配置管理界面

配置管理工具栏和配置管理对象工具栏见表 8.10 所示。

表 8.10　配置管理工具栏和配置管理对象工具栏

配置管理工具栏		配置管理对象工具栏	
工具栏	说　明	工具栏按钮	说　明
	锁定屏幕		修改
	注销		取消
	刷新		保存
	前进		关闭
	后退		关闭所有属性页
	帮助主题		

用户可以使用配置资源树概览现有配置对象；可以双击配置资源树对相应的管理对象，打开相应的配置管理对象属性页面；可以右击配置资源树对应的管理对象，进行各种右键菜单操作。用户可以使用配置管理对象属性页面查看对应配置管理对象的详细属性信息；可以使用配置管理对象属性页面上工具栏进行各种操作。

③ 数据配置的基本操作：数据配置的基本操作包括配置查询、配置增加（创建）、配置修改、配置删除和配置同步。

配置查询：主要是指管理对象数据配置完成后，用户查看管理对象的配置数据。

配置增加（创建）为系统添加管理对象；并为该对象设置属性值。

配置删除：删除系统中已存在的管理对象及配置数据。

配置修改：修改在系统中已存在的管理对象的配置数据信息。

配置同步：数据配置完成后，数据仅在 NetMumen-G 服务器端生效，只有执行同步操作后才能使数据在 BSC 和基站侧生效。

7. 数据备份和恢复

启动"启动客户端"图标，登录，进入客户端配置管理界面。单击菜单栏[视图→配置管理]进入[配置管理]界面。

(1) 数据备份：在[配置管理]界面，单击菜单栏[管理→数据管理→数据备份]，打开数据备份对话框中，在文件名前缀中键入：武铁（或其他名字），在请选择需备份的网元下都打钩，如图 8.28 所示，然后单击"确定"显示备份成功，关闭即可。

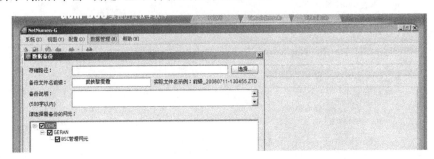

图 8.28 数据备份界面

打开备份文件的方法：在桌面开始→资源管理器→C 盘→打开 ZXG10V11_data 文件→打开 backup 文件→找到备份的文件"武铁"，可将备份文件发送到 U 盘，以便下次使用，下次要用时还是要将备份的文件复制到上述的地方。

(2) 数据恢复：在[配置管理]界面，单击菜单栏[管理→数据管理→数据恢复]，打开数据恢复对话框，在选择备份文件中选择"武铁"打开，进入下一对话框，在请选择需恢复的配置集下面都打钩，如图 8.29 所示，然后单击"确定"显示恢复结果，然后关闭即可。左边配置栏就会出现恢复的数据。

备份数据使用：备份数据有了以后，还需要在管理网元中进行整表同步，将前台数据成功传到后台后，电话可直接打通了。

8.3.3 技能训练

1. 基本概念认知

(1) 简述虚拟机房设备的名称和作用和在虚拟后台桌面上 7 个图标的名称和作用。

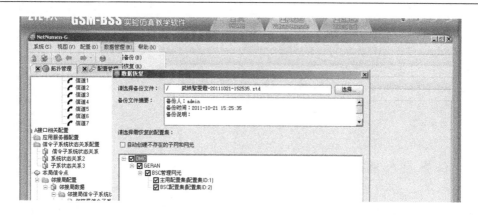

图 8.29　数据恢复界面

（2）简述配置管理的主要作用和内容。

2．动手训练

（1）单击"实验仿真教学软件"，分别进入虚拟机房和虚拟后台。

（2）在虚拟机房单击 BTS 和 IBSC 机柜虚拟设备，观察设备的机架、机框、单板、背板连线等硬件结构。

（3）进入虚拟天台，在虚拟天台观察 ZXG10-B8112 基站机架前后门的设备及连线。

（4）用两种方法打开虚拟后台。

（5）启动和退出网管软件。

（6）以你的名字作为文件名，备份一个文件，并打开恢复。

（7）填下表配置管理工具栏、配置管理对象工具栏所表示的含义。

配置管理工具栏		配置管理对象工具栏	
工具栏	说　明	工具栏按钮	说　明

（8）打开"信息查看"，填写下表信息查看包含的信息内容，并思考这些信息有什么作用。

类型＼内容	信息查看包括的信息内容
物理硬件配置	
公共资源配置	
MSC 配置	
信令跟踪登录配置	
虚拟手机 IMSI 码	

8.4 BSS 数据配置

8.4.1 任务导入及教学要求

情境导入：武广高速铁路开通后，根据实践情况，需新增一组 BSS 系统，采用的设备为中兴通讯公司的 ZXG10-BSC(V6.0) 和 ZXG10 B8018。要求维护人员认识 BSC 和 BTS 相关设备和连线，并掌握组成设备的功能和熟悉连线类型。在厂家安装好设备后，前一任务要求维护人员认识 BSC 和 BTS 相关设备和连线，本任务要求完成后台数据配置，以保证 ZXG10-BSC(V6.0) 和 ZXG10 B8018 能如期开通运行，工程部要求技术人员依据武广高速铁路实际情况合理分配 BSC 和 BTS 后台数据资源，正确设置 BSC 和 BTS 无线信息及参数，确保设备开通后能满足设计要求，同时也不会对原有站点干扰。

1. 实训目的

(1) 能了解 BSC 和 BTS 后台数据各参数的含义，掌握 BSC 后台数据配置的整体思路及配置流程。

(2) 能配置公共资源数据配置。

(3) 能进行 BSC 后台数据配置和 A 接口数据配置。

(4) 能进行 BTS 后台数据配置。

(5) 能了解配置数据的逻辑关系，依据实际情况合理分配数据资源。

(6) 能了解软件装载的目的并说明软件装载流程。

(7) 能完成 BSC 和基站软件装载能。

(8) 能进行数据备份与恢复。

2. 实训要求

(1) 严格遵守实验室要求，爱护试验设备，遵守操作规范。

(2) 数据配置的注意事项。实际的数据配置是 BSC 系统的核心部分，在整个系统中起着非常重要的作用。数据配置的任何错误，都会严重影响系统的运行，因此要求数据操作员在配置和修改数据时要注意以下几点：

① 在整个数据配置之前，应先准备好系统运行的相关数据，数据应该是准确可靠的，并准备好一个完整的数据配置方案。好的方案不仅可以使数据更加清晰、有条理，并且可以提高系统的可靠性。

② 在做任何的数据修改之前，都应先备份现有的数据，修改完毕、把数据同步到 BSC 和基站侧并确认正确无误后，应该及时备份。

③ 从网管客户端中配置和修改的数据，要经过数据同步过程传送到 BSC 和基站侧才能起作用，对投入运行的系统数据进行修改，务必要仔细检查，确认无误后再传送，以防止错误数据干扰系统的正常运行。

④ 特别注意：仿真软件只是模拟教学，可随意改动，不过切忌在实际设备上随意改动。

8.4.2 教学内容1 公共资源数据配置

1. 公共资源配置概述

对于新开局,数据配置先后顺序如图 8.30 所示。

公共资源配置主要包括 GERAN 子网、BSC 管理网元、配置集、BSC 全局资源,是整个配置管理的基础,详细内容参见本章。BSC 物理设备配置主要包括机架、机框、单板等,详细内容参见"BSC 设备物理配置"。BSC 设备物理配置完成之后,要进行 A 接口、Gb 接口和 IP 的配置,详细内容参见"A 接口配置"(由于仿真软件不提供 Gb 和 IP 的配置实验,故不作过多讲解)。以上配置完成之后,再进行基站及无线参数的相关配置。详细内容参见"实战数据配置之基站篇、基站及无线配置";外部小区配置主要包括 GERAN 外部小区和 UTRAN 外部小区。详细内容参见"外部小区配置"。在数据配置完成后需要进行"整表同步"或者"增量同步",所配置的数据就可以同步到 BSC,发挥作用。"整表同步"或者"增量同步"结束后就可以进行软件版本的配置,详细内容参见"实战数据配置之软件加载软件"。

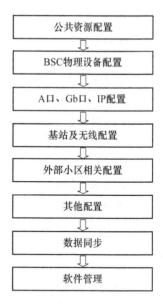

图 8.30 开局配置数据流程

2. GERAN 子网配置

公共资源数据配置先后顺序如下:GERAN 子网配置→BSC 管理网元配置→配置→集 BSC 全局资源。

(1) 配置增加

登录 ZXG10 客户端后进入配置管理界面。单击菜单栏"视图→配置管理"进入"配置管理"界面。

在配置资源树上,选择 OMC 节点,右击"创建→GERAN 子网",在弹出的"创建 GERAN 子网"界面中,输入"用户标识":<u>weijia</u>(也可以是其他的名字)和"子网标识":<u>1</u>,单击"确定"按键完成创建。

(2) 配置查询/修改/删除

创建成功后,配置资源树上会出现相应节点。双击节点,在配置管理视图页面右侧显示该配置对象的配置属性。

在属性页面单击配置管理对象快捷菜单的图标,对配置对象属性进行修改。修改完成后,单击图标对修改后的参数进行保存。在修改对象属性时,单击图标可以取消对配置对象属性的修改。

配置资源树窗口,选择子网用户标识,右击"删除",弹出提示框,单击"是"后,删除对应的 GERAN 子网对象。

3. BSC 管理网元配置

配置增加操作如下:

在配置资源树上,选择已创建的 GERAN 子网节点,右击"创建→BSC 管理网元"。用户可以在弹出的"创建 BSC 管理网网元"界面中输入用户标识等相关信息。部分内容为系统默认值可不填。需要修改或输入的主要内容如下所示。

用户标识：_____（如 weijia，也可以是其他的名字）

维护单板 IP 地址：_____（在"信息查看"中的物理硬件配置→公共资源配置中找）

刀片服务器 IP 地址：_____（在"信息查看"中的物理硬件配置→SVR 硬件 IP 中找）

提供商：_____（如中兴）

位置：_____（如武汉）

4. BSC 全局资源配置

配置增加操作如下：

在配置资源树上，选择主用配置集节点，右击"创建→BSC 全局资源"，用户可以在弹出的"创建 BSC 全局资源"界面中，单击图标，展开所有子页面。在[基本属性]子页面需要修改或输入的主要内容如下所示。

移动国家号码：460

移动网号：__2__

OMP 对后台 IP：_____（在"信息查看"中的物理硬件配置→OMP 单板硬件 IP 中找）

OMP 对后台 MAC：系统默认值，不填

OMP 口子网掩码：255.255.0.0

OMP 到 OMC 的网关：系统默认值

OMC SERVER IP：_____（在"信息查看"中的物理硬件配置→网管服务器地址中找）

其他子页面内容为系统默认值，可不填，单击"确定"按键完成创建。

各配置管理对象的配置查询/修改/删除操作方法相似，同上。

8.4.3 教学内容 2　BSC 物理设备配置

BSC 物理设备配置（需要查看前台 BSC 机架的构成，配置与前后机架的组成一致）

1. BSC 机架配置

创建一个新的 BSC 机架，需要配置机架数据，具体操作步骤如下：

① 配置资源树窗口右击选择"OMC→主用配置集→BSC 全局资源 1→BSC 设备配置→创建→BSC 机架"。

② 单击"BSC 机架"，弹出对话框。

③ 系统参数为默认值，单击"确定"按钮，成功创建对应配置的机架。

2. 机框及主要单板配置

ZXG10 iBSC 系统中包括 3 种机框：控制框、资源框和分组交换框。配置位置按不同情况可分为以下几类。

单框成局：资源框可以配置在任意层。

单机柜成局：控制框只能配置在第二层，资源框一般配置于第一层和第三层，分组交换框一般配置在第四层。

双机柜成局：控制框只能配置在 1 号机柜第二层，资源框一般配置于 1 号机柜第一层、第三层和 2 号机柜的任意一层，分组交换框配置一般配置在 1 号机柜第四层。

双机柜成局各机框在 ZXG10 iBSC 中的位置如图 8.31 所示。

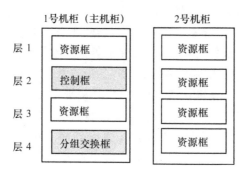

图 8.31 各机框在 ZXG10 iBSC 中的位置

以单机柜配置,Abis 接口和 A 接口采用 E1 为例,如图 8.32 所示。下面的机框及单板配置过程在以上假设数据的基础上进行。

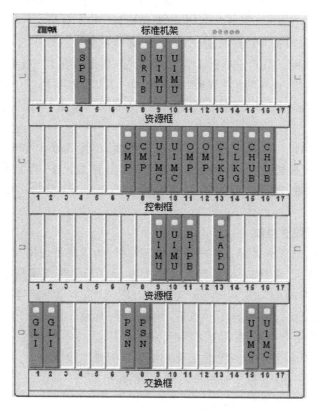

图 8.32 配置示例

3. 控制框及单板配置增加

在已经创建好的机架上创建一个控制框,主要单板的操作步骤如下。

① 配置资源树窗口,双击"OMC→GERAN 子网用户标识→BSC 管理网元用户标识→配置集标识→BSC 全局资源标识→BSC 设备配置→BSC 机架 1"。

② 右击机架图 1 号机架 2 号框(或称第二层),选择"创建机框"。

③ 单击"创建机框",弹出对话框。

④ 在"机框类型"中选择"控制框"后,单击"确定"按键,成功创建机架上对应机框编号、机框类型的机框,并在机框下部标识出相应的槽位号。

⑤ 创建 OMP 单板。OMP 单板必须第一个创建,主备配置,固定插入 11、12 槽位。在机框上右击第 11 号单板槽位,选择"创建单板",弹出界面。在[基本信息]子页面中,在"功能类型"下拉框中选择"OMP",根据实际配置要求在"备份方式"下拉框中选择"1+1 备份"。"模块配置信息"子页中,内容为系统默认值,单击"确定"按键完成 OMP 单板配置。

⑥ 创建 UIMC 单板。UIMC 单板 2 块,主备配置,固定插在 9、10 槽位,必须配置。在机框上右击第 9 号单板槽位,选择"创建单板",弹出界面。在"功能类型"下拉菜单中选择"UIMC",根据实际配置要求在"备份方式"下拉框中选择"1+1"备份,单击"确定"按键完成 UIMC 单板配置。

⑦ 创建 CMP 单板。CMP 单板 2~6,可以插在 3~8 槽位,数目根据配置容量可选。如果处理性能还需要扩容,CMP 也可以插在其他机框,如 BPSN 框。在机框上右击第 8 号单板槽位,选择"创建单板",弹出界面。在[基本信息]子页面中,在"功能类型"下拉框中选择"CMP",根据实际配置要求在"备份方式"下拉框中选择"1+1 备份"。[模块配置信息]子页面中,内容为系统默认值,单击"确定"按键完成 CMP 单板配置。

⑧ 创建 CLKG 单板。CLKG 单板 2 块,主备配置,固定插在 13、14 槽,必须配置。在机框下右击第 13 号单板槽位,选择"创建单板"弹出界面。在"功能类型"下拉框中选择"CLKG",根据实际配置要求在"备份方式"下拉框中选择"1+1 备份",单击"确定"按键完成 CLKG 单板配置。

⑨ 创建 CHUB 单板。CHUB 单板 2 块,主备配置,固定插在 15、16 槽位,必须配置。在机框上右击第 15 号单板槽位,选择"创建单板"后弹出界面。在"功能类型"下拉框中选择"CHUB",根据实际配置要求在"备份方式"下拉框中选择"1+1 备份",单击"确定"按键完成 CHUB 单板配置。

4. 资源框及单板配置增加

作为通用业务框,资源框可混插各种业务处理单板,构成各种通用业务处理子系统。资源框可配置 Abis 接口单元、A 接口单元、PUC 和 TC 单元。两个资源框构成一个资源单板配置基本单元(Resources board Configuration Basl Unit,RCBU)。系统扩容时,增加 RCBU 即可。资源框的配置有两层:第一层(或称 1 号机框)和第三层(或称 3 号机框),创建的方法相同。

(1) 第一层(或称 1 号机框)配置基本单元方法

在已经创建好的机架上创建资源框架及主要单板的操作步骤如下。

① 右击机架图第一层(或称 1 号机框),选择"创建机框"。

② 单击"创建机框",弹出对话框。

③ 在"机框类型"选择"资源框"后,单击"确定"按键,成功创建,机架上对应机框编号、机框类型的机框,并在机框下部标识出相应的槽位号。

④ 创建 UIMU 单板。UIMU 单板 2 块,固定插在 9、10 槽位,必须配置。在 1 号机框 9 号槽位右击单板槽位,选择"创建单板",弹出界面,在[基本信息]子页面中的"功能类型"下拉框中选择"UIMU",在"备份方式"下拉框中选择"1+1 备份"。其他为系统默认值,单击"确定"按键完成 UIMU 单板配置。

⑤ 创建 GUP 单板(包括 DRTB 和 BIPB)。GUP 用作 BIPB 时,优先插在 5~8、11~14 槽位;若插在 1~4、15~16 槽位,GUP 主备板相邻槽位可以配置不使用内部媒体面网口的单板,

如 DTB、SDTB；GUP 作用 DRTB 时，可以插在除 9、10 外的任何槽位。

创建 DRTB 单板时，在第一号机框上 8 号槽位右击单板槽位，选择"创建单板"，在[基本信息]子页面的"功能类型"下拉框中选择"DRTB"。在[DSP 配置信息]子页面中，在"中继电路组"的下拉菜单中选择"FR123_HR13"，在"已选择的 DSP"中选择 DSP 号为"9"，单击"确定"按键完成 DRTB 单板配置(用户也可以根据需要选择"中继电路组"和"DSP 号"，中继电路组参数见表 8.11)。

表 8.11 中继电路组参数说明

中继电路组	解释
FR1	全速率语音版本 1
HR1	半速率语音版本 1
FR1 _ HR1	全速率语音版本 1，半速率语音版本 1
FR2	全速率语音版本 2
FR12	全速率语音版本 1、2
FR2 _ HR1	全速率语音版本 2，半速率语音版本 1
FR12 _ HR1	全速率语音版本 1、2，半速率语音版本 1
FR3 _ HR3	全速率语音版本 3，半速率语音版本 3
FR123 _ HR3	全速率语音版本 1、2、3 半速率语音版本 3
FR123 _ HR13	全速率语音版本 1、2、3 半速率语音版本 1、3

⑥ 创建 SPB 单板(包括 SPB、GIPB 和 LAPD)。SPB 单板可以插在除 9、10 的任何槽位，但 15/16 槽位只能插一块。在一号机框上 4 号槽位右击单板槽位，选择"创建单板"，弹出界面。在[基本信息]子页面中，根据所需功能在"功能类型"下拉框中选择"SPB"，在[PCM 线配置信息]子页面中，在"PCM 类型"中选择"A 口 PCM"，"帧格式"中选择"双帧格式"，"PCM 号"中选择"9"("9"是根据信息查→物理硬件配置→MSC 与 BSC 的 SPB 单板相连的 PCM 号中找到的)，单击中间的">"添加按钮，出现右边的"已选择的 PCM"，单击"确定"按键完成 SPB 单板配置。(用户也可以根据需要选择"PCM 类型"、"帧格式"和"PCM 号")

(2) 第三层(或称 3 号机框)配置基本单元方法

在已经创建好的机架上创建资源框架及主要单板的操作步骤如下。

① 右击机架图第三层(或称 3 号机框)，选择"创建机框"。

② 单击"创建机框"，弹出对话框。

③ 在"机框类型"选择"资源框"后，单击"确定"按键，成功创建，机架上对应机框编号、机框类型的机框。并在机框下部标识出相应的槽位号。

④ 创建 UIMU 单板。UIMU 单板 2 块，固定插在 9、10 槽位，必须配置。在 1 号机框 9 号槽位右击单板槽位，选择"创建单板"，弹出界面，在[基本信息]子页面中的"功能类型"下拉框中选择"UIMU"，在"备份方式"下拉框中选择"1+1 备份"。其他为系统默认值，单击"确定"按键完成 UIMU 单板配置

⑤ 创建 BIPB 单板。在第三层机框上 11 号槽位右击单板槽位，选择"创建单板"，在[基本信息]子页面的"功能类型"下拉框中选择"BIPB"。在[DSP 配置信息]子页面中，在"已选择的 DSP"中选择 DSP 号为"9"单击"确定"按键完成 BIPB 单板配置。

⑥ 创建 LAPD 单板。在第三层机框上 13 号槽位右击单板槽位,选择"创建单板",弹出界面。在[基本信息]子页面中,根据所需功能在"功能类型"下拉框中选择"LAPD",在[PCM 线配置信息]子页面中,在"PCM 类型"中选择"Abis 口 PCM","帧格式"中选择"双帧格式","PCM 号"中选择"9"单击中间的">"添加按钮,出现右边的"已选择的 PCM",单击"确定"按键完成 LAPD 单板配置。(用户也可以根据需要选择"PCM 类型"、"帧格式"和"PCM 号")

5. 分组交换框及单板配置增加

在已经创建好的机架上创建一个分组交换框及主要单板的操作步骤如下。

① 右击机架 4 号机框(或称第四层),选择"创建机框"。

② 单击"创建机框",弹出对话框。

③ 在"机框类型"选择"交换框"后,单击"确定"按键,成功创建机架上对应机框编号,机框类型的机框,并在机框下部标识出相应的槽位号。

④ 创建 GLI 单板。GLI 单板 2~8 块,完成 GE 线卡功能。可以插在 1~6,或 9~14 槽位,数目根据配置容量可选,必须成对出现;配置时按从左往右增加的原则进行。在机框上右击单板 1 号槽位,选择"创建单板",弹出界面。在[基本信息]子页面中的"功能类型"下拉框中选择"GLI"。在[连接关系配置信息]子页面中,在"连接类型"中选择"GLI 和 UIM 相连","端口号"和"连接单元"有以下两种情况。

• "端口号"输入为 0,在"连接单元"中选择"911",然后单击中间的">"添加按钮,出现右边已选择的连接关系;

• "端口号"为 1,在"连接单元"中选择"931",然后单击中间的">"添加按钮,出现右边已选择的连接关系。

单击"确定"按键完成 GLI 单板配置。

说明:根据实际配置要求配置"连接类型"和"端口号",选择合适的"连接单元"。

⑤ 创建 PSN 单板。PSN 单板 2 块,完成线卡间数据交换功能,固定插在 7,8 槽位,必须配置。在机框上右击单板 7 号槽位,选择"创建单板",弹出界面。在[基本信息]子页面的"功能类型"下拉框中选择"PSN",单击"确定"按键完成 PSN 单板配置。

⑥ 创建 UIMC 单板。UIMC 单板 2 块,完成分组交换框控制面交换功能。固定插在 15,16 槽位,必须配置。在机框上右击单板 15 号槽位,选择"创建单板",弹出界面。在[基本信息]子页面的"功能类型"下拉框中选择"UIMC",根据实际配置要求在"备份方式"下拉框中选择"1+1 备份"。单击"确定"按键完成 UIMC 单板配置。

6. 机框配置删除

根据需要在机架、机框名称位置右击选择"删除机框"。弹出对话框,选择"是",选择的机框被删除。

8.4.4 教学内容 3 A 接口配置

1. 创建信令子系统状态关系

创建信令子系统状态关系的操作步骤如下所示。

① 配置资源树窗口,右击选择"OMC→GERAN 子网用户标志→BSC 管理网元用户标识→配置集标志→BSC 全局资源标识→A 接口相关配置→创建→信令子系统关系",共创建三个信令子系统关系。

② 单击"信令子系统状态关系",弹出创建界面,输入子系统号:0。单击"确定"完成创建信令子系统状态关系 0。单击"信令子系统状态关系",弹出创建界面,输入子系统号:1。单击"确定"完成创建信令子系统状态关系 1。单击"信令子系统状态关系",弹出创建界面,输入子系统号:254。单击"确定"完成创建信令子系统状态关系 254。

2. 创建本局信令点

创建本局信令点主节点的操作步骤如下所示。

① 配置资源树窗口,右击选择"OMC→GERAN 子网用户标志→BSC 管理网元用户标识→配置集标志→BSC 全局资源标识→A 接口相关配置→创建→本局信令点"。

② 单击"本局信令点",弹出创建界面,在"本局 14 位信令点编码"中输入:在信息查看→MSC 配置→邻接局配置中找,其余为系统默认值,可不填。单击"确定"完成创建。

3. 创建邻接局

(1) 创建邻接局主节点

创建邻接局主节点的操作步骤如下。

① 配置资源树窗口,右击选择"OMC→GERAN 子网用户标志→BSC 管理网元用户标识→配置集标识→BSC 全局资源标识→A 接口相关配置→本局信令点标识→创建→邻接局"。

② 单击"邻接局",弹出创建界面。在"子业务字段"下拉菜单中选择"国际信令点编码";在"信令点编码类型"下拉菜单中选择"14 位编码",输入"邻接局信令点编码"为:_____(在信息查看→MSC 配置→本局信令点配置中找),其余为系统默认值,可不填,单击"确定"按键完成创建。

(2) 创建 7 号 PCM

创建七号 PCM 的操作步骤如下。

① 配置资源树窗口,右击选择"OMC→GERAN 子网用户标志→BSC 管理网元用户标识→配置集标识→BSC 全局资源标识→A 接口相关配置→本局信令点标识→邻接局配置→邻接局标识→七号 PCM 配置→创建七号 PCM"。

② 单击"七号 PCM",弹出创建界面。

在"七号 PCM"中输入_____(根据信息查看→MSC 配置→七号 PCM 配置中的属性值),其余为系统默认值,可不填,单击"确定"按键完成创建。

(3) 创建信令链路组及信令链路数据

创建信令链路组及信令链路数据的操作步骤如下。

① 配置资源树窗口,右击选择"OMC→GERAN 子网用户标志→BSC 管理网元用户标识→配置集标识→BSC 全局资源标识→A 接口相关配置→本局信令点标识→邻接局配置→邻接局标识→信令链路组配置→创建→信令链路组"。

② 单击"信令链路组",弹出创建界面。

在"信令链路组号"中输入_____(根据信息查看→MSC 配置→信令链路组号中的属性值),其余为系统默认值,可不填,单击"确定"按键完成创建。

③ 在已创建好的"信令链路组标识"节点右击选择"创建→信令链路数据"。

④ 单击"信令链路数据",弹出创建界面。

在"信令链路编码"中输入_____(根据信息查看→MSC 配置→信令链路配置中属性值为 1),"时隙"中输入_____,其余为系统默认值,可不填,单击"确定"按键完成创建。

4. 创建路由

(1) 创建信令路由

创建信令路由的操作步骤如下。

① 配置资源树窗口,右击选择"OMC→GERAN 子网用户标识→BSC 管理网元用户标识→配置集标识→BSC 全局资源标识→A 接口相关配置→本局信令点标识→信令局向路由配置→创建→信令路由"。

② 单击"信令路由",弹出创建界面。参数为系统默认值,可不填,单击"确定"按键完成创建。

(2) 创建信令局向路由

创建信令局向路由的操作步骤如下。

① 配置资源树窗口,右击选择"OMC→GERAN 子网用户标识→BSC 管理网元用户标识→配置集标识→BSC 全局资源标识→A 接口相关配置→本局信令点标识→信令局向路由配置→创建→信令局向路由"。

② 单击"信令局向路由",弹出创建界面。在"第一信令局向号"中输入 1,其余为系统默认值,可不填,单击"确定"按键完成创建。

8.4.5 教学内容 4 基站及无线配置

1. 配置 B8018 站点

(1) 配置资源树窗口,右击选择"OMC→GERAN 子网用户标识→BSC 管理网元用户标识→配置集标识→BSC 全局资源标识→基站配置→创建→基站"。

(2) 单击"基站",弹出界面。在"基站类型"参数中选择"B8018"。"时钟来源"中选择"网同步"。其余为系统默认值,可不填。

(3) 单击"确定"按钮,成功创建对应配置的基站节点标识。

(4) 配置资源树窗口,右击选择"OMC→GERAN 子网用户标识→BSC 管理网元用户标识→BSC 全局资源标识→基站配置→基站标识→基站设备配置→创建→基站机架"。

(5) 单击"基站机架",弹出界面。单击"确定"按钮,成功创建对应配置机架。在配置资源树中双击"基站机架标识",出现机架图。

(6) 创建公共框及单板(要到前台看 B8018 顶层机框单板的组成及位置)。

① 创建公共框,右击机架最上层,选择"创建机框"。弹出界面,单击"确定"按键,成功创建公共框。

② 创建 PDM 单板,在 PDM 单板位置(1 号框)右击选择"创建面板",单击"确定",完成 PDM 单板创建。

③ 创建 EIB 单板,EIB 单板位置(4 号框)右击选择"创建面板"。弹出界面,单击"确定"按键,完成 EIB 单板创建。

④ 创建第一块 CMB 单板,在 CMM 单板位置(3 号框)右击选择"创建面板",在弹出界面的"面板类型"中选择"CMB",单击"确定",完成第一块 CMB 单板创建。创建第二块 CMB 单板,在 CMM 单板位置(2 号框)右击选择"创建面板"。

• 在弹出界面的"面板类型"中选择"CMB",在"连接类型模式"选择"BSC",在子页面 PCM1 线"连接类型"选择"连接"。

- 出现[连接]界面,单击"连接"出现"PCM 连线"子页面,选中"PCM 连线"子页面中的内容,单击"确定"按键。
- 在"连接"界面中的"时隙号"中依次选取 1～15,依次单击第一个"〉"符号,依次添加到右边对应 Abis 资源号中的"Abis 资源池号"。
- 在"连接"界面中的"时隙号"中选取 16,单击第二个"〉"符号,添加到右边对应 OMU 中的"时隙号"。
- 单击"确定",完成第二块 CMB 单板的创建。

(7) 创建资源框及单板

① 创建资源框,右击机架相应层,选择"创建机框"。弹出界面,单击"确定"按键,成功创建资源框。

② 创建 AEM 单板,AEM 包括"CDU10M"、"CDU8M"、"CEU"、"RDU"可选。依次在第一层资源机框上 1 号槽位和 9 号槽位右击单板槽位,选择"创建单板",在"面板类型"下拉框中选择"CDU10M",单击"确定"完成 1 号和 9 号槽位单板的创建。

③ 创建 DTRU 单板。对于双载波载频 DTPU,BTS 设置 2 个子面板进行配置,占 2 个槽位。系统为每个逻辑载频分配独立的面板。在 2 号槽位右击单板槽位,选择"创建单板",在弹出界面的"面板类型"下拉框中选择"DTRU"。在"工作模式"中的下拉菜单中选择"单载波模式下,无四路分集,无 DPCT 或 DDI 设置"。在"分合路器板"列表中选中机架号:1;机框号:3;面板号:1。然后依次在端口类型中选择合路器为 1,单击"增加";在端口类型中选择分路器为 1,单击"增加"。在"分合路器板"列表中选中机架号:1;机框号:3;面板号:9,在端口类型中选择分集接收器为 1,单击"增加"。选择完毕后单击"确定"完成 DTRU 单板的创建。

2. 配置小区

配置小区的操作步骤如下。

① 配置资源树窗口,右击选择"OMC→GERAN 子网用户标识→BSC 管理网元用户标识配置集标识→BSC 全局资源标识→基站配置→基站标识→无线资源配置→创建→小区"。

② 单击"小区",弹出界面。在"基本参数"子页面的"小区识别码"中输入 1,其余为系统默认值,可不填,单击"确定"按键完成。

说明:位置区码(LAC)和小区识别码(CI)是 MSC 分配的,MCC+MNC+LAC+CI 是唯一的。小区频段限制了小区的频点范围,例如小区频段为 GSM850,则频点范围为 128～251。

用户创建完成后,可以双击配置资源树上的小区标识,单击后,对已配置的无线参数进行修改。修改完毕后单击保存数据。

3. 配置收发信机

配置收发信机的操作步骤如下。

(1) 配置资源树窗口,右击选择"OMC→GERAN 子网用户标识→BSC 管理网元用户标识→配置集标识→BSC 全局资源标识→基站配置→无线资源配置→小区标识 1→创建→收发信机"。

(2) 单击"收发信机",弹出界面。

① 在"收发信机"界面,将 BCCH 载频中的"否"改成"是"。

② 选中[收发信机信息]子页面中的"物理面板位置"下的 1(机架号)、3(机框号)、2(面板

号),单击"选择"按键。

③ 选中[信道通道]子页面,在"时隙号"为 1 的"时隙信道组合类型"下拉菜单中选择"SD-CCH/8+SACCH/CB",并把"动态时隙"中的"是"改为"否",时隙号为 0 的"动态时隙"中的"是"改为"否",单击"确定"按键完成。

说明:在小区内必须配置一个 BCCH 载频,并且只有一个。

8.4.6 教学内容 5 软件装载

1. OMP 构建

OMP 版 ini 文件创建后供前台使用。

(1) OMP 构建的必要性

资源树窗口,右击选择"OMC→weijia→weijia→配置数据管理→整表同步",进行全局合法性检查,出现提示"网元间链路不可用",单击"隐藏详细信息"可能的原因和解决方法(管理网元的操作维护单板 IP 地址必须与 OMP 单板硬件 IP 一致;全局资源的 OMP 对后台 IP 必须与 OMP 单板 IP 一致),单击"确定"退出。最小化资源树窗口。

(2) OMP 构建

进入虚拟后台,双击虚拟桌面上的"OMP 构建"图标,进入 OMP 构建界面,单击"确定"后,进行 OMP 构建,显示"OMP 构建成功"后,单击"确定",OMP 构建成功。

2. 软件装载流程

软件装载主要流程如图 8.33 所示,具体介绍如下。

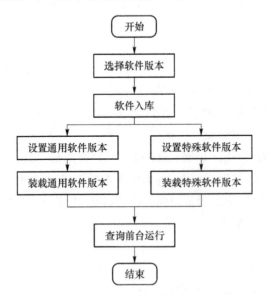

图 8.33 软件装载流程

(1) 选择软件版本

根据需要选择软件版本,软件版本信息包括软件标识和软件版本号。

(2) 软件入库

软件首先要通过入库才能供装载使用。入库时系统把软件从 ZXG10 NetNumen-G 服务器复制到相应 iBSC 的 OMP 上,同时在前台数据库中写下相应的版本信息。

(3) 设置通用软件版本

设置通用软件版本是创建、删除或修改通用软件的软件版本记录,当设置通用软件版本之后,可以通过它整批的对同类软件进行相应的软件装载操作。

(4) 装载通用软件版本

通知 OMP 将通用软件版本装载到运行该软件的所有单板上。更新版本后,如果新版本由于某种原因不能正常启动或出现某些严重的故障,可能导致系统瘫痪。为此,在更新版本前应保存原版本,出现上述情况时可用原版本恢复运行。

(5) 设置特殊软件版本

设置特殊软件版本是创建、修改或者删除某块指定目标单板的特殊单板软件版本。

(6) 装载特殊软件版本

通知 OMP 将已经设置的某个特殊软件版本装载到指定目标单板上,从而运行该软件,特殊软件版本的优先级高于通用软件版本,当单板已经装载通用软件版本的情况下如果再装载特殊软件版本,则单板运行的是装载的特殊软件版本。

(7) 查看前台运行软件

往前台某块单板发送查询命令,单板返回其运行版本到 ZXG10 NetNumen-G 服务器,由服务器转发到客户端显示出来。

3. BSC 和 BTS 软件加载

(1) BSCV 软件加载

用户登录客户端后,单击菜单栏"视图→软件版本管理",进入"软件版本管理"界面。

① 版本文件批量入库

进入软件版本管理资源树窗口,双击选择"OMC→GERAN 子网用户标识 weijia→BSC 管理网元用户标识→BSC 软件版本管理标识"。在右栏中选择"BSC 版本文件"子页面,单击"++",弹出界面"版本文件入库 OMC"点击右上方的"浏览"弹出界面,自动选择需要入库的版本文件,单击"打开",回到"版本文件入库 OMC"界面,单击右上方的"全选"和下方的"执行",完成版本入库。

"BSC 版本文件"子页面的"同步标志"中,全部显示"未同步到网元",可在"未同步到网元"列表中逐个点右键选择"添加到网元",使"同步标志",全部显示"未同步到网元"全部变成"同步到网元"。

② 创建通用版本

在"BSC 版本文件"子页面已经入库的版本中选择需要创建为通用版本的,如选择最后一行,右击"创建通用版本"。

单击"创建通用版本"弹出界面,显示通用版本创建成功,"关闭"即可。回到"BSC 版本文件"子页面,发现"引用计数"栏已经由"0"变为"1"。

按上述方法,依次选中"BSC 版本文件"子页面的每一行,单击"创建通用版本"弹出界面,显示通用版本创建成功,使"BSC 版本文件"子页面的"引用计数"栏全部由"0"变为"1"。

③ 通用版本激活

在"BSC 通用版本"子页面的"激活标志"项,全部显示"未激活",可在"未激活"列表中逐个点右键选择"版本激活",使"激活标志"项,全部变成"激活"。

(2) BTS 基站软件加载

① 版本文件批量入库

进入软件版本管理资源树窗口,双击选择"OMC→GERAN 子网用户标识 weijia→BSC 管理网元用户标识→基站软件版本管理"。在右栏中选择"基站版本文件"子页面,单击"＋＋",弹出界面"版本文件批量入库 OMC"点击右上方的"浏览"弹出界面,自动选择需要入库的版本文件,单击"打开",回到"版本文件批量入库 OMC"界面,单击右上方的"全选"和下方的"执行",完成批量版本入库。

"基站版本文件"子页面的"同步标志"中,全部显示"未同步到网元",可在"未同步到网元"列表中逐个点右键选择"添加到网元",使"同步标志",全部显示"未同步到网元"全部变成"同步到网元"。

② 创建通用版本

在"基站版本文件"子页面已经入库的版本中选择需要创建为通用版本的,如选择最后一行,右击"创建通用版本"。

单击"创建通用版本"弹出界面,单击"确定",显示确认对话框"你确定要进行此操作吗?"单击"确定"回到"基站版本文件"子页面,发现"引用计数"栏已经由"0"变为"1",通用版本创建成功。

按上述方法,依次选中"基站版本文件"子页面的每一行,单击"创建通用版本"弹出界面,显示通用版本创建成功,使"基站版本文件"子页面的"引用计数"栏全部由"0"变为"1"。

③ 通用版本激活

在"基站通用版本"子页面的"激活标志"项,全部显示"未激活",可在"未激活"列表中逐个点右键选择"版本激活",使"激活标志"项,全部变成"激活"。

4. 数据同步和打电话

完成了前面的配置后,配置好的数据需要通过同步从服务器上传到实际的设备中去,有以下几种进行数据同步的方法。

(1) 合法化检查

先关闭"BSC 软件版本"窗口和"基站软件版本"窗口,然后单击菜单栏"视图→配置管理"进入"配置管理"界面。在配置资源树上右击选择"OMC→weijia→weijia→配置数据管理→全局合法性检查",进行全局合法性检查,出现操作成功提示"全局检查通过",说明配置没有问题,单击"确定",操作完成。

(2) 整表同步

在全局合法化检查通过后,就可以进行同步了。资源树窗口,右击选择"OMC→weijia→weijia→配置数据管理→整表同步",进行同步,同步完成时会出现操作成功提示"整表同步成功,正在存盘,在存盘完成之前勿重启 OMP",单击"确定",操作完成。

(3) 查看 BSC 机架和 BTS 机架

在配置资源树窗口,双击"OMC→GERAN 子网用户标识→BSC 管理网元用户标识→配置集标识→BSC 全局资源标识→BSC 设备配置→BSC 机架 1"。查看 BSC 机架 1 配置状态,看是否有告警现象。同样,查看 BTS 机架。

（4）打电话

在进行了数据同步之后，无线侧设备就开始工作了。此时可以通过模拟手机来进行模拟通话，以检测配置是否完全正确，首先找到虚拟桌面上的模拟手机图标，双击进行模拟手机界面，单击其中一部手机，打开手机的通讯录，单击呼叫按钮进行呼叫。

8.4.7 技能训练

1．基本概念认知

（1）解释下列名词：OMP 板、网元、IP 地址。
（2）说明软件装载的目的。
（3）画出软件装载流程图，并说明每一部分的作用。

2．动手训练

（1）完成网管启动。
（2）根据"信息查看"的内容完成公共资源配置操作。
（3）根据前台 BSC 设备的配置，完成基站控制器数据配置操作。
（4）根据"信息查看"的内容，完成 A 接口配置的操作。
（5）根据前台 B8118 设备的配置，完成基站及无线配置的操作。
（6）完成 OMP 构建的操作。
（7）简述新开局数据配置的顺序。
（8）简述基站子系统的组成及作用。
（9）画出前台 BSC 机架所配置的单板，并说明每块单板的名称和作用。
（10）画出前台 ZXG10-B8018 机架所配置的单板，并说明每块单板的名称和作用。
（11）完成 OMP 构建的操作。
（12）完成 BSC 和基站软件加载的操作。
（13）完成数据同步的操作。
（14）完成虚拟电话的拨叫操作。
（15）完成数据的备份。